해석은 발명이다

● 해석은 발명이다

초판인쇄   2003년 1월 25일
초판발행   2003년 1월 31일

지은이   박 찬 일
펴낸이   한 봉 숙
펴낸곳   푸른사상사

출판등록   제2-2876호
주　소   100-193 서울시 중구 을지로3가 296-10 장양빌딩 202호
전　화   02) 2268-8706－8707
팩시밀리   02) 2268-8708
이메일   prun21c@yahoo.co.kr / prun21c@hanmail.net
홈페이지   prun21c.com
편집 ● 김현정／박영원／박현임
기획/영업 ● 김두천／김태훈／곽세라

ⓒ 2003, 박찬일
ISBN 89-5640-076-8-03810

정가 15,000원

*잘못 된 책은 바꾸어 드립니다.

Interpretation is invention

해석은 발명이다

박 찬 일 시론집

푸른사상

책머리에

　시론詩論이라고 할 때 이것은 두 가지 의미를 갖는다. 하나는 시인의 시에 대한 이론 혹은 논리이다. 시인의 시에 대한 특별한 태도이다. 예를 들어 시는, 문학은, 당대의 사회를 반영하여야 한다는 입장이 있을 수 있고 시는, 문학은, 당대의 사회를 넘어 보편적 가치를 추구해야 한다는 입장이 있을 수 있다. 또 두 가지 입장을 다 받아들이는 입장이 있을 수 있다. 두 가지 입장을 다 받아들이는 입장이 있을 수 있다고 한 것은 시인의 마음 속이 복잡하기 때문이다. 시인의 마음 속을 한 가지만 저어가지 않기 때문이다. '시대'가 저어가기도, 사회의 불의가 저어가기도 하고, 까뮈가 "피비린내 나는 수학"이라고 부른 '죽음'이 저어가기도 하기 때문이다. 죽음의 문제는 '보편적 가치'를 넘어 너무 리얼한 문제이기도 하기 때문이다. 시론이라고 할 때 또 하나의 의미는 시를 논論하는 것이다. 시를 평評하는 것이다. 시를 해석하는 것이다. 본 시론서의 '시론'의 의미는 물론 후자의 경우이다. 다른 시인의 시를 논한다는 것이다. 다른 시인의 시를 해석한다는 것이다. 물론 시를 논하면서, 해석하면서, 시에 대한 독서자의 입장이 반영되지 않을 수 없다. 객관적인 해석이란 불가능하기 때문이다.

다른 시인의 시를 해석하면서 독서자의 시론이 드러나게 된다면, 독서자의 시에 대한 이론, 혹은 논리가 드러나게 된다면, 그것은 이 책의 부수적 결과이다.

1995년 겨울 계간 『현대시사상』으로부터 유하의 시집 『세운상가 키드의 사랑』과 곽재구의 시집 『참 맑은 물살』에 대한 평을 써달라는 부탁을 받았다. 이것이 현장 비평의 시작이었다. 시론을 본격적으로 쓰기 시작한 것은 1999년 겨울 무렵부터였다. 김재홍 교수가 진행하던 SBS 라디오 '시인의 마을'에 출연한 것이 계기가 되어 그후 역시 김재홍 교수가 주간으로 있던 계간 『시와시학』에 여러 번 계간시평, 서평, 시인론들을 쓰게 되었다. 사실 여기에 실린 여러 글들은 『시와시학』에 발표했던 것들이다. 『시와시학』에 빚을 지고 있는 셈이다.

지난 2002년 1년 동안 계간 『시현실』에 게재했던 계간시평도 시읽기의 즐거움을 증가시켜주는 계기가 되었다.

그렇다! 시론은 시읽기에서 시작한다. 즐거운 시읽기에서 시작한다. 시읽기는 하나의 창조이다. 새로운 것이 만들어지기 때문이다. 새로운 해석이 만들어지기 때문이다. 니체가 『힘에의 의지』에서 "예술은 진리보다 더 가치 있다"라고 한 것도 예술의 이러한 창조적 해석의 기능 때문이었다. 창조적 해석이 힘을 주기 때문이다. 발명이 힘을 주기 때문이다. 진리는 발견이기 때문이다. 발견이 힘을 주겠는가. 발명이 힘을 주겠는가. 발견보다 발명이 더 힘을 주기 때문이다.

제1부는 서로 다른 내용의 주제 비평들을 모은 것이다. 제2부는 시인론이고 제3부는 시평詩評들을 모은 것이다. 제4부는 시인들의 시집에 대한 해설 및 비평이다.

어려운 여건 속에서도 책을 선뜻 내주시는 한봉숙 사장께 감사드린다. 편집진의 노고에도 심심한 감사를 올린다.

2003년 1월
산본에서 **박 찬 일**

해석은 발명이다  차례

책머리에

제1부 모색기의 비평들

생태주의 문학 시론試論 ——— • 13
'문학 매체와 다른 매체들'에 대하여 ——— • 36
미메시스적 충동들 ——— • 45
표현주의란 무엇인가
　　— 독일 표현주의 시를 중심으로 ——— • 61

제2부 대지를 긍정하는 시인들

주체 부정, 현재 긍정의 시
　　— 이승훈론 ——— • 75
소승적 세계?
　　— 김지하론 ——— • 90
소극적 허무주의에서 적극적 허무주의로
　　— 강은교론 ——— • 109

해석은 발명이다  차례

제3부 **시학과 미학**

'가장 동정적인 인간이 최고의 인간이다'
　— 고은, 김형영, 유자효, 김승희, 주창윤 ——— • 131

탈중심시대의 시 쓰기
　— 이승훈, 오세영, 이승하, 박형준 ——— • 144

시학과 미학
　— 문덕수, 김대규, 강현국, 정성필 ——— • 157

'삶을 기억하라' — 삶의 예술들
　— 허형만, 박남철, 박용하, 한명희 ——— • 166

'부조리'를 응시하는 시들
　— 김춘수, 이승훈, 이상희, 심은희, 윤성학 ——— • 181

파괴의 에로티시즘, 파괴의 '혁명'
　— 문정희, 원구식, 유하, 한명희 ——— • 192

고통에 대한 열망, 혹은 사랑
　— 유안진, 임동윤, 박남준, 차옥혜, 이낙봉, 김광남 ——— • 204

현실과 낭만
　— 고명의 시세계 ——— • 214

해석은 발명이다  차례

제4부 궁핍한 시대의 시

세상 속으로의 달관
  — 임보의 『운주천불』 ── • 227

패러디와 현실 풍자
  — 박이도의 『民譚詩集』 ── • 236

궁핍한 시대의 시인
  — 이가림의 『내 마음의 협궤열차』 ── • 246

발로 쓴 글
  — 이생진의 『그리운 섬 우도에 가면』 ── • 253

'불'의 시인, '긍정'의 시인
  — 이경희의 『아주 잠시인 것을』 ── • 260

현실로부터의 도피?
  — 이성선의 『산시』 ── • 276

'색즉시공 공즉시색'의 시인
  — 한광구의 『산으로 가는 문』 ── • 280

시인의 기괴한 세상
  — 최승호의 『그로테스크』 ── • 286

해석은 발명이다    차례

과거의 별, 미래의 별
    — 박주택의 『사막의 별 아래에서』 ——— • 298

고통의 최후, 환희의 시작?
    — 차옥혜의 『아름다운 독』 ——— • 305

비자본주의적 삶
    — 유하의 『세운상가 키드의 사랑』 ——— • 311

'1990' 이후의 암울한 모색
    — 곽재구의 『참 맑은 물살』 ——— • 325

모순을 향유하는 시인
    — 이산하의 『천둥같은 그리움으로』 ——— • 335

쑥대밭과 쑥밭의 세계
    — 이화은의 『나 없는 내 방에 전화를 건다』 ——— • 339

제1부

모색기의 비평들

생태주의 문학 시론試論

1. 들어가며

　2002년 봄, 3월, '아시아 먼지'가 전국을 뒤덮었다. 초등학교는 이틀 동안 문을 닫았다. 아시아 먼지란 아프리카 사하라 사막에서 발원하는 '사하라 먼지'와 구별해서 부르는 이름이다. 중국, 몽골의 고비 사막, 타클라마칸 사막에서 불어오는 모래먼지이다. 사하라 먼지는 대서양을 건너 플로리다 반도와 북유럽까지 날아간다. 아시아 먼지[황사]는 중국 본토와 우리나라, 일본을 지나간다. 위로는 대기권을 지나 성층권까지 올라가기 때문에 하와이까지, 미국 서해안까지 습격한다.
　황사는 알칼리성이어서 산성 토양을 중성화시킨다. 황사에 섞여 있는 미생물들은 바다에 퍼져서 플랑크톤들의 먹이가 된다. 먹이사슬에 도움을 준다. 황사의 장점들이다. 그러나 황사는 생활에 큰 불편을 줄뿐만 아니라, 카드뮴, 납, 망간 등 산업폐기물질과 세균들이 섞여있어 각종 질병의 원인이 된다. 황사가 오염된 지역을 통과하면서 오염 물질, 공해 물질도 운반하기 때문이다. 성층권까지 올라가니까 성층권까지 오염시키고 있다고 할 수 있다.

문제는 고비 사막이 넓어지고, 타클라마칸 사막이 넓어지고 있다는 것이다. 급속한 산업화 및 무분별한 삼림 개발로 숲이 사라지고 초원이 사라지고 있기 때문이다. 인간의 의衣와 식食에 중요한 역할을 하는 소나 양 등 목축들의 증가도 사막화와 관련이 있다. 목축들이 풀이 모자라니까 풀뿌리까지 먹어치운다. 다음 해에 풀들은 더 이상 자라지 않는다.

급속한 산업화와 무분별한 삼림 개발은 인간이 이 세상의 주인이라는 인간중심주의의 관점과 관계가 있다. 오로지 인간만을 고려하고, 전 지구적 삶, 혹은 지구 자체를 고려하지 않는 인간중심주의와 관계가 있다. 목축도 인간중심주의이다. 인간이 고기와 가죽을 필요로 하기 때문이다. 고기와 가죽의 수요량은 점점 늘어난다. 오로지 인간의 먹이, 인간의 아름다움이 중요하다. 오늘날의 황사는 인간중심주의가 초래한 전지구적 재앙으로 보아야 한다.

2. '인간중심주의'의 사상적 계보

그런데 보통 인간중심주의는 서양의 계몽사상에 뿌리를 둔 것으로 간주되고 있다. 나아가 서양사상·서양문명의 근원 중의 하나인 기독교에도 인간중심주의가 나타나 있다고 보고 있다.[1]

---

[1] 이에 반해 동양의 노장 사상은 생명평등주의이다. 자연중심주의이다. 특히 장자의 「제물론」에 나오는 '나비의 꿈'에 대한 대목은 생명평등주의, 자연중심주의의

기독교의 인간중심주의는 성서에 나타나있다. 기독교의 하나님은 다섯째 날과 여섯째 날에 인간을 포함한 모든 생명을 지으시고, 인간에게 다음과 같이 말씀하셨다.

> 생육하고 번성하여 땅에 충만하라. 땅을 정복하라. 바다의 고기와 공중의 새와 땅에 움직이는 모든 생물을 다스리라 [⋯] 내가 온 지면의 씨 맺는 모든 채소와 씨 가진 열매 맺는 모든 나무를 너희에게 주노니 너희 식물이 되리라. (창세기 1장 28~30절)

인간을 "바다의 고기와 공중의 새와 땅에 움직이는 모든 생물" 위에 놓은 인간중심주의의 말씀이라 하지 않을 수 없다.[2][3]

성경이 인간중심주의라는 고찰은 아이러니칼한 고찰이다. 기독

극치이다. 내가 나비의 꿈인지, 나비가 나의 꿈인지 알 수 없다고 한 것.
2) 물론 반론도 있다. 생태문학의 이론가인 송용구 박사는 이것은 잘못된 번역 때문이라고 말하고 있다. 우리 성경은 영어판 최초의 성경인 킹 제임스 버전 성경을 그대로 따른 것인데 킹 제임스 버전 성경이 애초에 잘못된 번역이라는 것이다. 히브리어 성경과 헬라어 성경을 가장 잘 번역해놓은 것으로 평가받는 독일의 루터판 성경에는 하나님이 인간보고 다른 생물을 정복하고 지배하라고 말한 것이 아니라는 것이다. 독일어 성경에는 하나님이 인간에게 "물고기와 새들과 그 밖의 모은 생물들을 보호할 책임을 맡긴다" 라고 되어 있다는 것이다. 송용구 박사는 나무, 꽃, 새들을 형제라고 부른 성 프란체스코의 일화까지 소개하면서 성경의 인간중심주의를 부정하고 있다(『시문학』, 2000. 3, 46~47쪽 참조.).
3) 인간중심주의는 그리고 서양인중심주의였다. 성서에서 "땅을 정복하라", 라고 한 것처럼 서양인은 비서양인의 땅을 정복했다. 자연이 인간의 정복의 대상이었듯이 비서양인은 서양의 정복의 대상이었다. 다음 시는 김승희 시인의 「사랑 6」의 앞부분이다. "성채를 흔들며 신부가 가고/그 뒤에 칼을 든 군인이 따라가면서/제국주의가 시작되었다고 한다". 지리상의 발견 이후 서구 제 열강들의 식민지 개척은 카톨릭 신부들이 먼저 들어가 길을 닦아놓으면 ― 그들은 서양문화를 이식하는 한편 현지의 정보들을 수집했다 ― 그 뒤 군인들이 들어와 무력으로 접수하는 식으로 이루어졌다. 세계는 인간중심주의에 의해, 정확히 말하면 서양인중심주의에 의해, 접수되었고 정복되었다.

교·성서는, 본래 인간중심주의의 기독교·성서가 아닌 신중심주의의 기독교·성서이기 때문이다. 그리고 기독교사회를 가시적으로 전복시킨 것이 계몽사상이고, 계몽사상의 핵심이 인간중심주의이기 때문이다. 그러나 성서에 나타난 인간중심주의는 신중심주의의 반대로서의 인간중심주의가 아니라, 인간 이외의 모든 생명체를 정복·지배의 대상으로 둔다는 점에서의 인간중심주의라는 점에서, 계몽사상의 인간중심주의와 맥을 같이 한다. 18세기 계몽사상 이후의 인간중심주의는 신중심주의에 대한 회의·거부로서의 인간중심주의이기도 하지만, 성서의 경우처럼 인간 이외의 모든 생명체(넓은 의미의 자연)를 정복·지배의 대상으로 간주했다는 점에서의 인간중심주의였다.[4]

계몽 사상의 아버지 데카르트의 'cogito, ergo sum 나는 생각한다, 그러므로 나는 존재한다'에서 cogito라는 것은 원래 회의한다는 뜻. '나는 회의한다'는 뜻. 데카르트 이전의 사회가 신 중심의 사회였다면, 신이 모든 것을 규정해주는, 마련해주는, 사회였다면, 그러므로 회의

---

[4] 신중심주의·인간중심주의는 둘 다 주체중심주의라는 점에서 같다. 신이라는 주체를 통해 중세사회가 성립되었다면, 인간이라는 주체를 통해 근대사회가 성립되었다. 천동설이 지구중심주의이고 따라서 신중심주의의 주장이었다면, 지동설은 태양중심주의이며 그러므로 인간중심주의의 주장이었다. 인간중심주의라고 한 것은 '지동설'은 회의하는 자아의 소산이었기 때문이다. 중요한 것은 지동설·천동설 둘 다 중심을 설정했다는 점에서 주체중심주의를 반영한 것이라는 것이다. 철학자 이정우는 "서구담론사에서 인간중심주의와 신중심주의는 은밀한 공모성을 즐겼다"라고 말한다(이정우, 「질 들뢰즈, 탈코드화 시대의 사유」, 실린곳: 『세계의문학』, 1996. 봄, 18~31쪽 참조). 플라톤의 본질[이데아]이 중세사회에서 신으로 대체되었다면, 근대사회에서는 인간으로 대체되었다는 것이다. 신과 인간은 '가장' 가까운 곳에 위치해 있었다. 다시 말해 신이라는 중심에 인간이라는 중심은 가장 가까운 곳에 위치해 있었다. 그리고 '신의 형상대로 창조된' 인간은 신 바로 아래에 군림하면서 다른 피조물들을 '사용'했다. 인간이 다른 피조물들을 '거리낌 없이' '신의 눈치 안보고' 관찰하고 사용하게 된 것은 데카르트 이후, 계몽사상 이후로 보아야할 것이다.

할 필요가 없는 사회였다면, 데카르트 이후의 사회는 회의하는 인간의 사회, 인간이 이성에 의해 스스로 정립해가야만 하는 사회였다. 다름 아닌 인간 중심의 사회였다. 이것이 데카르트 이전과 이후를 구분하는 이유가 된다. 이전이 중세 사회라고 한다면 이후는 근대 사회가 된다.

　데카르트의 '생각' 속에는, 혹은 이성 속에는, 그러므로 비판적 태도가 전제되어 있었다. 비판은 '회의'에서 출발하는 것이므로. 칸트의 '순수 이성'이 가치 판단이 배제된 '오성Verstand'을 의미하는 것이라면, 칸트의 '실천 이성'은 가치 판단이 포함된 '이성Vernunft'을 의미했다. 즉 칸트에게 이성은 가치 판단이었다. 그러나 이러한 비판적 이성들은 그 이후 (가치판단이 배제된) 합리주의, 효율주의 등으로만 살아남게 되었다. 근현대의 대량 살상 무기들이 그것을 증명하고 있다. 얼마나 적은 비용으로 얼마나 많은 사람들을 죽일 수 있는가, 가 중요했다. 최대 이윤의 법칙은 사람을 살상하는 데도 적용되었다.

　데카르트가 '나는 생각한다. 그러므로 나는 존재한다'라고 했을 때 그것은 정신을, 정확히 말하면 이성만을 강조했던 것. 그 이후의 역사는 그러므로 이성이 주류가 되는 역사였던 것. 이러한 역사를 한편으론 이성을 몸(혹은 감성)과 '별개로' 존재하는 것으로 취급했다는 점에서 데카르트의 이원론의 역사라고 부르기도 한다.[5] 데카르트의 cogito는 이원론적 태도가 전제된 것이므로, 정신을 몸과 별개의 것으로 간주한 것이므로, 그 결말이 이미 예측되었다고 해야 한다. 몸과 별개로 움직이는 정신(혹은 이성)이라면, 몸을 해칠 수도 있는 정신이 아닌가. 독가스를 만들어내는 정신이 아닌가. 원자폭탄을 만들어

---

[5] 데카르트에게 정신은 몸의 여집합이고 몸은 정신의 여집합이었다. 그는 정신과 몸을 각각 독립된 실체로서 보았다. 정신은 생각하는 성질을 가졌고, 몸은 공간을 차지하는 성질인 연장성延長性을 가졌다는 것이다.

내는 정신이 아닌가.

데카르트의 명제가 인간 중심의 역사를 공식적으로 선언한 명제였다면 칸트가 1784년 그의 「계몽이란 무엇인가」라는 글에서 "너 자신의 오성을 사용할 용기를 가져라"(여기서의 오성은 '깨어있는 정신'이다)라고 한 것은 인간 중심의 역사를, 아니 인간 정신 중심의 역사를 추인하는 선언이었다.

> 계몽은 그 자신이 책임이 있는 미성년상태로부터 빠져나오는 것이다. 미성년상태란 자기 자신의 오성을 다른 사람의 인도 없이는 사용할 수 없는 것을 일컫는다. 이러한 미성년상태의 원인이 오성의 결핍에 있는 것이 아니라 다른 사람의 인도 없이 자신의 오성을 사용하려고 하는 결심이나 용기의 부족에 있는 것이라면 그 미성년상태는 자기 자신에게 책임이 있는 것이다. 자기 자신의 오성을 사용할 용기를 가져라! 이것이 계몽주의의 표어이다.[6]

인간은 오랫동안 미성년 상태에 있었다. 미성년 상태는 후견인을 필요로 했다. 서양 중세시대의 후견인은 크게 보아 기독교의 하나님이지만 구체적으로 말하면 귀족과 성직자들이었다. 귀족은 '정치경제적[세속적]' 후견인이었고 성직자는 정신적 후견인이었다. 귀족들은 농노들의 신체를 담보로 농노들의 생명과 재산을 보전해주었다. 성직자들은 농노들의 정신을 담보로 내세의 행복을 약속해주었다. 그러나 칸트는 자기 자신의 오성을 사용하라고 촉구했다. 그리하여 '미성년상태'에서 벗어나라고 촉구했다. '미성년 상태'에서 벗어나는 것이 계몽주의였다. 정치적·경제적 후견으로부터, 정신적 후견으로부터 벗어나는 것이 계몽주의였다.

---

[6] Immanuel Kant, Was ist Aufklärung?, in: Was ist Aufklärung? Thesen und Definition, hrsg. v. Ehrhard Bahr, Stuttgart 1974, 9쪽.

데카르트의 자아自我는 다시 말하지만 '회의하는 자아'였다. 칸트의 자아 역시 '비판적 자아'였다. 그러나 그 이후 회의하는 자아, 비판적 자아는 없어지고 회의하지 않는 자아, 비판하지 않는 자아, 즉 '자아'만 남게 되었다. '인간'만 남게 되었다. 그 이후의 역사는 그러므로 또한 인간에 의한 다른 생명체(넓은 의미의 자연)의 정복·지배, 이용·착취의 역사였다. 다른 생명체를 정복·지배, 이용·착취해도 회의하지 않는 '인간의 역사'였다.

호르크하이머는 데카르트 이후의 주체의 객체 지배를 '도구적 이성(혹은 '합리적 이성')이라는 말로 설명하고 있다.7) 도구적 이성은 다른 말로 하면 '이성의 타자das Andere der Vernunft'이다. 이성은 이성의 타자를 출현시켰다. 이성의 '어두운 면'을 출현시켰다. 계몽 초기의 비판적 이성을

〈그림〉 고야F. Goya(1746~1828), 「이성의 꿈〔잠〕이 만들어낸 괴물」(1797/98)

---

7) Max Horkheimer, Zur Kritik der instrumentellen Vernunft, Frankfurt a. M. 1974. '도구적 이성'이라는 말은 헤겔의 의식〔정신〕 개념, 마르크스의 존재〔물질〕 개념, 베버의 탈마법화〔합리화〕 개념과 함께 서양 정신사를 설명하는 몇 안 되는 용어 중의 하나가 되었다.

상실한 목적합리주의가 이성의 타자라고 할 수 있다. 목적을 위해서 수단은 정당화되었다. 합리주의는 정당화되었다. 독가스와 원자폭탄들이 합리주의가 만들어낸 괴물들이었다.

고야의 그림 중에 「이성의 꿈〔잠〕이 만들어낸 괴물」이란 작품이 있다(〈그림〉 참조). '이성의 잠'이라는 것은 이성이 발휘되지 못하는 상황이므로 '괴물'은 무지와 미신을 상징한다. 다시 말해 그림의 왼쪽 하단 밝은 부분은 계몽의 상징이고 오른쪽 상단의 박쥐들은 무지와 미신의 상징이다. 이성이 잠들었을 때 이성의 '어두운 면'이 꿈의 세계〔무의식의 세계〕에 나타난 것으로 볼 수 있다. 박쥐들은 이후 비판적 이성을 상실한 목적합리주의를, 목적합리주의가 초래한 재앙을 예견한 것이라고 할 수 있다. 계몽주의의 미래를 암울하게 예견하였으나 그 예견은 이루어졌다.

아도르노와 호르크하이머가 『계몽의 변증법』에서 갈파하였던 "계몽은 신화로 퇴보한다"[8]라는 말도 이성주의·합리주의의 현재 상황을 정확하게 포착해주는 말이다. 이성주의, 합리주의가 다시 신성의 영역이 되었다는 것이다. 자기비판을 용인하지 않는 신성불가침의 영역이 되었다는 것이다.

데카르트의 이원론적 태도가, 정신과 몸을 분리하는 태도가, 가시적으로 극복된 곳이 바로 니체. 더 정확히 말하면 니체의 다음과 같은 말이다. "영혼이란 몸에 붙어 있는 어떤 것."[9] 여기서 영혼이란 정신이나 이성으로 치환할 수 있는 것. 물론 니체는 기독교의 내세주의(몸은 죽어도 영혼은 살아남아 낙원으로 간다는 것)를 비판하는 것

---

8) Max Horkheimer/Theodor Adorno, Dialektik der Aufklärung, Frankfurt a. M. 1971, 5쪽.
9) Friedrich Nietzsche, Also Sprach Zarathustra, Stuttgart 1969, 34쪽.

이었지만, 니체 철학 자체가 서양의 이원론적 태도 전반에 대한 비판이었으므로 이 말 역시 정신과 몸을 분리하는 태도에 대한, 데카르트식의 이원론적 태도에 대한, 비판이라고 할 수 있다. 정신(혹은 이성)이 몸과 함께 할 때, 정신이 몸에서 나온다는 것을 인정할 때, 정신이 몸을 어찌 해칠 수 있겠는가. 정신이 몸의 일부분이라면. 몸이 정신보다 훨씬 더 큰 어떤 것이라면.

3. 생태주의·생태주의 문학

생태주의란 생명을 생명 전체에서 보는 관점이다. 즉 '생태계'를 보는 관점이다. 그러므로 인간중심주의의 관점이 아니다. 생명중심주의의 관점이다. 자연의 모든 생명을 인간의 생명과 같이 보는 관점이다.

'지속가능한 발전'이라는 슬로건은 현재의 환경파괴, 환경오염이 계속해서 이루어진다면 '발전'이 불가능하므로 환경파괴, 환경오염을 최소화하여 발전의 기조를 계속 유지시키자는 슬로건이다. 여기서의 발전이란 물론 과학기술의 발전이고, 과학기술에 의한 인류(생활)의 발전이다. '지속가능한 발전'이라는 슬로건은 그러므로 근본적으로 과학기술주의를 수용, 지지하는 입장이다. 환경주의의 입장이다. 즉 '지속가능한 발전'을 전제로 하는 환경운동의 입장을 환경주의라고 일컫는다. 대부분의 환경운동의 입장이기도 하다. 문학에서는 환경주의 문학(혹은 환경문학)이다.

환경주의와 다른 입장이 있다. 다름 아닌 첫째 문단에서 언급한 생태주의의 입장이다. 환경파괴·환경오염은 원인이 과학기술주의에 있으므로 과학기술주의를 근본적으로 '부정'하는 입장이다. 그러므로 과격한 입장이다. 근본생태주의라고 불리기도 한다. 과학기술주의를 부정하므로 과학기술주의의 근원인 인간중심주의를 부정하는 것이다. 정확히 말하면 인간중심주의를 부정하는 것이다. 현재의 자연훼손·자연오염(환경파괴·환경오염)은 근본적으로 인간중심주의에서 비롯되었기 때문이다.

우리나라의 그동안의 환경 관련 문학은 대부분 환경주의 문학이었다고 할 수 있다. 과학기술주의를 근본적으로 부인하지 않았기 때문이다. 그러나 환경주의 문학에 과학기술주의에 대한 회의가 전혀 없을 수 없다는 점에서 환경주의 문학이 생태주의문학과 확연히 구분되는 것은 아니다. 예를 들어 김동호 시인의 「수리산·17 ─ 팔월 숲 속에서」라는 시를 보자.

> 팔월, 시원한 숲속
> 장마 뒤끝이라 더욱 시원한 숲속
>
> 그러나 모기 파리가 왜 이렇게도 극성인가
> 쫓다 피하다 싸우다 가만히 생각해보면
> 산다는 것은 결국 싸운다는 것
> 그들이 바라는 것은 나의 완전 항복일 것이다.
> 그렇담 나 이쯤서 아예 완전 평화가 되어줄까
>
> 그러나 모기 한 마리 급히 달려와서
> 귓속에다 소리친다. 완전 평화는 싫다고
>
> 하기야 그렇다. 생명이 넘쳐나는
> 이 좋은 지구에서 우리가 만났으니까 그렇지
> 달나라 별나라, 생명이라고는 그림자도 볼 수 없는

금성 화성 등에서 만났더라면 나는 너무나 반가워
너의 잘룩한 허리를 껴안고 막 울었을 것이다.

사랑이란 본래 싸움으로 시작해서
同化로 놀다가 代謝로 끝나는 것

처음 친구를 만날 때도 그랬고
애인을 만날 때도 그랬고
새로운 음식물, 내 위 속에 들어와서도 그렇거니

자식 궁 짓는 일에 바쁜 암놈 모기야
내 것도 조곰 조심스럽게 뽑아다가
튼튼한 갈비뼈 빚는 일에 보탬으로 쓰렴

뱀 개구리, 다 죽고
벌 나비도 독한 살충제로 다 죽어가는
이 거대한 화학공장 같은 땅에서
잠자리를 부르는 너의 존재 하나만으로도
너는, 나의 피 요구할 권리 충분히 있으니

    마지막 연에서 환경 오염에 의한 '생명 멸절'의 원인을 과학기술주의에 돌리고는 있지만 과학기술주의를 근본적으로 부인하고 있는 것 같지는 않다. "독한 살충제"와 "화학공장"이라는 말을 쓴 것은 과학기술주의의 부작용("뱀 개구리"의 멸절 등)을 고발하려고 하는 것이지, 독한 살충제 자체와 화학공장 자체, 즉 과학기술주의 자체를 부정하려고 한 것이라고는 볼 수 없기 때문이다. 그러나 이 시에서 주목되는 것은 끝 연과 끝에서 두 번째 연에서 인간중심주의에 대한 간접적인 비판이 이루어지고 있다는 점이다. 즉 "잠자리를 부르는" 모기에게 자신의 피를 기꺼이 바치겠다며 다른 생명과의 공존을 유머러스하게 — 김동호의 '수리산 연작시편'들은 대부분 '유머〔후모아〕'의 외양을 띠고 있다 — 설파하고 있다는 점이다. 모기는 잠자리와! 인간은 모기와! 인간중심주의를 부정하는 생태시의 영역이 아닐 수 없다. 인간을 모든 피조물 중의 으뜸, 즉 '창조의 왕관'으로 생각하고 있는 자들에게는 매우 충격적인 내용이 아닐 수 없다.

  필자는 그러므로 환경 관련 문학을 환경주의문학/생태주의문학으로 나누기보다는 일원화시켜 환경 관련 문학을 모두 생태주의문학(줄여서 생태문학)이라고 부르는 것이 좋겠다는 입장이다. 생태주의문학의 기본 범주도 과학기술주의의 부정에 두기 보다 인간중심주의에 대한 부정에 두는 편이 좋을 것으로 본다. 인간중심주의에 대한 부정은 과학기술주의에 대한 회의를 이미 전제하기 때문이다. 생태문학은 외국어의, 특히 환경 선진국이라고 할 수 있는 독일의 독일어의, 번역어가 되기도 한다. 즉 시는 생태시, 소설은 생태소설이라고 부르자는 것.

  우리가 잘 아는 김광섭의 「성북동 비둘기」라는 시를 보자.

> 성북동 산에 번지가 새로 생기면서
> 본래 살던 성북동 비둘기만이 번지가 없어졌다.
> 새벽부터 돌 깨는 산울림에 떨다가
> 가슴에 금이 갔다.
> 그래도 성북동 비둘기는
> 하느님의 광장 같은 새파란 아침 하늘에
> 성북동 주민에게 축복의 메시지나 전하듯
> 성북동 하늘을 한 바퀴 휘 돈다
>
> 성북동 메마른 골짜기에는
> 조용히 앉아 콩알 하나 찍어 먹을

널찍한 마당은커녕 가는 데마다
　　채석장 포성이 메아리쳐서
　　피난하듯 지붕에 올라앉아
　　아침 구공탄 굴뚝 연기에서 향수를 느끼다가
　　산 1번지 채석장에 도루 가서
　　금방 따낸 돌 溫氣에 입을 닦는다.

　　예전에는 사람을 聖者처럼 보고
　　사람 가까이
　　사람과 같이 사랑하고
　　사람과 같이 평화를 즐기던
　　사랑과 평화의 새 비둘기는
　　이제 산도 잃고 사람도 잃고
　　사랑과 평화의 사상까지
　　낳지 못하는 쫓기는 새가 되었다.

　이남호는 이 시를 두고 좋은 시가 아니라고 하였다. 시적 형상화에 실패한 시라고 하였다. "내용이 너무 평면적이며 단순하며 설명적이"라고 하였다.10) 사실 시적 진술의 본령이 '낯설게 하기'에 있다고 볼 때 이 시는 낯설게 하기에 실패한 것으로 보인다. 대부분이 사실의 진술에 충실한, 그러므로 진부한 '문법'의 나열에 불과하기 때문이다. 그러나 내용면에서 볼 때 이 시는 환경파괴의 원인이 인간중심주의에서 있다는 것을 노골적으로 보여준 '생태시'라고 할 수 있다. 자연의 모든 생명을 인간의 생명과 동등한 것으로 보는 생태시라고 할 수 있다. 채석장이 들어서기 전에 – 자연이 과학기술에 의해, 혹은 과학기술의 인간에 의해, 파괴되기 전에 – 인간과 비둘기는 공존하

---

10) 이남호, 「교과서에 실린 문학작품들을 어떻게 가르칠 것인가」. 김광섭, 「성북동 비둘기」, 실린곳: 『현대문학』, 2000. 8, 279쪽 참조.

고 있었다. "사람 가까이/사람과 같이 사랑하고/사람과 같이 평화를 즐기던" 비둘기였다. 비둘기는 인간에 의해 '평화의 상징'이라는 월계관까지 씌워진 존재였다. 시인에 의하면 인간은 비둘기에 의해 "聖者처럼" 떠받들여지던 존재였다. 서로를 높여주고 존중해주던 관계였다. 채석장이 들어섬으로써, 오로지 인간만을 위한 채석장이 들어섬으로써(캐낸 돌은 인간을 위한 집, 인간을 위한 길들을 만드는 데 쓰인다), 인간과 비둘기의 공존은 깨지게 되었다. 비둘기는 인간에 의해(공존하던 인간도 인간이고 채석장 사업권을 따낸 인간도 인간이다) 쫓겨나게 되었다. 상상해 보라. "돌 깨는 산울림"에 울리는 비둘기의 가슴을. "가슴에 금이" 간 비둘기를. 그래도 "향수를 느"껴서 "산 1번지 채석장에 도루 가서/금방 따낸 돌 온기에 입을 닦"는 비둘기의 가슴 찢어지는 심정을. 인간에 의해 신세 망친 비둘기! 인간중심주의에 의해 신세 망친 비둘기!

인간과 비둘기의 공존은 서로에게 존재할 자유를 인정하는 것이다. 인간에게는 인간의 삶이 있지만 비둘기의 삶을 해치지 않는 인간의 삶이어야 한다. 비둘기의 삶이 인간의 삶을 해치지 않는 비둘기의 삶인 것처럼. 최승호의 「공장지대」는 인간중심주의가 인간에게 초래하는 재앙을 구체적으로 적시하고 있다.

> 무뇌아를 낳고 보니 산모는
> 몸 안에 공장지대가 들어선 느낌이다
> 젖을 짜면 흘러내리는 허연 폐수와
> 아이 배꼽에 매달린 비닐끈들
> 저 굴뚝들과 나는 간통한 게 분명해!
> 자궁 속에 고무인형 키워온 듯
> 무뇌아를 낳고 산모는
> 머리 속에 뇌가 있는지 의심스러워

정수리털들을 하루종일 뽑아댄다

　외부 물질이 생체 내로 들어와서 기존 호르몬처럼 작용할 때 이것을 환경 호르몬이라고 한다. 학술 용어로는 '내분비계 교란물질'이라고 하며 기존의 호르몬 역할을 모방하거나 기존의 호르몬 역할을 방해하여 신체 내에 이상을 일으키는 것이다. 각종 암의 원인이 되며 특히 생식 능력에 영향을 끼쳐 개체의 멸종을 불러올 수 있다. 일단 생체 내에 들어오면 배출되지 않는다. "산모"가 "굴뚝들"과 "간통"했다고 한 것은 산모의 몸에 다이옥신과 같은 환경호르몬이 침투했다고 한 것이다. 굴뚝을 통해 오염물질이 침투했다는 것. 산모의 몸은 그래서 "공장지대"라는 것. "젖"은 "허연 폐수"로 비유되었고, 탯줄은 "비닐끈"으로 비유되었다. 태아는 "고무인형"으로 비유되었다.
　성찬경의 「物權詩」라는 시는 생태주의의 입장을 강령적으로 보여주고 있다. 시의 앞부분은 다음과 같다.

〈物權〉이란 말이 사전에 있는지 몰라.
호기심이 나서 한번 찾아보니
아아, 있기는 있는데, 이건 너무 했다.

物權 : 재산권의 하나.
　　　특정한 물건을 직접으로 지배하는 배타적 권리.
　　　즉 사람의 행위를 개입시키지 않고
　　　물건에 대한 이익을 누릴 수 있는 권리.
이렇게 定義를 내려놓고 나서 그 예로
所有權, 地上權, 永小作權,
地役權, 留置權, 先取得權,
質權, 抵當權, 傳貰權, 鑛業權, 漁業權,
따위를 열거하고 있으니 이 '物權'은

> 내가 생각하는 物權과는
> 정반대의 개념일 뿐만 아니라
> 결국 인간의 끝없는 탐욕을 옹호하는 권리를
> 말하고 있을 뿐이다.
> 人間 意識의 경직이 이 지경에 이르렀으니
> 산업공해가 안올 리가 없다.

'물권'의 사전적인 정의는 인간이 물을 소유하는 권리이다. "所有權"이라는 말이 그것을 압축한다. 그러나 이러한 정의는 시인이 "생각하는 物權"과는 "정반대의 개념"이다. "인간의 끝없는 탐욕을 옹호하는 권리를/말하고 있을 뿐이다." 이러한 인간의 의식이 "산업공해"를 불러온 것이다. '시인이 생각하는 물권'은 인간이 물을 지배·소유하는 권리가 아니라, 인간과 동등한 권리를 갖는 물의 권리이다. 인간중심주의에 대한 반대이므로, 생명을 생명 전체로서 보자고 한 것이므로, 생태주의적 입장이라고 할 수 있다. 물권시의 끝은 다음과 같이 끝난다.

> 새 정의를 내려야 한다.
> 物權 : 물질도 스스로의 영묘한 얼개와 내용을
>   인간처럼 주장할 수 있는 권리.
>   더 나아가 사랑을 받을 수 있는 권리.
> 附則 : 1. 〈物權〉을 존중하는 자는
>   번영과 평화를 누린다.
>   2. 〈物權〉을 蹂躪하는 자는
>   必히 亡한다.

생태주의의 입장을 강령적으로 보여주는 또 하나의 예는 김대규의 「도태론淘汰論」이다.

언제부턴가
우리들의 논에서는
게나 우렁이들이 보이지 않았다.

우리들 유년시절의 유일한 적이었던
삼각대가리의 독사들도
전답田畓의 숲속을 떠난 지 오래다.

경부선 연변의 한 송전탑送電塔 위에
위험스레 자리한 까치집을 보았을 때
문명과 자연동물,
그 공존의 미학보다
나무숲에서 떠나야만 했던 일가의 비장한 이주가
남의 일 같지 않았다.

산이며, 물, 하늘이며 땅에서
언젠가는 인간만이 유일한 생물로 남아
벌거벗고 쫓겨난 인간의 후예인 죄를
옷 입고도 갈 곳 없는 설움으로
울며울며 헤맬 날이 곧 오리라.

인간중심주의에 대한 비난이 기본 정조이다. 오로지 인간만을 위해 쓰이는 과학기술주의가 불러오는 재앙에 대한 기록이기 때문이다. '농약'이라는 과학기술은 해충뿐만 아니라, "게나 우렁이들" "삼각대가리의 독사들"까지 도태시켰다. 나무들의 숲이었던 곳에 고속도로가 들어선 후 까치들은 그들의 터전을 잃어버렸다. 송전탑 위에 설치(?)된 까치집에 관한 서술은 인간중심주의의 문명에 대한 근사한 알레고리. 마지막 연에서는 "언젠가는" 다른 생물들은 다 죽고 "인간만이 유일한 생물로 남"게 되는 묵시론적 세계를 보여주고 있다. 미래의 인간들은 "갈곳 없는 설움으로/울며울며 헤"매게 될 거라고 예언하고 있다. 마치 "바빌론의 여러 강변에서 시온을 기억하며 (목놓아) 울었"(구약성경 시편 137편)던 유대인들처럼.

 댐 건설 및 도로 건설 등은 자연에 대한 인간 우위를, 혹은 다른 생명에 대한 인간 우위를, 다른 말로 하면 인간중심주의의 폐해를, 가장 가시적으로 보여주는 예. 댐과 도로 건설로 얼마나 많은 자연이 훼손되었는가. 식물들이 멸종되었는가. 얼마나 많은 동물들이 죽거나 자신들의 터전에서 쫓겨났는가. 다음은 차옥혜의 「매미가 운다」.

   우렁우렁 산을 무너뜨리고 있는
   굴삭기와 싸우며
   매미가 운다

   매미가 울어
   곤두박질치는 나무에게
   겁에 질린 풀잎에게
   무너지는 흙더미에게
   다가간다 함께 한다

   매미는 울어
   굴삭기에 맞서
   굴삭기 소리에 떠서
   굴삭기 소리를 치받는다

   매미가 운다
   뙤약볕을 흔들며
   굴삭기 소리를 깨뜨리며
   굴삭기 소리에 혼절한 새들을 깨우며

매미가 운다

우는 매미여 시인이여
매미가 운다

 노만 커슨즈Norman Cousins는 인간들이 국가에 귀속되고 국가가 '국가 구성원들'[인간들]의 생존을 염려하는 일을 떠맡게 된 후, 인간들은 스스로의 보존본능Erhaltungsinstinkt을 상실하게 되었다고 말한다. 즉 오늘날의 인간들은 '인류'의 일에 직접 마음을 쓰지 못하게 되었다는 것이다. 인류의 존재가 위협받는 상황이 와도 그것을 의식하지 못하게 되었다는 것이다. 예를 들어 국가는 아스팔트, 댐을 만드는 국가이고, 핵폭탄을 만드는 국가이나, 개개인은 그것이 인류의 환경 및 생존에 끼치는 영향을 의식하지 못한다는 것. 그래서 커슨즈는 개인이 생존본능을 다시 되찾아와야 한다는 것을 강조하였다. 국가보다 인류를 우선적으로 고려해야 한다는 것이다.[11]
 두 개의 알레고리. 첫째, 존재하는 모든 것들을 이용의 대상으로만 간주하는 도구적 인간에 대한, 혹은 도구적 인간이 만든 현대문명에 대한 알레고리로서 굴삭기, 굴삭기 소리. 둘째, 이러한 굴삭기, 굴삭기 소리에 맞서 싸우는 시인, 혹은 시인의 사명에 대한 알레고리로서 매미, 매미의 울음소리. 언제 궁핍한 시대가 아닌 때가 있었는가. 언제 궁핍한 시대의 시인이 아닌 때가 있었던가. 언제 궁핍한 시대의 시인이 울지 않은 때가 있었던가.

---

11) Armin Arnold, Die Literatur des Expressionimus, Stuttgart 1971, 57쪽 참조.

4. 보론: 목가 문학

모든 환경시·생태시는 비가라고 할 수 있다. 잃어버린 자연을 묘사하고 있거나 잃어버린 자연을 전제하고 있기 때문이다. 아래 인용은 비가와 목가에 대한 쉴러의 유명한 정의이다.

> 시인이 자연과 인공人工, 이상과 현실를 비교한 후, 자연과 이상에 대한 서술을 우위에 두었을 때, 혹은 자연과 이상에 대한 호의가 지배적인 정서가 되었을 때, 나는 그것을 비가적이라고 부른다. 이 장르에도 풍자와 마찬가지로 두 개의 하위 개념이 있다. 하나는 자연과 이상이 비탄의 대상이 되는 것이다. 이 경우 자연은 잃어버린 것으로, 이상은 도달할 수 없는 것으로 서술된다. 다른 하나는 자연과 이상이 기쁨의 대상이 되는 것이다. 이 때 자연과 이상은 실제적인 것으로 표상된다. 전자는 좁은 의미의 비가를 낳고 후자는 넓은 의미에서의 목가牧歌를 낳는다.[12]

비가는 '잃어버린 자연', 혹은 '도달할 수 없는 이상'을 주요 테마로 하는 시라는 것. 이에 반해 목가는 자연과 이상을 실제적으로 표상하는 시라는 것. 이를테면 '마술적 자연시파'에 속하는 요하네스 보브롭스키Johannes Bobrowski의 「귀향」에 나오는 다음과 같은 구절은 목가이다.

> 나는 나무지붕 아래
> 잠들러 왔다.

---

[12] Friedrich Schiller, Über naive und sentimentalische Dichtung, in: Sämtliche Werke V, München 1993, 728쪽.

거미집에 얽힌 잠, 두꺼비와 어우러진 잠을
날벌레의 잠을 자러 왔다.

"거미집에 얽힌 잠, 두꺼비와 어우러진 잠", "날벌레의 잠"을 노래하고 있다는 점에서 이 시는 '생명공존'을 노래하고 있다. 생명공존의 상태에 도달한 목가이다. 생태시가 인간중심주의를 비판하고 생명과 생명의 공존을 촉구하는 시라면, 생명을 생명 전체에서 볼 것을 촉구하는 시라면, 목가는 인간중심주의가 극복된 상황을, 생명과 생명이 공존하는 상황을 노래하는 시라고 할 수 있다. 생명을 생명 전체에서 노래한 에코토피아ecotopia의 시라고 할 수 있다. 다음 박현태의 「한 여름에 낮꿈」도 목가에 가깝다.

부드럽게 옷 벗고 누운 언덕 위로 여름 땡볕이 불화살처럼 꽂히자 흰 구름들이 차례로 질퍽질퍽 밟아와서 넓은 들 잘 자란 무논을 시퍼렇게 칼질하고 ―
백발의 늙은 도사가 턱수염을 떨며 녹음 짙은 그늘을 도포 자락 열어 젖히듯 쫙쫙 재켜 사라지지 ―
잠시 전쭘 세상의 멱살을 움켜잡고 요동치던 거친 소나기 그치며 톡톡톡 낮은 음자리 밟은 물방울 여러 개 맑은 소리로 풀섶에 질 때

  요 요기 빨간 꽃
  파랑 잎사귀 위로 쫑긋
  한들한들 고개 흔들며
  바람에 부끄러워 가까스로 웃네

아 한때나마 넉넉한 지상의 평화 아름다운 삶이여
순간 모든 생명에겐 풍요와 여유와 행복함이 있음을 느낀다
이내 서쪽 하늘 속 떠오르는 무지개

화들짝 가슴부터 놀라서 깨어나네

　시인은 아름다운 자연을 '실제 있는' 것으로 표상하고 있기 때문이다. '실제 있는' 아름다운 자연을 기뻐하고 있기 때문이다. "요 요기 빨간 꽃/파랑 잎사귀 위로 쫑긋/한들한들 고개 흔들며/바람에 부끄러워 가까스로 웃네". 얼마나 아름다운 자연인가. 시인은 그 아름다운 자연에 얼마나 기뻐하고 있는가.
　물론 시적 화자는 이러한 목가적 상태가 영원히 지속되리라고 생각하지 않는다. 시 후반부의 "한때나마"라는 표현이 그것이다. 그러나, '소멸'이 있기에 현재도 복된 것이 아닐까, 라고 생각하면, 그리고 소멸이 없다면 현재가 소중하기나 할 것인가, 라고 생각하면, '한때나마'라는 표현이 이 시의 목가적 분위기를 반드시 해쳤다고 볼 수 없다.
　그러나 이 시가 '현재의' 목가적 상태, 혹은 목가적 마음의 상태를 그린 것이 아니라는 증거가 있다. 제목 '한 여름에 낮꿈'과 맨 끝의 "이내 서쪽 하늘 속 떠오르는 무지개/화들짝 가슴부터 놀라서 깨어나네"라는 표현이 그것이다. '무지개'는 이루어지지 못한 현재의 일이 언젠가 이루어지기를 바랄 때 쓰는 말. 희망을 상징하는 것. 다시 말해 중간의 목가적 내용들은 현재의 내용이 아니라 도달되기를 희망하는 미래의 내용이었다는 것. "화들짝 가슴부터 놀라서 깨어나네"라는 표현 역시 위의 목가적 내용들이 한여름의 낮꿈, 다시 말해 백일몽이었다는 것을 명시하기 위한 것.
　이 시가 단순한 목가로서 그쳤다면 우리는 시인에게 물었을 것이다. 지금 우리가 목가에 살고 있는 것이냐고. 지금 우리가 낙원에 살고 있는 것이냐고. 그러나 시인은 맨 뒤의 반전을 통해 목가적 상황을 꿈꾸어야 할만큼 '곤란한' 현재의 우리의 상황을 뒤돌아보게 하였다. 시인이 부른 목가는 현재의 곤란한 상황에 대한 반어였다. 다만 아쉬운 점은 그 곤란한 상황이 무엇인지 전혀 짐작조차 할 수 없다는 것. 다시 쉴러에 기대면, 그것이 비가적 상황과 관계 있을 수 있다는 것. '잃어버린 자연', 혹은 '도달할 수 없는 이상'과 관계 있을 수 있다는 것.

'문학 매체와 다른 매체들'에 대하여

　문학의 위기라고 말한다. 책의 위기라고 말한다. 그렇게 말하는데 여러 가지 원인이 있겠지만 영상매체의 출현, 전자매체의 출현을 가장 중요한 원인으로 꼽는데 이의가 없을 것이다. 누가 도스또예프스키를 읽는가. 누가 김동인을 읽는가. 누가 『타이타닉호의 침몰』을 안 보는가. 누가 『쉬리』를 안 보는가. 누가 인터넷 영상을 통해 『O양의 비디오』를 안 보았는가.
　그럴까. 문학은 사라질까. 책은 사라질까. 철학자 박이문은 다음과 같은 말로 우리를 위로한다.

> 영상매체가 지배하는 문명은 피상적이고, 피상적 문명의 의미는 공허함, 공허한 문명은 곧 문명의 죽음을 뜻한다. 깊은 의미를 지닌 문명, 인간적으로 보다 충족된 삶을 위해서 영상매체의 완전한 지배에 저항해야할 것이다. 아무리 영상매체가 발달하더라도 의미 있는 문명이 살아 있는 한 인쇄물에 의한 매체는 어떤 형태로든 살아남을 것이다.

인쇄매체는 깊은 의미를 전달하고 영상매체는 얕은 의미를 전달하기 때문에 인간이 깊은 의미를 추구하는 한 인쇄매체는 살아남을 것이라는 얘기다. 인간이 깊은 의미를 추구하지 않을 때 인쇄매체는 사라질 것이라는 얘기도 된다. 소설가이며 기호학자인 움베르토 에코는 다음과 같은 말로 우리를 위로한다.

> 수많은 영상문화의 화면이 범람해도 활자로 이루어진 한 페이지는 영원히 존재할 것입니다. 저는 책의 운명에 대해서 걱정하지 않습니다. […] 시, 철학, 문학 등을 실어나르는 책은 소멸하지 않을 것이며 인류는 영원히 책을 필요로 할 것입니다. 그 이유는 책은 낙타 위에서, 배 위에서, 사막에서, 그리고 화장실에서 읽을 수 있는 유일한 지식의 전달수단입니다. 심지어 성 행위를 하면서도 읽을 수 있지요. 컴퓨터를 들고는 그렇게 할 수 있으리라고 생각도 할 수 없습니다.

사실 컴퓨터가 인쇄매체를 없애지 못할 것이라는 것은 구텐베르크의 인쇄술이 '말'을 없애지 못한 것과 같다. 라디오가 신문을 없애지 못한 것, 텔레비전이 라디오를 없애지 못한 것과 같다.
　이 글은 그러나 매체간의 적대적인 관계에 주목하는 것이 아니라, 매체간의 상호영향적 관계에 주목하려는 것. 문학의 3대 장르라고 할 수 있는 시 소설 드라마들은 각각 음악 회화 건축과 밀접한 관련이 있다. 시의 리듬 운율은 음악의 요소에 다름 아니며, 소설의 특징인 묘사와 서술은 회화의 기본 요소에 다름 아니다. 묘사가 강조되면 사실주의 회화에 근접하고 서술이 강조되면, 작가의 주관성이 강조되면, 추상주의 회화에 근접한다. 전통적인 아리스토텔레스 드라마는 발단 전개 정점 전환 대단원이라는 피라미드 구조를 갖고 있었다. 건

축적 구조를 갖고 있었다.

요즘 서양에서는 매체학Medienwissenschaft이라는 것이 각광을 받는다. 인문학 분야에서 인기학과이다. 문학과 미술, 영화, 사진, 건축, 음악들을 모두 매체Medien로서 간주하며 이들을 '상호 영향'이라는 관점에서 포괄적으로 접근하는 것이다. 예를 들어 사진에 시간성의 개념이 덧붙여진 것이 바로 영화이며, 문학의 구체시는 시각 예술, 특히 회화에 절대적인 영향을 받은 것으로 간주한다. 클레P. Klee와 칸딘스키W. Kandinsky의 그림들은 음악과의 관련하에서 고찰되었다. 몽드리앙P. Mondrian의 그림은 주로 '사각형들의 배열'로 이루어져 있다는 점에서 이른바 '차가운 추상'의 계보를 잇는 '색면 구성', '기하학적 추상'이라는 말로 명명되는데, 이것은 현대 건축의 영향 없이는 설명될 수 없는 것. 현대 건축은 합리주의, 효율주의의 소산인 직육면체의 건축이므로. 곡선이 아닌 직선의 건축이므로.

그라스G. Grass의 소설 『양철북』은 개구리관점Froschperspektive과 새의 관점Vogelperspektive이라는 말을 널리 회자되게 하였다. 영화에서도 개구리관점과 새의 관점이라는 말이 쓰이게 하였다. 영화에서의 개구리 관점과 새의 관점은 다시 문학평론 분야에서 확대 재생산되었다. 이를테면 필자의 다음과 같은 진술이 그것.

> 새의 관점은 높은 곳에서 세상을 내려다보는 관점이다. 넓게 두루 볼 수 있는 것이 장점이 다. 그러나 내려다 본다는 점에서 체험의(혹은 세상과의) 동질성이 문제된다. 진정성Authentizität의 문제가 제기된다. 새의 관점으로 세상을 보는 자는 과연 역사를 겪는 자인가. 삶에 부대끼는 자라고 할 수 있는가. 우리와 동시대인이라고 할 수 있는가. 개구리 관점은 이와 달리 아래에서 아래를 보는 관점이다. 세상 속에서 세상을 보는 관점이다. 세상 곁에서 세상을 직접 체험한다는 점에서 역사를 겪는 자의 관점이며 삶을

살아가는 자, 삶에 부대끼는 자의 관점이다. 개구리 관점은 동질성의 문제, 진정성의 시비를 벗어난다. 그러나 개구리 관점은 무엇보다도 아래에서 위를 보는 관점이다. 새가 공중에서 아래를 본다면 개구리는 지상에서 위를 본다. 그러므로 개구리 관점과 관련하여 중요하게 언급해야 할 것은 감추어진 치부를 들추어내는 기능이다. 개구리 관점을 통해 사회의 아래가, 그리고 거기에서 사는 자들의 아랫도리가 들춰진다. 새는 탁자 아래의 세계를 볼 수 없다.

삶의 한가운데서 삶을 노래하는 자들이 바로 시인들이다. 그래서 시인들은 개구리와 같다. 세상을 개구리처럼 본다. '아래'에서 아래를 본다. 아래에서 위를 본다. 치마 속에 감추어진 부분들을 드러낸다. (이 책의 제4부에 실린 「현실로부터의 도피? ─ 이성선의 『산시』」에서 인용)

그리스 수사학은 소재 선택inventio, 구성dispotio, 문체elocutio, 기억memoria, 연설actio 등 다섯 범주로 나뉘어진다. 이중 주목을 끄는 것은 memoria, 즉 기억의 범주이다. '얼마나 잘 기억시키게 할 수 있는가'가 수사학의 주요 범주였던 것도 놀랍지만 더욱 놀라운 것은 이 기억의 범주가 그 이후의 책의 역사, 문학의 역사, 특히 시의 역사에 커다란 영향을 끼쳤다는 점이다. '주목하게 해서 기억시키게 하는 것'이 그리스 수사학에서부터 시작해서 오늘날까지 여러 매체들이 가장 중요하게 간주하는 부문이었다.

주목注目하게 한다는 것은 말 그대로 눈으로 주의하게 하는 것이다. '주목하게 해서 기억시키게 하는 것'은 그러므로 시각적일 때 혹은 입체적일 때 그 목표가 쉽게 달성된다. 책을 읽으면서 줄을 치고 괄호로 묶고 형광펜을 칠하고 하는 것 등도 이런 이유에서다. 문단을 나누는 것도 주목하게 해서 기억시키기 쉽게 하기 위해서였다. 시가 산문과 달리 시행으로 나뉘어져 들쭉날쭉한 모양을 갖게 된 것은 이

중 기억memoria이 강조되었기 때문이다. 기억을 시키려면 산문과 같은 모양이 아닌 들쭉날쭉한 모양이 더 적합하다고 여겼기 때문이다. 들쭉날쭉한 모양이라는 것은 회화적인 요소이므로 시에 회화적인 요소가 추가되었다고 할 수 있다.

시에 회화적인 요소가 추가된 것은, 다시 말해 회화가 시에 영향을 끼친 것은, 이후 '구체시'라는 시의 한 영역에서 가장 구체적으로 나타났다. 다음은 구체시에 대한 진술.

의미를 단어의 의미로(혹은 행의 의미로 혹은 시 전체가 갖는 의미로) 전달하는 것이 아니라, 그림으로써 전달한다. 시각적으로 전달한다. 이때 단어 혹은 활자는 그림의 물감(색)처럼 재료가 된다. 예를 들어 곰링어E. Gomringer의「침묵」이란 시를 보자.

```
침묵  침묵  침묵
침묵  침묵  침묵
침묵        침묵
침묵  침묵  침묵
침묵  침묵  침묵
```

예를 들어 '침묵은 금이다'라고 했을 때 침묵은 그 자체로 침묵이란 의미를 갖고 전달되는 것. 금은 그 자체로 금이라는 의미를 갖고 전달되는 것(여기서 물론 금은 말 그대로의 금이 아니라 '귀한 것'을 상징하는 것이지만). 그래서 침묵의 의미가(혹은 침묵의 중요성이) 침묵이란 단어와 금이라는 단어가 결합하여 전달되는 것. 그러나 곰링어의 「침묵」이란 시에서 침묵이라는 의미(혹은 주제)는 침묵이라는 단어로 전달되는 것이 아니라, 침묵의 모양(혹은 그림)으로서 전달된다. 침묵이라는 단어는 침묵이라는 의미를 가진 단어가 아니라, 침묵이라는 주제(혹은 의미)를 전달하는 재료로 쓰였을 뿐이다. 침묵이라는 단어들이 가운데 빈 공간을 에워쌈으로써 '침묵'이 전달되는 것이지, 침묵이라는 단어가 침묵을 전달하는 것이 아니라는 얘기다. '빈 공간'이 침묵을 전달한다는 것은 그림이 침묵을 전달한다는 것과 같다. 빈 공간이 '구체적으로', 그림처럼 구체적으로, 침묵을 전달하였다.

그렇다고 모든 구체시에서 단어, 혹은 활자가 재료로만 쓰이고 '의미'로는 쓰이지 않는 것은 아니다. 다음은 마이어H. Mayer의 시다. 이 시는 60년대 월남전에 참전한 미국을 반대하는 구호로 널리 이용되었다.

    SAU
    AUS
    USA

독일어를 모르는 사람이 볼 때 이것이 무엇을 의미하는지 구체적으로 알 길이 없다. 그러나 이것이 '시'라고 한다면, 그리고 구체시를 아는 사람이라면, 독일어를 모르는 사람이라 하더라도 A, S, U라는 세 활자가 3행에 걸쳐서 각각 다른 순열로 나타났다는 점에서, 즉 활자가 재료로 쓰였다는 점에서, 구체시일 것이라는 짐작을 할 수 있다. 외형적으로 이 시는 구체시의 영역에 속한다.

독일어를 아는 사람이라면 이 시는 A, S, U를 서로 다른 순서로 조합한 구체시일 뿐 아니라, 전통적 의미에서의 '의미시'이기도 하다는 점을 알게 된다. SAU는 암퇘지라는 뜻이며 우리말로는 개새끼라는 욕에 가깝다. AUS는 출신을 나타내는 전치사. 영어의 from이다. USA

는 미국. 그러므로 이 시는 내용적으로 '미국에서 온 개새끼'가 된다. 월남전 반대 구호로 쓰였다면 '미국에서 온 개새끼'들은 물러가라, 월남에서 철수하라, 라는 뜻이 전달되는 것.

  A, S, U를 서로 다른 순서로 조합했다는 점에서, 즉 활자를 재료로 사용했다는 점에서, 구체시이며, 단어 하나 하나가 의미를 갖고 있고 그것이 모여 또 다른 의미를 전달하고 있다는 점에서 전통적인 의미 시이기도 하다. 절충형의 시라고 할 수 있다.

  구체시와 의미시의 절충의 예를 또 하나 들어보자. 필자의 「나무가 무섭다」라는 시이다.

나무가
무섭
다

나무들은 서서 세상을 반으로 나눈다
숲을 나누고
하늘을 나눈다
내 몸에 수직으로 금을 낸다

반을 나누는 것은
본인을 세상의 중심에 놓는 것
본인을 중심으로 이 세상을 바라보는 것
세상의 중심을
감당해낼 수
있는 것

나무가
무섭

다
서
있는
것
이
무
섭
다

  우선 보통의 시는 왼쪽 선을 기준으로 정렬되나 이 시는 중앙선을 기준으로 정렬되었다는 점에서, 즉 '중축 원리Mittelachsenprinzip'의 시라는 점에서, 회화적인 특성이 더 강조되었다고 할 수 있다. 시의 제목과 본문이 합쳐져서 나무의 형상이 만들어졌다. 나무의 형상을 떠올린 것은 이 시의 주요 제재가 나무이기 때문일 것이다.
  그러나 이 시의 의미를 전달한 것은, 나아가 주제를 결정한 것은, 언어이다. 언어의 기의이다. 시각적 이미지는, 혹은 그림은, 언어를 통해, 언어의 기의를 통해, 그 의미가 드러나고 있다. 롤랑 바르트가 그의 『이미지의 수사학』에서 말한 '언어적 메시지'의 정박ancrage의 기능이라고 할 수 있다. 언어가 다의적일 수 있는 '나무'의 '도상적 이미지'를 하나의 고정된 이미지로 정박시키고 있기 때문이다. 문자를 재료로 써서 나무의 형상을 보여주려고 했다는 점에서 구체시이나 언어의 기의를 통해 메시지를 전달하려고 했다는 점에서 전통적인 의미시이다.
  다시 한 번 강조하면, 구체시가 출현하게 된 것은 회화의 영향이 절대적이다. 구체시를 시각시visuelle Poesie라고 부르는 것도 이런 맥락에서다. 회화에서 물감(색)을 사용하여 의미를 구체적으로, 구상적으로, 시각적으로 전달하는 것처럼, 구체시는 단어 혹은 활자라는 재료를 가지고 의미를 구체적으로, 구상적으로, 시각적으로 전달하려고 한다.

미메시스적 충동들

1. 들어가며

　부정不正의 현실, 혹은 고통의 현실이 쓰지 않고서는 못배기는 충동을 불러일으킨다. 아도르노는 이것을 '미메시스적 충동'이라고 불렀다. 미메시스mimesis는 플라톤, 아리스토텔레스 이래 '모방'으로 해석되어 오던 것. 따라서 주관적 진술이 아닌 객관적 진술에 붙이던 이름이었던 것(미메시스의 대립어는 포이에시스poiesis였다. 포이에시스는 상상력, 창조성, 주관적 진술들에 대한 명명이었다). 그러나 아도르노는 미메시스에 주관적 진술을 포함시켰다. 부정의 현실, 고통의 현실은 시인에게 쓰지 않고서는 못배기는 충동을 일으키며 이 과정을 통과하면서 시인은 자연히 부정의 현실, 고통의 현실에 비판적 태도를 첨가하게 된다는 것이다. 다시 말해, 부정의 현실, 고통의 현실에서 출발하므로 객관에서 출발하는 것이지만, 그냥 '현실'이 아닌, '부정의 현실, 고통의 현실'이 쓰지 않고서는 못배기는 충동을 낳는 것이므로, '부정', '고통'들에 대해 비판적 태도를 취하게 된다는 것이다. '비판적 태도'라는 주관성을 개입시키게 된다는 것이다. 요약하면, 아도르노의 미메시스는 부정의 현실, 고통의 현실에 대한 주관적 비판이다.

  '부정의 현실, 고통의 현실'은 역사적이고 정치적인 의미에서의 '부정의 현실, 고통의 현실'만을 의미하는 것이 아니다. 개인적이고 사적인 의미에서의 '부정의 현실, 고통의 현실'도 포함하는 것이다. 쓰지 않고서는 못배기는 충동은 역사적이고 정치적인 의미에서의 고통뿐만 아니라, 개인적이고 사적인 의미에서의 고통도 포함한다고 말하려는 것이다. 역사적이고 정치적인 의미에서의 미메시스도 있지만 개인적이고 사적인 의미에서의 미메시스도 있는 것이다. '사랑의 고통'이 그렇다. "그대 목에 방아쇠를 겨누고싶네"(문정희, 「목을 위한 광시곡」)라고 시인이 토로했다면 그것은 그렇게 쓰지 않으면 배길 수 없는 사랑의 고통이, 간절한 사랑의 고통이 있었기 때문이다. '죽음의 고통'도 그렇다. 그렇다! 쓰지 않고서는 못배기는 충동을 불러일으키는 것 중 죽음만한 것이 있는가. 죽음에 대한 불안만한 것이 있는가. 까뮈의 『시지프의 신화』는 "참으로 중대한 철학적 문제는 단 하나뿐이다. 그것은 자살의 문제이다. 즉 삶이 살만한 가치가 있으냐 없느냐, 라는 근본적 철학의 문제에 대답하는 것이다"라는 말로 시작한다. 삶의 문제는 다름 아닌 까뮈가 "피비린내 나는 수학"이라고 부른 죽음의 문제이다. 다시 말해 '죽음과의 대면'은 쓰지 않고는 못배기는 충동을 불러일으키는 것 중 으뜸이다.

2. 죽음의 충동

나는 사라진다 저 광활한 우주 속으로.

박정만의 「종시終詩」 전문이다. 그렇다. 인간은 사라진다. 다시 박정만의 말을 빌면, "사라지는 것은 사라진다". 확실하게 사라진다.

사라진다, 라는 말 대신 돌아간다, 라는 말을 쓸 수 있다. 토장土葬을 통해, 화장火葬을 통해, 풍장風葬을 통해, 수장水葬을 통해, 인간은 돌아가는 것이라고, 자연으로 돌아가는 것이라고, 우주로 돌아가는 것이라고.

돌아간다고 하는 것과 사라진다고 하는 것은 어감이 다르다. 전자가 긍정적, 능동적 느낌을 준다면 후자는 부정적, 수동적 느낌을 준다. 즉 돌아간다고 하면 자연의 섭리에 순응하는 태도라는 느낌이 들고, 사라진다고 하면 자연의 섭리에 '어쩔 수 없이' 순응하는 태도라는 느낌이 든다.

박정만의 「종시」가 어쩔 수 없이 사라져야 하는 운명을 인식한 자의 시라면, 비가悲歌라고 한다면, 김지하의 「되먹임」은 '물아일여物我一如'를 깨달은 자의 시, 기꺼이 돌아가주겠다고 하는 자의 시, 넓은 의미의 목가牧歌라고 할 수 있다.

내 목숨은
아득타
별로부터 오셨으니

내 목숨은
가까이

미메시스적 충동들 | 47

흙으로부터 풀 나무 벌레와 새들 물고기들
내 이웃들로부터 오셨으니

죽고 싶어도
죽기 어려운 것

우주가 날 이끌고 있어
튕기고 이끌고 또 튕기고

살고 또 살아
갚아야 하리니
이 은혜를 갚아야

쪼그려 앉아 흙 위에 돌팍으로 쓴다
가슴곽에 깊이깊이 새기며 쓴다

'되먹임!'

 우리가 밤하늘을 올려다보는 것은, 별을 보는 것은, 별에 가까이 가려는 것은(인류의 역사는 별에 가까이 가려는 역사였다), 우리가 별에서부터 왔기 때문이다. 수구초심首邱初心, 귀소본능과 같다. 별에 흙이 있고 풀, 나무, 벌레, 새, 물고기들이 있다면 우리는 흙, 풀, 나무, 벌레, 새, 물고기들로부터 온 것이기도 하다. 아담이 흙으로 빚어진 것처럼. 아담이 무화과 나무 열매를 먹은 것처럼.
 이 시의 전언은 무엇보다도 '세계는 하나다'라는 인식이다. '세계는 한 생명이다'라는 인식이다. 세계는 인간과 인간 이외의 것으로 나누어져 있는 것이 아니라 세계는 인간이 거기에 속해 있는 '하나의' 세계라는 인식이다. 인간은 세상을 대상화시키는 존재가 아니라,

세상 속에 포함되어 있는 존재라는 것이다.

그래서 "되먹임"이다. '나'는 "별", "흙", "풀 나무 벌레", "새", "물고기"로부터 왔으니 다시 거기로 돌아간다는 것이다. 별에게 되먹이고 흙에게 되먹인다는 것이다. 그래서 "죽고 싶어도/죽기 어"렵다고 한 것이다. 별과 흙에서 계속 살아있을 것이므로. 풀 나무 벌레 새 물고기에서 계속 살아있을 것이므로. 순환론적 생명 인식을 넘어 존재론적 생명 인식이기도 하다. 존재에 영속성을 부여하고 있기 때문이다.

지구는 살아있다, 지구는 하나의 생명이다, 라는 러브록의 '가이아 이론'이 생태주의적 생명 인식의 확장에 공헌하였다면, 김지하의 '되먹임'의 사상은 생태주의적 생명 인식의 확장뿐 아니라, 순환론적 생명 인식, 나아가 존재론적 생명 인식의 확장에도 기여하였다.

정리하면, 박정만의 종시와 김지하의 되먹임의 차이는 사라지는 것과 돌아가는 것의 차이이다. 어쩔 수 없이 사라져야 하는 운명을 인식한 자의 시가 「종시」이고 기꺼이 돌아가주겠다는 자의 시가 「되먹임」이다. 전자가 비애, 비통의 시라면 후자는 달관, 해탈의 시이다. 물아일여 사상이 녹아있는 해탈의 시이다. 현실적인 것은 박정만의 종시이다. 죽음 앞에서 비통을 느끼는 것이 현실적이지 죽음 앞에서 기꺼이 죽어주겠다고 하는 것이 현실적이 아니기 때문이다. 해탈은 '현실적'이 아니기 때문이다.

힌두교 경전 『우파니샤드』를 들먹여보자. 브라만이 끝없이 회귀하고 순환하는 우주, 즉 질서의 우주에 대한 명명이라면 마야는 미망의 세계, 즉 '삶 그 자체'에 대한 명명이다. 김지하는 브라만과 아트만(자아)의 합일, 곧 범아일여梵我一如의 깨달음을 보여주고 있는 반면 박정만은 마야, 곧 미망의 '삶 그 자체'에 휩쓸려있다. 김지하가 달관과

미메시스적 충동들 | 49

해탈의 시인이라면(이 시만으로 본다면), 박정만은 갈등과 회한의 시인이다. 김지하가 관념의 시인이라면 박정만은 현실의 시인이다.

다음의 「나비의 꿈」(박찬일)은 '어쩔 수 없이 죽어줘야 한다'는 것을 인식한 자의 시이다. 박정만의 경우이기도 하고 김지하의 경우이기도 하다. '어쩔 수 없이'라고 한 것이 박정만의 경우이다. '죽어줘야 한다'라고 한 것은 자발적 죽음을 얘기한 것이므로 김지하의 경우이다.

> 저, 혀를 낼름거리는 공간 무서운
> 저, 끝없이 이어지는 시간 무서운
> 독립하고 싶다
> 혼신의 힘을 다해 좌절하고 싶다
> 무덤이고 싶다
>
> 무덤 속의 꿈이고 싶다 무덤을 벗어나려는
> 저, 혀를 낼름거리는 공간
> 저, 끝없이 이어지는 시간

우주는 무한한 공간이고 무한한 시간이다. 우주는 무한히 이어지는 시간이고 무한히 이어지는 공간이다. 우리가 지구에 땅을 붙이고 있어서 그렇지 사실 지구는 무한한 공간 속에 놓인 지구이고 무한한 시간 속에 놓인 지구이다. 무한한 공간과 무한한 시간을 떠도는 일엽편주라고 할 수 있다. 무한한 공간과 무한한 시간을 생각하면 지구는 없는 것과 같다. 인간은 없는 것과 같은 지구 위에 있는 것과 같다. 인간은 무한천공 무한시간 속을 지구와 함께 헤매고 있는 것이다. 그래서 "독립하고 싶다"는 표현이다. "혼신의 힘을 다해 좌절하고 싶다"는 표현이다. "무덤이고 싶다"는 표현이다. 즉 자발적으로 죽어주겠다는 표현이다. 무한히 이어지는 시간을 견딜 수 없는 것이고 무한히 이어지는 공간을 견딜 수 없는 것이다. 공포를 견딜 수 없는 것이다.

3. 삶의 충동

죽음에 대한 충동은 삶에 대한 충동이기도 하다. 둘의 관계는 동전의 앞뒤 관계와 같다. 「나비의 꿈」의 후반부를 다시 보자.

> 무덤 속의 꿈이고 싶다 무덤을 벗어나려는
> 저, 혀를 낼름거리는 공간
> 저, 끝없이 이어지는 시간

그래서? 죽었다면? 무덤 속에 들어갔다면? 무덤 바깥을 그리워하지 않을까. 끝없이 이어지는 시간이라고 해서, 무한히 이어지는 공간이라고 해서, 그 시간, 그 공간을 그리워하지 않을까. 이승을 그리워하지 않을까. 개똥참외로 굴러도 이승이 좋다고 하지 않는가. 「나비의 꿈」에는 '죽음의 충동'과 '삶의 충동'이 공존하고 있다.

다음 황동규의 「무이산武夷山 문수암 ― 박태일에게」에서도 '죽음의 충동'과 '삶의 충동'이 적나라하게 부딪히고 있다.

> 저 만 쌍의 눈으로 깜빡이는 남해 바다
> 이처럼 한눈에 들어올 줄은 몰랐다.
> 입구의 어두운 동백들 때문일까.

청담靑潭이 살다 관뒀다는 기호記號, 사리탑에서 내려다보면
언젠가 시력視力 끊겨도 몇 년은 계속 보일
저 환한 자란만紫蘭灣. 떠도는 저 배들 저 부푼 구름들 저 잔물결들
자세히 보면 자란섬 뒤로
나비섬 누운섬, 떠 다니는 섬들도 있다.
청담 스님이 슬쩍 자리를 비워준다 해도
감을래야 감을 수 없는 이곳에 눈을 파묻지는 않으리.
뒤에 문득 기척 있어
동백이 떨어진다.
동백 뒤에 청담이 나오면 청담을…

바다에 해가 뛰어들고
섬들의 겨드랑이가 온통 빛에 젖는다.

"만 쌍의 눈으로 깜빡이는 남해 바다"는 유혹하는 바다이다 죽음을 유혹하는 바다이다. 어서 들어와 만 한 쌍의 눈이 되라고 하는 바다이다. 그러나 시인은 그럴 수 없다. "이곳에"서 눈을 파묻을 수는 없다. 시인의 "이곳에 눈을 파묻지는 않으리"라는 말에 주목하는 것이다. 특히 '이곳에'라는 말에 주목하는 것이다. 시인은 죽음이 유혹한다고 해서 '이곳에서' 죽을 수는 없다고 한 것이다. 물에 빠져 죽을 수는 없다고 한 것이다. 객사할 수는 없다고 한 것이다. 죽음의 유혹을 삶에 대한 열망이 이기고 있다. 그래도 '만 쌍의 눈으로 깜빡이는 바다'의 유혹은 너무나 강렬하다. 죽음의 유혹은 너무나 강렬하다. 그래서 "동백이 떨어진다./동백 뒤에 청담이 나오면 청담을…//바다에 해가 뛰어들고"라는 표현이다. 시인 대신 동백이 떨어지고 있다. 아니 동백을 떨어뜨리고 있다. 동백을 떨어뜨려 만 한 쌍의 눈이 되게 한다. 이것만으로도 모자란다. (죽음의

유혹은 그만큼 강렬하다.) 사리탑에 있는 청담을 꺼내 빠뜨리겠다는 것이다. 죽은 청담을 다시 죽이겠다는 것이다. "청담을" 뒤에 있는 말줄임표를 그렇게 이해하는 것이다. '청담을 빠뜨리겠다'는 것을 줄인 것으로 이해하는 것이다. 청담이 들어가면 만 두 쌍의 눈이 된다. 시인에게는 그러나 만 두 쌍의 눈으로도 부족한 것으로 보인다. (죽음에의 유혹은 그만큼 강렬하다.) 그래서 "바다에 해가 뛰어들고"라는 표현이다. '해'도 만 쌍의 눈으로, 아니 이제는 만 두 쌍의 눈으로, 깜박이는 죽음의 유혹을 뿌리치지 못하고 뛰어든다고 한 것이다. 아니, 시인이 뛰어들게 했다고 보아야 한다. 시인의 눈에 그렇게 보인 것은 시인이 그런 마음을 가졌기 때문이다. 해가 뛰어들었으면 하는 마음을 가졌기 때문이다. 시인은 '만 쌍의 눈으로 깜빡이는 남해 바다', 죽음을 유혹하는 바다 앞에서 동백을 빠뜨리고 청담을 빠뜨리고 해를 빠뜨리고 있다. 동백과 청담과 해를 죽이고 있다. 대신 시인은 살고 있다.

4. 사랑의 충동

 사랑하니까 써야 한다. 사랑은 쓰지 않으면 못배기는 충동을 불러일으킨다. 사랑은 알려야 한다. 사랑하는 사람에게 알려야 하고 세상 사람들에게 알려야 한다. 사랑하는 사람에게는 내가 당신을 사랑하고 있다고 알리는 것이다. 세상 사람들에게는 내가 누구를 사랑하고 있다고 알리는 것이다. 알려야 한다는 것은 감출 수 없다는 것이다. 사랑은 감출 수 없는 것이다. 사랑하는 사람에게 감출 수 없고 세상 사람들에게 감출 수 없다. 그래서 소설가 김주영은 재채기와 가난과 사랑은 감출 수 없는 것이라고 했다. 사랑은 사랑하는 사람에게 감출 수 없고, 세상 사람들에게 감출 수 없고, 무엇보다도 자기 자신에게 감출 수 없는 것이다. 자기 자신의 얼굴에 쓰여있는 것이다.

당신이었습니다.
더 갈 곳이 없습니다.

— 박찬일, 「북극점」

사랑의 시이다. 사랑하는 자에게 보내졌다면 사랑의 시이다. 사랑을 고백하는 시이다. "당신"을 만나기 위해 여기까지 왔다고, "당신"을 만나기 위해 여태까지 살았다고, 고백하는 시이다. 사랑을 감추지 못한 것이다. 이 시가 만약 발표되었다면 사람들에게 공표한 것이다. 사람들에게 알린 것이다. 누군가를 사랑하고 있다고. 역시 사랑을 감추지 못한 것이다. 스티븐 호킹은 우주의 끝을 묻는 질문에 극점의 예를 들었다. 더 갈 곳이 없는 곳, 북극점의 경우가 우주의 끝이라는 것이다.

나에게 안부를 묻지 않으니

손발이 저린 것을 말하지 않을 테다
줄담배를 피운다고 말하지 않을 테다
진천을 지나 지금 제천으로 가는 중이라고
말하지 않을 테다

제천에 가서 혹여 하느님을 만나더라도
입을 꼭 다물고 말하지 않을 테다

내가 누구의 척질戚姪이라는 것도

그리고 또 누구의 정부情夫라는 것도

— 안수환, 「척질戚姪」

시는 말하는 것이다. 폭로하는 것이다. 쓰지 않으면 못배기게 하는 충동이 폭로하게 하는 것이다. 시인이 "말하지 않을 테다"라고 한 것은 역설이다. 말하고 싶다고 한 것이다. "손발이 저"리다고 말하고 싶은 것이다. "줄담배를 피운다"고 말하고 싶은 것이다. "진천을 지나 지금 제천으로 가"고 있다고 말하고 싶은 것이다. "누구의 척질"이라고 말하고 싶은 것이다. 무엇보다도 사랑하고 있다고 말하고 싶은 것이다. 금기의 사랑을 하고 있다고 말하고 싶은 것이다. "누구의 정부"라는 것을 말하고 싶은 것이다. 금기의 사랑일수록, 이루어질 수 없는 사랑일수록 감추기가 힘들다. 가난보다 감추기가 힘들다. 재채기보다 감추기가 힘들다. 사랑하고 있다고 말해야 한다. 사랑하는 사람에게 사랑하고 있다고 알려야 한다. 사람들에게 나는 누구를 사랑하고 있다고 알리고 싶다.

그러고 보면 시인은, 시적 화자는, 사랑하고 있기 때문에 손발이 저리다고 한 것인지 모른다. 사랑하고 있기 때문에 줄담배를 피우고 있다고 한 것인지 모른다. 진천을 지나 제천으로 가는 것은 사랑하는 사람을 만나기 위해서인지 모른다. "누구의 척질"이고 "누구의 정부"라고 한 것은 사랑하는 사람이 있다는 것을 폭로함과 아울러 그 사랑이 금기의 사랑이라는 것을 암시하려 한 것인지 모른다. 정부情夫·정부情婦 관계의 사랑은 금기의 사랑이다. 더욱이 '누구의 정부'와 '누구의 척질'이 동일인이라면 더더욱 금기의 사랑이다.

문제는 셋째 연이다. 하느님을 만나더라도 사람들에게 하느님을 만난 것을 말하지 않겠다고 한 것인지, 하느님을 만나더라도 하느님에게 말하지 않겠다고 한 것인지. 앞의 해석은 "안부를 묻지 않으니"까 "말하지 않"겠다는 첫째 연, 둘째 연의 이런저런 사연들의 연장선으로 보는 것이다. 기의 하나가 추가된 것이라기보다 기표 하나가 추가된 것쯤으로 보는 것이다. '의미'에 큰 의미를 두지 않는 것이다. 이 시를 '사랑의 시'로 읽는다면 뒤의 해석이 더 설득력 있다. 더구나 그 사랑이 금기의 사랑이라고 한다면. 사랑이 하느님에게도 털어놓을 수 없는 사랑이기 때문이다. 하느님에게 털어놓으면, 고해하면, 잘못을 인정하는 것이기 때문이다. 잘못을 인정한 사랑은 끝난 사랑이기 때문이다. 시인은 사랑을 끝내고 싶지 않기 때문이다. 잘못을 인정하고 싶지 않기 때문이다.

안부를 묻지 않는 자는 누구인가. 시인으로 하여금 "말하지 않을 테다"라고 다짐하게 하는 자는 누구인가. 사람들이여, 시인에게 안부를 물어달라. 그가 말하게 하라. 그가 시를 쓰게 하라. 그가 심중에 있는 말을 폭로하게 하라. 그가 '누구의 정부'라는 것을 말하게 하라.

4. 생태주의

김지하의 '되먹임'의 관점은 생태주의의 관점이기도 하다. 생명을 생명 전체에서 보는 관점이기 때문이다. 인간중심주의의 관점이 아니기 때문이다. 생명을 생명 전체에서 보는 관점이, 생태주의의 관점이 쓰지 않으면 견딜 수 없는 충동을 낳는다. 다음은 정현종의 「한 숟가락 흙 속에」이다.

한 숟가락 흙 속에
미생물이 1억 5천만 마리래!
왜 아니겠는가, 흙 한 술,
삼천대천세계가 거기인 것을!

알겠네 내가 더러 개미도 밟으며 흙길을 갈 때
발바닥에 기막히게 오는 그 탄력이 실은
수십억 마리 미생물이 밀어올리는
바로 그 힘이었다는 걸!

"흙"의 세계를 "삼천대천세계"라고 말하고 있다. 엄격히 말하면 흙의 세계, 미생물의 세계도 삼천대천세계에 포함시키고 있다. "발바닥에 기막히게 오는 그 탄력"이라고 함으로써 흙의 세계, 미생물의 세계를 존중해주고 있다. "수십 억 마리 미생물"의 "힘"에 대해 경탄하고 있다. 사실 인간은 흙에서 와서 흙으로 돌아가는 것이다. 흙의 세계에서 나와 흙의 세계로 돌아가는 것이다. 인간뿐만 아니라 지상의 모든 생물이 그렇다. 흙의 세계가 정말 '삼천대천세계'인 것이다.

생물학의 법칙 중 개체 발생은 계통 발생을 되풀이한다는 말이 있다. 생명이 단세포에서 점점 복잡한 기관을 갖춘 생명체로 발전한 것처럼, 어류, 양서류, 파충류, 조류, 포유류로 발전한 것처럼, 인간의 수정란도 태내에서 '복잡한 기관'을 갖춘 생명체로 점차 발전한다는 것이다. 태아로 발전한다는 것이다. 단세포에서, 미생물같은 단세포에서, 인간과 같은 고등동물로의 발전이 '계통 발생'이고 이 계통 발생이 태내의 개체 발생에서 되풀이되고 있다는 것이다. 인간의 시작은 개체 발생에서는 수정란이고 계통 발생에서는 단세포, 즉 미생물이었다. 요컨대 "1억 5천만 마리"의 "미생물"은 생명들의 조상이다. 말 그대로 '삼천대천세계'이다.

쓰러진 나무를 보면
나도 쓰러진다

 그 이파리와 더불어 우리는
 숨쉬고
 그 뿌리와 함께 우리는
 땅에 뿌리박고 사니—

산불이 난 걸 보면
내 몸도 탄다

 초목이 살아야
 우리가 살고
 온갖 생물이 거기 있어야
 우리도 살아갈 수 있으니

나무 한 그루
사람 한 그루

 지구를 살리고
 사람을 살리며
 모든 생물을 살리고
 만물 중에 제일 이쁘고 높은

나무여
생명의 원천이여

같은 시인의 「나무여」라는 시이다. "쓰러진 나무를 보면/나도[시인도] 쓰러진다". "산불이 난 걸 보면" 시인의 "몸도 탄다". 쓰러진 나무가, 산불이, 시인에게 쓰지 않으면 못배기는 충동을 낳았다. 생태주의가 쓰지 않으면 못배기는 충동을 낳았다. 주목되는 표현은 "나무 한 그루/사람 한 그루"라고 한 것. 나무와 사람을 동등하게 대우한 것이라고 할 수 있다. 아니, 사람과 사람 이외의 것을 동등하게 대우한 것이라고 할 수 있다. 그래야 "지구"가 산다는 것. 죽어가는 지구가 산다는 것. 생태주의의 전형적 관점이다. 인간중심주의가 아닌, 생명을 동등하게, 생명 전체에서, 보는 관점이기 때문이다.

"지구를 살"린다는 것은 지구가 생명체라는 관점이다. 그러므로 '가이아 이론'의 관점이라고 할 수 있다(가이아Gaia는 그리스 신화의 대지의 여신을 가리키는 말이다). 가이아 이론은 지구를 하나의 생명체로 보는 관점이기 때문이다. 하나의 유기체로 보는 관점이기 때문이다. 신체의 어느 하나도 소홀히 해서는 안되는 것처럼 지구의 어느 하나도 소홀히 해서는 안된다는 관점이기 때문이다.

가이아 이론의 핵심은 생물이 여태까지 스스로에게 유리하게, 즉 생물이 존재하기에 적합한 쪽으로, 지구환경을, 무생물계를, 변화시켜왔다는 것이다. 생물이 무생물계에 '능동적으로' 영향을 끼쳤다는 것이다. 그러니까 지구는 생명을 가진 존재라는 것이다. 예를 들어 원생대까지 지구의 산소 함량은 1퍼센트 내외였지만 그 이후 육상식물이나 바다의 조류들이 이산화탄소를 흡수하고 산소를 내뿜으로써, 그리고 바다의 많은 동물들이 석회석 껍질을 형성함으로써, 산소의 농도가 21퍼센트까지 올라간 것이다. 대기 중의 산소가 동물이 살기에 적합한 함량으로 변화되었고 이것이 그후 계속 유지되었다는 것이다. '계속 유지되었다는 것'이 중요한데 이것이야말로 생물이 무생물계에 지속적으로 영향을 끼치고 있다는, 지구가 살아있다는, 확실한 증거라는 것이다. 대기 온도 및 바닷물 온도들이 일정하게 유지되어온 것도 생물이 무생물계에 '능동적으로' 영향을 끼쳤기 때문이라고 가이아론자들은 말하고 있다. 지구가 살아있기 때문이라고 말하고 있다.

  산소량, 대기 온도. 바닷물 온도들이 일정하게 유지되어온 것은 '항상성의 법칙'이 적용되었기 때문이다. 그러나 현대에 와서 이 항상성의 법칙이 깨지고 있다. 인간에 의한 대기 오염, 수질 오염들로 지구는 생물이 생존하기에 적합한 쪽이 아닌, 생물을 멸절시키기에 '적합'한 쪽으로 가고 있다. 가이아 이론이 주는 교훈은 지구환경이, 무생물계가, 생물이 생존하기에 적합한 쪽으로 유지되도록 생물이 노력해야한다는 것이다. 여기서의 생물이 인간임은 두말할 나위도 없다.

표현주의란 무엇인가
— 독일 표현주의 시를 중심으로

1

　표현주의는 역사적 개념이다. 이미 지나간 운동이다. 역사적 개념은 시·공간적으로 제한되어 있다는 뜻도 갖는다. 즉 표현주의는 시기적으로 제1차 세계대전 전후, 공간적으로 유럽(특히 독일)에서 있었던 문학예술 운동이다. 역사적 개념에 상대되는 말이 초역사적 개념, 규범적 개념, 혹은 초월적 개념이라는 말이다. '표현주의적'이라는 형용사가 초역사적으로, 규범적으로 사용될 수 있다. 20세기 초엽 유럽에서 있었던 표현주의 문학예술과 닮은 '지금 여기'의 어떤 작품을 두고 표현주의적이라고 말할 수 있다. '표현주의'라고 하는 것은 옳지 않다.
　인상주의가 '밖에서 안으로impress' 향하는 것이라면, 표현주의는 '안에서 밖으로express' 향하는 것이다. 인상주의가 밖이 먼저라면 표현주의는 안이 먼저이다. 인상주의가 여전히 19세기의 사실주의, 자연주의 전통에 머물러 있다면, 재현의 미학에 머물러 있다면, 표현주의는 20세기 현대예술의 시작을 예고한다. 표현주의에서 추상회화가 본격적으로 시작된다. 내면성의 문학이 본격적으로 시작된다.

2

    표현주의 예술의 배경은 '세기말' 의식, 그리고 '제1차 세계대전'이라는 가히 가위눌림의 상황이었다. 이 시대는 또한 산업화, 도시화되는 과정에서 모든 가치 체계의 붕괴를 경험한 시대이기도 했다. 표현주의는 한계적 상황이 낳은 예술이었다. 한계적 상황을 표현한 예술이었다.
    '그린마일'의 예를 들어보자. 사형수가 감방에서 사형 집행장까지 걷는 길을 그린마일이라고 한다. 한계적 상황의 길이다. 그린마일을 걸으며, 한계적 상황을 걸으며, 사형수에게 떠오르는 것은 '저절로' 떠오르는 것이다. 가장 소중한 장면, 가장 소중한 사람이, 마치 바닷물 속에 억지로 집어넣은 부표가 다시 힘차게 떠오르듯이, 저절로 떠오르는 것이다.
    이러한 한계상황에서 떠오르는 것이 만약 '말(언어)'로 바뀌어진다면 그것은 '절규같은' 말일 것이다. 접속사, 조사, 부사, 형용사 등은 생략되는 절규같은 말일 것이다. 온전한 문장으로서의 말이 아닐 것이다. 명사나 동사 위주의 말일 것이다. 문법도 지켜지지 않을 것이다. 사전에 없는 말도 나올 것이다.
    표현주의 예술의 표현이 그린마일을 걸어가는 자의 표현과 같다고 보면 된다. 절규의 표현으로 보면 된다. 표현주의는 한계적 상황에서

(안에서 밖으로) 터뜨리는 토로의 예술이었다. 절규의 예술이었다.

3

그것이 그림이라면 접속사, 조사, 부사 등이 빠진 그림일 것이다. 접속사, 조사, 부사 등이 빠진 그림? 어떤 그림인가. 사실적? 추상적? — 추상적일 수밖에 없지 않은가. 사물 자체가 온전히 재생되는 그림이 아니라, 색채와 모양이 상궤를 벗어난, 혹은 왜곡된, 그림이 될 수밖에 없지 않은가. 이점에서 현대예술은 표현주의 회화에서 본격적으로 시작되었다고 할 수 있다. 추상주의 회화는 표현주의 회화에서 시작되었다고 할 수 있다. 사형수가 명사 하나를 부르짖었다면 그 명사 하나만 그린 그림, 즉 "본질적인 것으로의 집중"(베케트)이 이루어진 그림!

키르히너의 그림 「거리장면」(〈그림〉 참조)은 '그린 마일'을 걸어가는 자의 그림은 아니다. 그러나 색채와 모양이 사실을 벗어났다는 점에서 표현주의 회화로 분류된다. 대도시의 분주한 '거리

〈그림〉 키르히너 E. L. Kirchner(1880~1938), 「거리장면」(1913), 베를린 '브뤼케 박물관' 소장.

표현주의란 무엇인가 | 63

장면'을 그리고 있지만 사실의 재현이 아닌 것. 신경질적이고 스타카토적인 붓 처리, 가는 몸매·가는 얼굴·길쭉한 모자, 그리고 차가운 느낌을 주는 파란 색들은 19세기 말 급격히 진행된 산업화·도시화 이후 흔히 '소외', '익명성', '탈개인화' 등으로 명명되는 대도시 산보자들Flaneure의 일반적 특징을 보여주는 것이다. 키르히너의 이 그림은 요컨대 모여있지만 서로 상관하지 않는 도시의 산보자들, 분주한 산보자들의 '표현'이다.

4

표현주의의 특징은 문학의 여러 장르들 중 시를 통해 가장 잘 발휘되었다. 소설은 원래 화제話題의 장르로서 3인칭의 장르이고 드라마는 청자聽者의 장르로서 2인칭의 장르이고 시는 화자話者의 장르로서 1인칭의 장르이기 때문이다. 슈트람A. Stramm(1874~1915)의 다음 시는 비록 1인칭의 시는 아니지만 '절규의 예술'인 표현주의의 특징을 가장 모범적으로 보여주는 예이다.

> 돌(이) 쪼갠다
> 창문(이) 배반(을) 이죽인다
> 나뭇가지(가) (목을) 조른다
> 산 덤불(을) 스치며 지나가는 소리
> 비명
> 죽음.
>
> ─「척후병」(1915)

"돌", "창문", "나뭇가지", "산", "덤불", "비명", "죽음" 등 명사 위주의 시이다. 5행, 6행은 명사 하나로만 구성되어 있다. 접속사는 하나도 없고 전부 단문이다. 1행의 "쪼갠다"라고 번역한 독일어 동사 feinden은 신조어이다. 사전에 없는 말이다. 2행의 "이죽인다"라고 번역한 독일어 grinsen은 자동사이나 여기서는 "배반(을)"이라는 목적어를 거느린 타동사로 쓰였다. 3행의 "조른다"는 타동사이나 여기서는 자동사로 쓰였다. "목을"이라는 목적어를 생략하였다. 문법이 지켜지지 않았다.

적의 동태를 살피러 적진 가까이 다가가는 척후병도 그린마일을 걷는 자라고 할 수 있다. 건물 어디서, 창문 뒤 어디서, 나무 뒤 어디서, 언덕 어디서, 총알이 날아올지 모른다. 그러나 이 시는 그린마일을 걷는, 한계적 상황을 걷는, 자의 시가 아니다. 척후병의 시가 아니다. 척후병을 보고 있는 자의 시이다. 죽음이라는 한계적 상황을 걷는 자를 보고 있는 자의 시이다. 그가 비명을 지르는 시이다.

이 시에서 또 주목되는 것은 사람은 사물화事物化되고 사물은 사람화(의인화) 되었다는 것이다('인간의 사물화'는 표현주의 문학의 주요 테마 중의 하나이다). 주체와 객체가 서로 자리를 바꾸었다. 사물들이 사람에게(혹은 척후병에게) 노출되어 있는 것이 아니라, 사람이(혹은 척후병이) 사물들에게 노출되어 있다. 사람이 사물을 관찰하는 것이 아니라, 사물이 사람을 관찰하고 있다. 이러한 해석은 제1차 세계대전의 참호전(혹은 진지전)을 떠올리게 한다. 참호전에서 인간도 사물과 다름없다. 마치 인해전술에서의 인간들과 같다.

물론 이 시를 '전쟁 시'가 아닌, 일반적 상황에서의 '존재의 불안'을 드러낸 시로 볼 수 있다. 알 수 없는 곳에서 오는 알 수 없는 불안. 대상이 있는 불안fear이 아닌, 대상이 없는 불안anziety의 시!

5

후고 발은 1917년 칸딘스키에 대한 한 강연에서 현대 예술에 가장 큰 영향을 준 것으로 비판적 철학에 의해 수행된 세계의 탈신화, 과학의 분야에서 수행된 원자의 발견과 원자 구조의 규명, 그리고 대중 사회의 형성 등 세 가지를 꼽았다. 이 세 가지는 막스 베버의 말을 빌면 '세계의 탈마법화 과정'으로 요약된다. 표현주의 문학의 '인간의 사물화'에 대한 주제도 이러한 사정을 반영하는 것이다. 예를 들자면, 인간의 몸은 더 이상 '알 수 없는 신비의 대상'이 아니었다. 사람들은 인간이 먹은 음식물이 다른 동물들과 마찬가지로 식도를 타고 내려가, 위, 십이지장을 거치고, 작은 창자에서 흡수되고, 큰 창자를 돌아서, 항문으로 배설된다는 것을 알게 되었다. 벤G. Benn(1886~1956)은 그의 충격적인 시집『시체공시소』(1912)를 통해 인간의 육체에 대한 모욕을 감행하고 있다. 인간의 몸을 탈마법화시켰다.

> 익사한 술 배달꾼이 테이블 위에 받쳐져 있었다.
> 그의 이빨 사이에는 누군가 꽂아둔
> 담자색 과꽃 한 송이가 있었다.
> 내가 가슴에서부터
> 피부 아래로
> 긴 칼을 그어
> 혀와 구강을 끄집어냈을 때
> 나는 그 꽃을 건드리지 않을 수 없었다. 꽃이 옆에 있는
> 뇌 속으로 미끄러져 들어갔기 때문이다.
> 구멍난 가슴을 봉합하면서 나는
> 대팻밥 사이에

그 꽃송이를 세워놓았다.
너의 꽃병에서 배부르게 마시려므나,
평화롭게 쉬려므나,
작은 과꽃아!

— 「작은 과꽃」

『시체공시소』에 서시로 실렸던 시이다. 시적 자아는 서정적 자아가 아니라, 의학적인 자아이다(벤은 비뇨기과 의사였다). 우선, 제목은 서정적이나 – '작은 과꽃'은 서정적인 느낌을 불러 일으킨다 – 내용은 반서정적이라는 점에서 독자의 기대를 깨뜨리고 있다.

시체는(혹은 인간은) 감정, 이성의 주체가 아닌 흉곽, 혀, 구강 등으로 구성된 의학해부용 객체이다. 인간은 사물과 별 차이가 없어 보인다. 아니, 시적 자아의 관심이 주검에서 과꽃으로 점점 옮겨가고 있다는 점에서 인간은 사물 보다 못한 존재로 전락한 것으로 보인다. "평화롭게 쉬"어야 하는 대상이, 안식해야 하는 대상이, 인간이 아니라 과꽃이다.

주검은 아우라를 상실하였다.

'인간이란 무엇인가'라는 보편적인 질문에 합류하는 시이다. 인간은 자율적 주체가 아니라는 것. 나아가 그동안 금기시되어왔던 '육체에 대한 모욕'을 감행한 것. 시적 자아는 자동차 수리공이 자동차를 다루듯 인간의 육체를 다루고 있다.

형식적으로 주목되는 것은 '작은 과꽃'(제목)으로 시작해서 '작은 과꽃'으로 끝난 것. 문을 열고 문을 닫은 것처럼 절제된 느낌을 준다. 내용도 '절제'의 내용이라 할 수 있으므로, 감정이 개입되지 않았으므로, 형식과 내용이 일치되었다.

6

1920년 쿠르트 핀투스가 펴낸 『인류의 황혼과 여명』은 독일 표현주의 문학의 대표적 사화집이다. 이 사화집의 서시가 바로 다음의 「세상의 종말」(1911)이다. 반 호디스 J. van Hoddis(1887~1942)는 이 시 한 편으로 유명해졌다.

> 시민의 뾰족한 머리에서 모자가 날아간다.
> 모든 공중에서 비명같은 것이 울린다.
> 기와장이들이 떨어져 두 동강 난다.
> 그리고 해안에는 - 사람들은 읽는다 - 해일이 닥치고 있다.
>
> 폭풍이 왔다. 사나운 바다들이 껑충 뛰어
> 뭍에 올라 제방을 압박한다.
> 사람들 대부분은 코감기를 앓고 있다.
> 기차들이 철교에서 추락한다.

 세상은 복잡해졌다. 세상은 한 눈으로 조망할 수 없게 되었다. 눈에 띄는 변화는 그래서 분업화이다. 예를 들어 물리학을 공부하는 사람들과 '문학학'을 공부하는 사람들로 나뉘어졌다. 나중에 스노우 C. P. Snow도 지적했듯이 이들은 점차 서로를 이해하지 못하게 되었으며 적대적인 감정까지 갖게 되었다. 문학학도 분업화되었다. 시 소설 드라마 전공으로 나누었다. 18세기 문학 19세기 문학 등으로 나누었다. 심지어 작가별로도 나누었다. 물리학에도 얼마나 많은 분야가 있는가.
 마을 환경과 도시 환경은 근본적으로 달랐다. 마을 환경은 한 눈으로 조망할 수 있었으며 그래서 마을 시대의 문학은 총체성의 문학이었다. 총체성의 문학이 가능했다. 마을 전체를 문학 속에서 볼 수 있었다. 이에 반해 도시 환경은 한 눈으로 조망할 수 없었다. 도시 시대의 문학은 그래서 총체성의 문학이 될 수 없었다. 도시의 일부만을, 아니면 도시의 여기 저기만을 문학 속에서 볼 수 있을 뿐이다. 그래도 '전체'에 대한 꿈은 남아 있었다. '총체성'에 대한 동경까지 사라진 것은 아니었다.

그래서 등장한 것이 몽타주 기법이었다. 이것저것을 합성하면 전체에 도달할 수 있지 않을까, 전체를 보여줄 수 있지 않을까, 라고 생각한 것. 소설에 몽타주가 있다면 시에는 '병렬 양식'이 있다. 시행들이 전체와의 긴밀한 연관 관계에 놓여 있는 것이 아니라, 시행들이 개별적으로 존재하는 것이다. 시행들이 별개로 존재하는 것이다. 「세상의 종말」도 병렬 양식으로 읽을 수 있다. 첫 연에서 일어나는 '사건들'을 보자. "시민의 뾰족한 머리에서 모자가 날아"가고, "모든 공중에서 비명같은 것이 울"리는 것, "기와장이들이 떨어져 두 동강"나는 것, "그리고 해안에는 [⋯] 해일이 닥치고 있"는 것은 사건들의 나열일 뿐이지 서로가 전통적 서정시에서처럼 긴밀한 내적 관계에 놓여있는 것이 아니다. 필연적인 연관 관계에 놓여있는 것이 아니다. 그래서 주목되는 표현이 삽입구 "사람들은 읽는다"라는 표현이다. 시적 자아가 신문 기사 제목들을 훑고 있는 것으로, 크로스 리딩 cross-reading하고 있는 것으로 보는 것이다. 두 번째 연의 "사람들 대부분은 코감기를 앓고 있다"는 구절도 앞 뒤 행과 연관이 없다.

사건들은 개별적으로 존재하며 개별적으로 존재하는 것들이 모여 '세상의 종말'을 보여주려고 하고 있다. 마치 되블린A. Döblin(1878~1957)이 그의 소설 『알렉산더 광장』(1929)에서 베를린의 여기저기를 몽타주해서 베를린을, 대도시에서의 삶을, 보여주려고 한 것과 같다.

병렬 양식의 시는 또한 그로테스크의 시라고 할 수 있다. 서로 이질적인 것이 결합했기 때문이다. 서로 이질적인 것이 결합했을 때 그로테스크라는 표현을 쓰기 때문이다. 「세상의 종말」이 또한 그로테스크한 것은 제목과 내용이 서로 맞지 않기 때문이다. 제목과 내용이 서로 이질적인 것이기 때문이다. 내용은 세상의 종말이라기보다 '대사건들'을 나열하고 있는 것으로 보인다. '물의 심판'은 틀림없이 '세상의 종말'과 관련 있었다. 대홍수 때 살아남은 사람은 노아와 노아의 가족뿐이었다. 그러나 이 시에서의 물의 심판은 "해안에는 […] 해일이 닥치고 있다"는 것, 그리고 "폭풍이 왔다. 사나운 바다들이 껑충 뛰어/뭍에 올라 제방을 압박한다"라는 표현에서 볼 때 세상의 종말까지 담보하는 것은 아닌 것으로 보인다. 시적 자아는 다만 시민사회의 종말에 대한 의식, 산업사회의 종말에 대한 의식을 갖고 있었던 것으로 보인다. 불의 사회인 산업사회를 물로 응징시키고 있다고 보기 때문이다. 불을 물로 응징시키고 있다고 보기 때문이다. '산업사회의 종말에 대한 의식'이라고 한 것은 무엇보다도 "기차들이 철교에서 추락한다"라는 구절 때문이다. 기차와 철교는 산업사회를 상징하는 것이고 '기차가 철교에서 추락한다'고 하는 것은 산업사회의 종말을 나타내려한 것이라고 보기 때문이다.

그로테스크하다는 것은 또한 희극성과 관계 있다. "시민의 뾰족한 머리"가 그로테스크하고, 희극적이고, "기와장이들이 떨어져 두 동강"나는 것이 그로테스크하고, 희극적이고, "사나운 바다들이 **껑충 뛰어**/뭍에 올라"온다는 표현이 그로테스크하고, 희극적이고, "사람들 대부분은 코감기를 앓고 있다"고 한 것이 제목과의 관련에서 볼 때 그로테스크하고 희극적이다.

이 시에서 또한 그로테스크한 것은 내용과 형식의 불일치이다. 내용과 형식의 불일치도 이질적인 것의 결합이기 때문이다. 이 시는 우리말로 옮겼을 때는 나타나지 않지만 각운(1연은 포옹운, 2연은 교차운)과 운율(5음보격)이 엄격하게 지켜지고 있다. 다시 말해 시인은 세상의 종말이라는 내용을 얘기하면서 운율과 각운이라는 형식을 맞추었다. 세상의 종말을 얘기하면서 운율과 각운을 맞추고 있는 시인은 어떤 시인인가. 그로테스크한 시인이다.

제2부

대지를 긍정하는 시인들

주체 부정, 현재 긍정의 시
― 이승훈론(시집 『인생』을 중심으로)

1. 자기 치유 과정으로서의 시쓰기

이승훈에게 시는 자기 극복(혹은 자기 치유)의 과정이었다. 초기시부터 지금까지 시쓰기는 자기 극복(자기 치유)의 과정으로서의 시쓰기였다. 모더니즘, 후기모더니즘, 해체주의, 불교의 선사상 등이 자기 극복(자기 치유)에 도움을 주었고 또한 시쓰기에 반영되었다. 초기의 '비대상시'는 내면세계의 반영을 통한 내면 세계의 치유였다. '병든' 내면 세계의 치유였다. 90년대의 해체시는 주체의 부정을 통한 주체로부터의 해방이었다. 비대상시를 통해 이승훈은 가벼워졌고, 해체시를 통해 더 가벼워졌다. 이승훈의 시쓰기는 자기 극복을 점진적으로 이루어내는 가장 모범적인 예인지 모른다.

아직도 내가 모자라
시 한 줄 쓰네

시 또한 體가 아니라 用이니
— 「시」 부분(『인생』)

시쓰기는, '쓰여지는 것'(用)으로서의 시쓰기이어야 한다는 것을 명백히 하고 있다. 물론 "아직도 내가 모자라" 시를 쓴다고 했으니 자기 극복의 도구로서 '쓰여지는' 시쓰기이다. 도구적 의미로서의 문학을 천명한 것은 아니다. 이승훈은 시쓰기를 현실과 무관한 무용의 행위, 무상의 행위로 간주하는 시인이다. 이승훈은 칸트의 문학예술은 "모든 이해관계에서 벗어나 있다"는 말에 동의하는 시인이다.

2. '흐름'의 시

이승훈에게 쓰지 않으면 못배기게 했던 것은 '자아'였다. 자아의 불안이었다. 무거움일 수밖에 없었다. "억압된 무의식을 터뜨리는"(이승훈) 시는 무거움일 수밖에 없었다. 그런데 시인은 무거운 것을 무겁게 노래한 것이 아니라 무거운 것을 가볍게 노래했던 것으로 보인다. 언어를 흘리고 있기 때문이다. 언어를 출렁출렁 흘러가게 하기 때문이다. 자동기술법, 혹은 '의식의 흐름' 기법으로 초기 시편들을 설명할 수 있다.

네가 오기 전
내 인생은 쓰레기
내 인생은 과거
내 인생은 얼음
— 「네가 오기 전」 부분(『당신의 肖像』, 1981)

"쓰레기" "과거" "얼음"의 관계를 '무거움'의 연상聯想으로 보는 것이다. "쓰레기"는 무겁고 "과거"는 무겁고 "얼음"은 무겁기 때문이다. '"내 인생"은 무거웠다'라고 한 것으로 보는 것이다. 그러나 무거운 것들이 '나열'됨으로써 무거운 것이 무거운 느낌이 들지 않는다. '무거운 것'으로 시인은 놀고 있는 것으로 보인다. 무거운 것을 가볍게 지나가고 있는 것으로 보인다. "쓰레기" "과거" "얼음"의 관계를 기표의 연쇄, 환유의 연쇄로 볼 수 있다. 기표의 연쇄, 환유의 연쇄는 이승훈의 1990년대 이후의 시들에 두드러지게 나타나는 특징이지만 이미 초기의 시편들에도 나타났다고 보는 것이다. '기표의 연쇄'가 가벼움이라고 하는 것은 확정된 기의에 머물러 있는 것이 아니기 때문이다. '쓰레기'의 기의는 '과거'라는 기표를 통해 폐기처분되고 '과거'라는 기의는 '얼음'이라는 기표를 통해 폐기처분되기 때문이다. 기의들이 계속 폐기처분되기 때문이다. 기의에서 계속 벗어나는 기표들의 행보가 가볍기 때문이다.

모순이다. 내용은 무겁고 형식은 가벼운 것은 모순이다. 그러나 무거운 것을 무겁게 노래하는 것보다 무거운 것을 가볍게 노래하는 것이 '좋아'보인다. 경쾌해보이기 때문이다. 불안이 경쾌해보이고, 절망이 경쾌해보이기 때문이다. 대략 60년대의 초기시부터 80년대까지의 시들이 여기에 해당된다. 『사물 A』(1969), 『환상의 다리』(1977), 『사물들』(1983), 『당신의 방』(1986), 『너라는 환상』(1989)들에 실린 시들이다.

90년대 이후 지금까지 이승훈으로 하여금 쓰지 않으면 못배기게 했던 것은 가벼움이었다. '자아 없음'의 가벼움이었다. '자아 없음'의 가벼움이 시인으로 하여금 쓰지 않으면 못배기게 하는 충동을 불러

일으켰다. 아도르노의 말에 기대면 "미메시스적 충동"을 불러 일으켰다. '주체는 없다'는 인식에 도달했기 때문이다. 라깡의 철학, 데리다의 철학, 바르뜨의 철학, 특히 불교의 선사상은 그에게 주체 부정의 철학 사상으로 간주되었으며, 그의 '주체는 없다'는 인식을 보다 확고하게 해주었다. 주체의 부재, '나'의 부재의 결과는 '가벼움'이었다. '나'가 노래되지 않으니까 가벼움이었다('나'는 얼마나 무거운가). 주체가 없다는 것이 시의 내용이었다. 가벼움이 내용이었다. 그래서 메타시였다. 시에 대한 자기 입장이 시 안에서 분명히 천명되었다. '시쓰기'의 주체가 없다는 것이 분명히 천명되었다.『나는 사랑한다』(1997)에 실린「이 시대의 시쓰기」에는 다음과 같은 구절이 있다.

> 이 시대의 시쓰기는 도둑질이다
> 자연파 시인들은 자연을 훔치고 나같은 자칭
> 언어파 시인들은 언어를 훔친다 오오 표절 속에
> 표절 속에 2월이 간다

"도둑질"은 '상호텍스트성'을 말하는 것이다. 줄리아 크리스테바는 모든 텍스트를 "인용의 모자이크"이거나 "다른 텍스트의 흡수, 다른 텍스트의 변형"으로 파악하였다. '상호텍스트성'은 창조적 주체를 부정하는 것이다. 주체로서의 글쓰기를 부정하는 것이다.

> 시는 나의 의지를 넘어선다 그것은 나로 하여금 그 자신이 원하는 것을 하게 만든다
> ―「시」부분(『나는 사랑한다』)

'나는 타자다' 혹은 "시쓰기란 타자의 글쓰기"(김준오)라는 것을 명

백히 한 것이다.

그리고 '역시' 가벼움을 가볍게 노래하였다. 주체를 부정하므로, 주체가 없으므로, 확정된 기의가 없으므로, 기표가 미끄러져 다녔다. 기표가 흘러다녔다. 기표의 흐름이었다. 이제 내용과 형식이 일치되었다. 내용이 형식을 규정하고 형식이 내용을 규정하였다. 예를 들어보자. 「언어에게」(『시와시학』, 2000 가을)라는 시이다.

> 이제 내가 할 일은 당신과 노는 일
> 하루종일 노는 일
> 가벼워지는 일
> 심각한 건 질색이야
> 오늘은 눈이 내리고
> 눈발 속에 하루가 저물지
> 그러나 내가 할 일은
> 언어여 당신과 노는 일
> 당신 손을 잡고 헤매는 일
> 떠도는 일
>
> ―「언어에게」 부분

"노는 일", "가벼워지는 일", "헤매는 일", "떠도는 일"은 '가벼움의 연쇄'이다. 노는 일, 가벼워지는 일, 헤매는 일, 떠도는 일은 모든 '가벼움'과 관계있기 때문이다. 가벼움의 연쇄에 의해 가벼움은 더욱 가벼워진다. 가벼움의 '무게'마저 떨어져나가기 때문이다. 환유의 연쇄는 기표의 연쇄이기 때문이다. 기의 없는 기표의 연쇄이기 때문이다. 기의로부터 벗어난 기표만의 연쇄이기 때문이다.

요약하면, 90년대 이전의 시들이 자아 탐구의 시, 자아의 시였다면, 그래서 무거움의 시였다면, '무거움'을 가볍게 노래하는 시였다면, 그 이후의 시들은 자아 부정의 시였기 때문에 가벼움의 시였다. '가벼움'을 가볍게 노래하는 시였다. 공통되는 것은 '흐름의 미학'이었다. 90년대 이전의 '흐름'은 '의식의 흐름'의 흐름이었다면, 90년대 이후의 '흐름'은 기표의 미끄러짐, 환유의 연쇄라는 점에서의 흐름이었다. 앞의 것이 모더니즘의 시들이라면 뒤의 것은 후기모더니즘의 시들, 해체주의의 시들, 선사상의 시들이었다.

이승훈의 시를 관류하는 '흐름의 미학'을 가능하게 하는 하나의 열쇠어는 '묘사'이다. 이승훈의 시는 설명과 묘사 중 묘사에 가깝다. 묘사라고 한 것은 '설명'은 무거움이기 때문이다. 설명에는 "예술적 조작 및 구성"(메링)이나 "저울질"(엠머리히)이 들어가기 때문이다. 안을 들춰보면 "재봉선"(신경림)이 보이기 때문이다. 묘사는 그렇지 않기 때문이다. 오관에 포착된 것, 마음에 새겨진 것을 있는 그대로 표현하는 것이 묘사이기 때문이다. 이승훈의 시에는 '예술적 조작 및 구성'이나 '저울질'이 없다. 이승훈의 시는 마음에 떠오르는 상을 있는 그대로 따라가는 자의 시이다. '흐름'의 시이다. 마치 자연을 묘사하듯 마음을 따라간다.

3. 주체 부정의 시

『인생』도 가벼움을 내용으로 하고 있다(그리고 '흐름'의 시이다). 데리다 풍이고 (불교의) 선사상 풍이기 때문이다. 데리다 풍과 선사상 풍이 함께 녹아들어 있기 때문이다. 데리다 풍도 주체 부정이고 선사상 풍도 주체 부정이기 때문이다. 선사상은 무아사상無我思想을 근간으로 하기 때문이다.[1)]

>   이 밥을 다 먹어도
>   해가 지고
>   이 밥을 남겨도
>   해가 진다
>   이 시를 다 써도
>   모르고
>   이 시를 다 쓰지 못해도
>   모르리라
>   강물은 바다로 가고
>   바람 자면 시장에 가서
>   물고기를 사 오리라
>
>   ―「저녁」 전문(『인생』)

 "밥을" "먹"는 것도 주체이고 "밥을 남"기는 것도 주체이나 그 주체는 밥을 먹을 수 있고 밥을 남길 수 있는 주체일 뿐 "해가" 지는 것은 어쩌지 못하는 주체이다. 주체는 해를 어쩌지 못하는 주체이다. 해의 입장에서 보면 주체는 없는 것과 같다(솔로몬의 "해 아래 새로운 것은 없다"라는 말은 후기모더니즘의 금과옥조이다. 주체 부정의 금과옥조이다). "시를 다 써도/모르"는 주체라면, "시를 다 쓰지 못해도/모르"는 주체라면, 주체는 없는 것과 마찬가지다. "시장에 가서/물고기를 사 오"는 주체는 말 그대로의 주체가 아니라, 주체가 없다는 것을 인식한 주체이다. 떠도는 주체, 떠도는 기표라고 할 수 있다. 이

---

1) 이승훈은 최근 한 대담에서 모더니즘, 후기모더니즘, 해체주의를 거쳐 선사상을 만났다고 하면서 데리다의 해체주의와 선사상의 관계를 단속이 아닌, 연속으로 파악해야 하며, 나아가 선사상을 해체주의의 진전으로, 즉 해체주의에서부터 더 올라간 것으로 보아야 한다고 말한 바 있다. 데리다와 선사상이 만나는 점이 있다는 것을 분명히 한 것이다(대담록, 이승훈↔박찬일, 「자아찾기의 긴 여정」, 『현대시』, 2002. 11, 65쪽 참조).

승훈은 주체의 부정을, '나'가 없다는 것을, '저자의 죽음'으로까지 끌고 간다.

> 가는 길도 모르고 온 길도 모르고
> 가을 단풍이 그대로 하얀 눈일 뿐
> 오늘도 해가 지는데 누가 이 시를
> 썼다고 말하랴? 모두가 우습다
> ─「밖에서 찾지 말라」 전문(『인생』)

어디서 왔다가 어디로 가는지 "모르"겠다는 것(그리고 계속 모를 것이다). "가을 단풍이" 있던 자리에 "하얀 눈"이 내리고 하얀 눈이 내리던 자리에 다시 가을 단풍이 있을 것이고(이것 또한 매년 되풀이 될 것이다), "해"는 "오늘"만 지는 것이 아니라는 것(여태까지 져왔고 앞으로도 계속 질 것이다). 그런데 어찌 나를 주장할 수 있느냐, 내가 새로운 것을 보았다고 주장할 수 있느냐, 내가 "이 시를/썼다고" 주장할 수 있느냐, 라고 하는 것. 롤랑 바르뜨처럼 '저자의 죽음'을 이야기한 것. "밖에서 찾지 말라"고 한 것은 '안에서 겪으라'고 하는 것? 바깥에서 재단하지 말고 안에서 겪으라고 하는 것? 쓰지 말고 살라고 하는 것?

데리다의 차연 개념 및 불교의 무아사상이 함께 녹아 있는 대표적인 시가 바로 다음의 「서울에 오는 눈」이다. '주체의 소멸'을 내용으로 하고 있다.

> 서울에 오는 눈이 춘천에도 오고
> 춘천에 오는 눈 속엔 누가 있나
> 춘천에 오는 눈 속엔 춘천이 있
> 고 서울에 오는 눈 속엔 서울이

있네 서울에 오는 눈이 진주에도
오고 부산에도 오고 수원에도 오
네 오늘 하루종일 내리는 눈발
속에 하루가 내리고 오늘 오는
눈은 어제 오던 눈 이 눈 속에
눈 속에 내가 있네 눈은 내리고
눈발 속에 내가 사라지네 눈발이
나를 덮네 간절함도 애절함도 눈
발에 파묻히는 불빛일 뿐

―「서울에 오는 눈」 전문(『인생』)

"서울에 오는 눈이 춘천에도 오고"라고 한 것은 서울에 오는 눈이 다르고 춘천에 오는 눈이 다르다는 것이다. 서울의 눈이고 춘천의 눈이라는 것이다. 하나로 확정지을 수 없다는 것이다. 눈이 만약 '나'라면 하나로 확정지을 수 있는 '나'는 없다는 것이다. 나는 차이로 존재한다는 것이다. 공간적 차이로 존재한다는 것이다. "오늘 오는/눈은 어제 오던 눈"이라고 한 것은 오늘 오는 눈과 어제 오던 눈은 다르다는 것이다. 오늘의 눈이고 어제의 눈이라는 것이다. 하나로 확정지을 수 없다는 것이다. 눈이 만약 '나'라면 하나로 확정될 수 있는 '나'는 없다는 것이다. 나는 계속 연기된다는 것이다. 시간적으로 나는 계속 연기된다는 것이다. 결국 공간적으로도 시간적으로도 나는 없다는 것이다. 나는 흔적으로만 존재한다는 것이다. 눈이 흔적으로 존재하는 것처럼 나도 흔적으로만 존재한다는 것이다. "눈발 속에 내가 사라지네 눈발이/나를 덮네 간절함도 애절함도 눈/발에 파묻히는 불빛일 뿐"이라고 한 것은 주체의 소멸을 보다 명시적으로 이야기하려 한 것. 간절함도 애절함의 주체도 결국은 흔적으로만 존재한다는 것. 간절함도 애절함도 결국은 없다는 것. 주체의 소멸이 결국 구원이라고 하는 것.

사실 공간적 차이, 시간적 연기, 흔적 등의 개념은 이미 『밝은 방』(1995) 이후, 특히 『나는 사랑한다』(1997)에서 명백하게 개진되었다. 「답장 —이만식 시인에게」이라는 시에는 다음과 같은 구절이 있었다.

쓴다는 것은 나를 버리는 행위입니다. 종이 위에 나를 버리고 나는 하나의 차이로 존재합니다
그러나 쓴다는 것은 나를 계속 연기시키는 일입니다 종이 위에서 나는 계속 연기됩니다. 나는 이미 내가 아닙니다. 나타나고 사라지는 무수한 텍스트 밝은 방 속에 드러나는 이 흔적!

차이, 연기, 흔적 등 후기 모더니즘의 주요 개념들이 이미 메타시의 형태로 명징하게 설명되었다.

데리다의 연기의 사유, 흔적의 사유에 비견되는 것이 불교의 묘유妙有의 사유, 가유假有의 사유이다. 불교의 묘유는 '있는둥마는둥 하다는 것'[非有非無]이고, 가유는 '실제로는 없다'는 것이다. 「꽃 피기 전에」라는 시를 보자.

꽃 피기 전에 꽃을 보고
꽃 진 다음에 꽃을 보네
아프기 전에 아프고 병이
나아도 병이 남네

철부지같은 어른이 오늘은
오늘을 속이고 내일은 내
일을 속이네 눈이 오기
전에 눈이 오고 눈이 온
다음 눈이 오네

그러므로 다시 보라 지금
오는 눈 어디 있고 꽃 피
기 전의 꽃 눈 오기 전의
눈 모두 어디 있는가

—「꽃 피기 전에」전문(『인생』)

"꽃 피기 전에 꽃을" 본다고 하는 것은 아이러니이다. 모순이기 때문이다. 그러나 정말 "꽃 피기 전에 꽃을" 본다면, 그것이 사실이라면, 모순이 아니라면, 그것은 역설이다. 역설이 된다. 그렇다. "꽃 피기 전에 꽃을" 본다고 한 것은 역설이다. 사실이기 때문이다(이 시는 역설의 시이다. 사실의 시이다). 꽃 피기 전에도 꽃은 있었고 꽃 진 다음에도 꽃은 또 필 것이기 때문이다. 눈이 오기 전에도 눈은 왔었고 눈이 온 다음에도 또 눈이 올 것이기 때문이다. 꽃은 계속 연기되고 있다. 눈은 계속 연기되고 있다. 흔적으로 존재한다. 있는둥마는둥 있다(묘유). 실제는 없는 것으로 보인다(가유). 셋째 연("그러므로 다시 보라 지금/오는 눈 어디 있고 꽃 피/기 전의 꽃 눈 오기 전의/눈 모두 어디 있는가")이 모든 것은 흔적으로만 존재한다는 것을, 아니, 모든 것은 실제로는 없는 것이라는 것을 명백히 하고 있다.

4. 사실을 현실로 받아들이는 시

불교의 주요 명제 중의 하나인 제행무상諸行無常은 모든 것은 가만 있지 않고 움직인다는 것, 변한다는 것, 사라진다는 것, 그러므로 가볍다는 것. 그래서 제행무상의 시들은 '눈'의 시들이다. 눈은 가볍고 가볍게 사라지기 때문이다.

> 눈에 덮힌 하얀 길이 신선이요 이 저녁도 신선이요 이 시도 신
> 선 술 마실 때도 신선 꽃을 볼 때도 신선 눈 내릴 때도 신선입니
> 다
> 　신선놀음 신선놀음을 하며 사십시오. 벽도 없고 문도 없습니다.
> 그저 눈이 내릴 뿐입니다
> 　　　　　—「벽도 없고 문도 없다」전문(『인생』)

"그저 눈이 내릴 뿐입니다"라고 끝맺은 것은 모든 것은 눈처럼 가볍고, 가볍게 사라진다는 것을 강조하려한 것, 못박으려 한 것. 이러한 인식이라면 벽이 있어도 벽이 아니고 문이 있어도 문이 아닌 것이 된다. "벽도 없고 문도 없"는 것이 된다. 모든 것은 아무 것도 아닌 것이 된다. 모든 것은 같은 것이 된다. "눈에 덮힌 하얀 길"도 "신선", "이 저녁도 신선", "이 시도 신선", 모든 것은 같은 것이 된다. '신선'이라고 한 것은, 모든 것이 신선이라고 한 것은, 신선의 '가벼움' 때문이다. 신선은 구름을 타고 다니기 때문이다. 구름보다 가볍기 때문이다. 이 시에서 주목되는 것은 그러나 시적 자아 역시 자신을 신선으로 보고 있다는 것이다. 아니면 신선을 지향하고 있다는 것이다. "술"을 "마"시고 "꽃을" 보는 것이 시적 자아라면 이 시적 자아가 스스로를 "신선"이라고 부르는 것이기 때문이다. "신선놀음 신선놀음을 하며 사십시오"라고 하는 것은 신선을 지향하는 자의 말로 들리기 때문이다. '제행무상'을 아는 자는 가벼움을 지향하는 자일 것이기 때문이다.

　가벼움을 지향하는 자는 그리고 사실을 현실로 받아들이는 자이다. "모두가 움직이고 움직임 너머엔/아무 것도 없"(「유희」, 『인생』)

다는 사실을 현실로 받아들이는 자이다.2) 삶을 있는 그대로 받아들이는 자이다. 니체식으로 말하면 대지를 전면적으로 긍정하는 자이다. '하늘의 진리'를 그대로 받아들이는 자이다. 「天眞」이라는 시를 보자.

>너무 날씨가 좋아
>밖에 나와 하늘 한번 보네
>무슨 말도 그리움도
>없어라
>삶과 죽음 모두 잊고
>내일은 내일 생각하면 되는 것
>이런 날은 귀신이 잡아가도
>그만이지
>모두 나도 모르는 일
>맑은 바람 맑은 해
>그대가 내 친구 내 이웃
>내 애인이므로
>날씨가 너무 좋아
>글 쓰다 말고 밖에 나오니
>간 것도 없고
>온 것도 없네
>이미 떠났지만 여기 있고
>여기 있지만 이미 떠난 것
>오늘 이 햇빛 속엔
>오고 감도 없어라
>
>— 「天眞」 전문(『인생』)

---

2) 무거운 자들은 사실을 현실로 받아들이지 않는 자이다. 현상과 본질을 구별하는 자이다. 차안과 피안을 구별하는 자이다. 현세와 내세를 구별하는 자이다. 본질과 피안과 내세가 따로 있다고 믿고 본질과 피안과 내세를 앙망하는 자이다.

"삶과 죽음 모두 잊"자고 하고 있다. "내일은 내일 생각하"자고 하고 있다. "오늘"만을 보자고 한 것이다. "이런 날은 귀신이 잡아가도/그만이지", 라고 한 것은 '오늘'을 긍정하는 말이다. 오늘을 사는 대신 몰락이 온다 해도 오늘이 중요하다는 말이다. 그러므로 기꺼이 몰락해주겠다는 말도 된다. 기꺼이 죽어주겠다는 말도 된다. "맑은 바람 맑은 해"가 "내 친구 내 이웃/내 애인이"라고 한 것은 '대지'를 긍정하는 말이다. 운명을 긍정하는 말이다. "오늘 이 햇빛 속엔/오고 감도 없"다고 한 것은 오로지 햇빛만 있다는 것. 햇빛을 긍정하자는 것이다. 그러므로 대지를 긍정하는 것이다. "오고 감도 없"는, 현재만 있는, 대지를 긍정하자는 것이다. "풀잎 끝에" 매달린 "빛나"는 "한세상"을 긍정하자는 것이다. "해가 나고 바람 불"면 "사라지"는 "이슬"(「풀잎 끝에 이슬」, 『인생』)이지만 이슬을 긍정하자는 것이다.

> 나무 만나면 나무와 놀고
> 슬픔 만나면 슬픔과 노네
> 느끼기 위해 살고
> 놀기 위해 사네
> 바람 불고 비 오는 것
> 일하고 돈버는 것
> 하늘엔 구름 땅엔 사람
> 얼마나 즐거운가
> 모두가 움직이고 움직임 너머엔
> 아무 것도 없네
>
> ―「유희」부분(『인생』)

"느끼기 위해 살고/놀기 위해" 산다는 것은 사실〔현실〕긍정의, 대지 긍정의, 최종 심급으로 보인다. 최종 심급? 아닐 것이다. 더 있을 것이다. 인생에 어디 끝이 있는가. 깨달음에 어디 끝이 있는가. 끝이 정해져 있는가.

  한 마디 더 하면, 인간은 육체적 존재, 세계내적 존재라는 자각이 인간으로 하여금 삶에 대한 긍정, 현재에 대한 긍정으로 이끈다는 것이다. 삶에 대한 긍정, 현재에 대한 긍정 이외의 다른 방법이 없기 때문이다. 다른 방법이 없다는 것을 깨달았기 때문이다. "팔이 저리면 마음도 저리고/온몸이 저리"(「밤이슬」, 『인생』)다. 팔을 고칠 수밖에 없는 것이다.

소승적 세계?
— 김지하론(시집 『花開』를 중심으로)

1. 가족, 작은 세계

김지하의 『화개』는 봄을 화두로 시작하고 있다. 서시 「한식청명」에는 다음과 같은 구절이 있다.

> 아파트에 오는 봄
> 봄 같지 않아

춘래불사춘春來不似春이라고 한 것이다. 봄이 왔지만 봄같지 않다는 것, 진정한 봄은 아니라는 말이다. 두 번째 시 「구구」에도 다음과 같은 구절이 있다.

> 아직도
> 내 어깨엔
> 내려앉지 않는

비둘기

진정한 봄이 아직 오지 않는 것처럼 "아직도" "비둘기"가 "내려앉지 않"았다는 것이다. 내려앉아야 할 비둘기가 내려앉지 않았다는 것이다. 와야할 것이 오지 않았다는 것이다. 세 번째 시 「밤 산책」은 다음과 같이 끝난다.

봄은 익어 둥둥둥
내 가슴에 떨어지는데

역시 나에게는 봄이 아니라는 것이다. 밖의 봄은 봄일지 몰라도, "익"은 봄일지 몰라도, 안의 봄은, 가슴의 봄은 봄이 아니라는 것이다. 이렇게 해석하는 근거는, "내 가슴에 떨어지는" 봄은 봄이 아니라고 해석하는 근거는, 딴 곳에 있다. 같은 시의 다른 곳에 있다.

나는
내 아들들 속에서
둘로 넷으로
혹은 다섯으로
좋거니 싫거니 찢어진 채로
집으로 집으로 향해 걸어간다

이렇게 살아 있음이
희한쿠나

하늘에서는 이미 아우러진 걸
내 아들들 속에서만 내가 찢어져
나는 찢어져
찢어진 그대로 비틀비틀

이렇게 걷는다

"하늘"은 "아우러진" 세상이라는 인식이다. 아니, 하늘은 아우러졌는데 땅에서는 아우러져 있지 않다는 인식이다. 땅은 찢어져 있다는 인식이다. 여기서 '땅'이라고 한 것은 나〔필자〕의 기대지평Erwartungshorizont이다. 김지하가 하늘을 얘기했다면, 아우러진 하늘을 얘기했다면, 그렇지 않은, 아우러지지 않은 땅을 얘기할 것이라고 기대했기 때문이다. 아우러지지 않은 역사를, 혹은 현실을, 얘기할 것이라고 기대했기 때문이다. 어리석은 기대지평! 김지하는 나의, 독자의, 기대지평을 배반(?)하였다. 하늘의 반대로서 땅, 역사, 현실을 얘기한 것이 아니라, 하늘의 반대로서 "나"를 얘기한 것이다. 아우러진 하늘의 반대로서 "찢어진" 나, 찢어진 개체를 이야기하고 있기 때문이다.

김지하의 새로움, 김지하의 새로운 면모를 이야기하려는 것이다 ('변화'가 아니다). 김지하 시인이 봄이지만 진정한 봄이 아니라고 한 것은, 즉 김지하 시인을 괴롭게 한 것은, 즉 김지하 시인을 쓰지 않으면 못배기게 한 것은, '큰' 현실 때문이 아니라는 것이다. "찢어진" "나" 때문이라는 것이다. 그래서 "나는 찢어져/찢어진 그대로 비틀비틀/이렇게 걷는다"라고 했다는 것이다.

"내 아들들 속에서만 내가 찢어져"라는 표현은? "아들들"은 서로 다른 생각을 상징한 것, 분열을 상징한 것? 아니다. 있는 그대로 보아야 한다. "아들들"을 생각하면 "둘로 넷으로/혹은 다섯으로" 찢어지는 아비의 마음을 표현한 것이다. "내 아들들 속에서만"의 '만'이라는 조사에 주목하는 것이다. 하늘은 이미 아우러져 있는데, 통합되어 있는데, 아들을 생각하는 아비의 마음만 아우러지지 않았다는 것이다.

분열되어 있다는 것이다. '하늘'[우주, 세계]에는 통달(?)하였는데, '하늘'은 마음 속에 일목요연하게 정리되어 있는데, 아들을 생각하면 그렇지 않다는 것이다. '그물망'과 '틈'의 미학으로 나와 나, 나와 타인, 나와 자연의 "친화"[1]를 기획한 김지하도[2], "세계와 '나'의 완벽한 교감"[3]을 전시展示했던 김지하도[4], "우주의 조화로운 질서"[5], 즉 율려律呂에 맞춘 문화운동을 주창한 김지하도, 아들은 하나로 정리되지 않는 아들이라는 것이다. 아들에게는 분열되어 있다는 것이다. 그래서 "이렇게 살아있음이 희한쿠나"라고 한 것이다. 조화의 하늘과 분열의 자아의 병치가 '희한쿠나'라고 한 것이다. "봄은 익어 둥둥" 떨어지는데, 하늘에서 떨어지는데, "하늘"에 대해서는 알 것 같은데, 나

---

1) 권오만, 「상처, 그리움의 두 형태, 틈과 그물망의 서정시」, 실린곳: 『시와시학』, 2002. 여름, 222쪽.
2) "눈 감고/빗소리 듣네//하늘에서 내려와/땅을 돌아 다시 하늘로/비 솟는 소리/듣네//귀 열리어/삼라만상/숨쉬는 소리 듣네"『중심의 괴로움』(1994)에 실렸던 「빗소리」 '부분'이다. 하늘과 땅의 만남, 하늘/땅과 '나'의 만남을 분명하게 노래하고 있다. 모두가 하나로 연결되어 있다는 인식을 분명하게 보여주고 있다.
3) 장경렬, 「생명과 사랑의 시, 그리고 틈과 여백의 시학」, 실린곳: 장경렬, 『미로에서 길 찾기』, 문학과지성사, 1997, 80쪽.
4) 장경렬에 의하면 『중심의 괴로움』에 실렸던 「정발산 아래」, 「새봄 8」, 「줄탁」 등이 이러한 인식을 집중적으로 보여준다. 「정발산 아래」는 다음과 같다. "정발산 아래/아파트/아파트 속에 갇힌/나/내 속에는 정발산/정발산 속엔 또/해와 달과 별과 바람//나 이제 거리에서도 산에 살고/벽 너머 이웃에 살고/나 아닌 나를 살고//벗이여/다만 풀잎 하나/내 곁에 싱그럽게 푸르게 살아 있어만 준다면." 간단히 말하면 정발산 속에 내가 있고 내 속에 정발산이 있다는 것이다. 정발산과 내가 하나라는 것이다. 나와 너, 나와 "이웃"의 구분은 무의미하다는 것이다. 세상은 하나라는 것이다. "풀잎"은 굳이 이런 것을 의식하지 않고도 '세계와 나 사이의 완벽한 교감'을 이루어내고 있는 '자'를 상징하는 것으로 볼 수 있다. 물론 "싱그럽게 푸르게 살아 있"음, 살아냄으로 해서.
5) 대담록, 김지하↔이문재, 「인간성에 대한 새로운 인식이 시급하다」, 실린곳: 『문학동네』, 1998. 겨울, 28쪽.

의 마음은 아들에게서 분열되어 있으니, 정말 봄은 아니라고 한 것이다. 「구구」에서 비둘기가 내려앉지 않았다는 것도 있는 그대로 보아야 한다. 평화가 내려앉지 않은 것으로 보아야 한다. 마음의 평화가 오지 않았다는 것이다. 진정한 마음의 평화가 오지 않았다는 것이다.

그렇다.『화개』에서 주목되는 것은 작은 세계에 대한 관심이다. 큰 세계를 있게 하는 작은 세계에 대한 관심이다.

> 감기 걸린 작은놈 콜록 소리
> 내 가슴에 천둥 치는 소리
> 손에 끼었던 담배
> 저절로 떨어지고
> 춥다
> 그리고 덥다
>
> ―「短詩 셋」 전문

"감기 걸린 작은놈 콜록 소리"는 시인에게는 "천둥 치는 소리"로 들린다. 어찌 담배를 계속 피울 수 있겠는가. "손에 끼었던 담배/저절로 떨어"진다. 그래서 "춥다". 담배불이 꺼졌으니 춥다고 했을 것이다. "작은놈"을 배려한 마음이 마음을 덥혀 "덥다"고 했을 것이다. 「갈꽃」에서는 "나/지금/거리에서 버티고/모멸에도 미소짓고//술 취한 밤/파김치 발길이/집 찾아 돌아오고/또 돌아오는 것은/갈꽃 하나/내 아내"가 있기 때문이라고 했다. '집'의 소중함을 명시적으로 표현하였다.

2. 회한

큰 세계가 아닌 작은 세계라는 것이 강령적으로 표출된 곳이 바로 다음의 「短詩 넷」이다.

> 진종일 바람 불고
> 바람 속에 꽃이 피고
> 꽃 속에 내 그리움 피어
> 세계는 잠시도 멈추지 않는데
> 내 어쩌다 먼 산 바라
> 여기에 굳어 돌이 되었나
>
> ―「短詩 넷」 전문

"먼 산"이 상징하는 것은 '큰 세계'이다. 예를 들어, 70년대, 80년대의 주요 화두였던 '더불어 사는 세상' 같은 것. 소위 거대 담론의 세계이다. 거대 담론의 세계만 보다가 돌이 되었다는 것이다. 롯의 아내와 다른 것은 롯의 아내는 과거를 돌아보다가 돌이 되었는데 시적 화자는 미래를, 너 나은 미래를 "바라" 보다가 돌이 되었다는 것이다. 같은 것은 둘 다 눈 앞에 있는 것을 보지 않다가 돌이 되었다는 것이다. 눈 앞에 있는 것은 "잠시도 멈추지 않는" 세상이다. "바람 불고", "꽃이 피고", "꽃 속에 내 그리움 피어"나는 세상이다. '사람 사는' 세상이다. "내 어쩌다"라는 표현이 내포하는 것은 한탄이다. 회한이다. 자조이다. 눈 앞에 있는 '작은 소중한' 것을 놓친 그동안의 시절에 대한 한탄이다. 그래서 「첫 문화」에서의 "'꽃이 피었다아―'", "'난초 피었다아'"라는 외침은 심메마니들의 '심 봤다―'라는 외침으로 들린다. 발견의 외침으로 들린다. 작은 것에 대한 발견의 외침으로 들린다. 그동안 보지 못했던 것을 처음 보았을 때, 처음 보았다고 느꼈을 때 내지르는 소리!

그래서 일상사에 대한 관심, 삶에 대한 욕구이다. "아내더러 이야기 좀 하자"고 하나, 평소 안하던 '짓'이니까 아내에게 "지청구" 먹는다(「短詩 여섯」). "똥구멍에 감타령" 날때까지 "올 겨울엔 감 실컷 먹"겠다고 한다(「短詩 다섯」). 죽음에 대한 관심도 그렇다. "오늘/진지하게/죽음을 한번 생각한다"(「短詩 하나」)고 한 것은 '사회의 죽음'에 대한 관심이 아니다. '나의 죽음'에 대한 관심이다. 대승적 자아에서 소승적 자아로의 전환?

> 지옥에 청정한
> 나무 한 그루만
> 잎새 하나만 있다면
> 그것은 하늘
> 생명의 기억,
> 나무처럼 잎새처럼
> 팔을 벌리고
> 창세기를
> 창세기를
> 다시 시작하리라
>
> ―「지옥에」 전문

회한을 가진 자만의 시! '그동안'을 물리고 싶어하는 자만 쓸 수 있는 시! 한 갑의 담배에 스무 개의 자유가 있는 것처럼 스무 번을 다시 시작할 수 있는 것처럼, 시인은 다시 시작하고 싶어한다. "생명의 기억"을 담고 있는 "청정한/나무 한 그루만" 있어도, "잎새 하나만" 있어도, 인류는 "다시 시작"할 수 있다고 한 것이 그것. "창세기"

부터 "다시 시작"할 수 있다고 한 것이 그것. 시인은 인생을 다시 살고 싶어한다. 처음부터 다시 살고 싶어한다. "돌"(「短詩 넷」)에게도 희망은 있다. "지옥"에서도 희망은 있다. 인간은 '희망적' 동물이기 때문이다. "지루한 지옥의 삶"에서도 "환상"(「그때」)을 보는 것이 인간이기 때문이다. 희망이 담보하는 내용물은 물론 작은 것들이다. 작은 것들에서의 행복일 것이다. 다음 시도 희망의 시.

> 내리는 비를 타고
> 한없이 내려라
>
> 증발의 날을
> 기다림도 없이
>
> 내려라
> 내림 속에 떠오르는
>
> 첫 무지개
>
> 태양도 없이 떠오르는
> 비 오는 날의
> 낯선
> 낯선 희망.
>
> ─「낯선 희망」 전문

아름다운 시다. "내림"이 있으면 '오름'이 있다는 것. "내림 속에 떠오르는/첫 무지개"를 기다리고 있다는 것. "낯선 희망"이라고 한 것은 '비 오는 날'의 희망이기 때문이다. '비 오는 날'은 궂은 날, 궂은 현실에 대한 은유. 궂은 현실에서 희망을 떠올리는 것이 낯설게 느껴졌기 때문이다. "태양도 없이" "떠오르는" 희망이 낯설었기 때문이다. 희망이 보이지 않는 곳에서 '떠오르는' 희망이 낯설었기 때문이다.

「횔덜린」이라는 시는 회한을 회한 그대로 받아들이는 자의 시이다. 망望을 절絶한 자의 시, 절망의 시이다. 시적 자아는 만년을 정신착란 속에서 탑에 갇혀 보낸 '횔덜린'을 읽으며 "운다". 횔덜린의 절망에, 횔덜린의 절망적 상황에 동참하며 운다. 삶의 허망함에 대하여 운다. 앞 뒤로 두 번 인용된 "'나는 이제 아무 것도 아니다/즐거워서 사는 것도 아니다.'"라는 구절에서의 '나'는 횔덜린이기도 하고 시인 자신이기도 하다.

> 내리는 비를 타고
> 거꾸로 오르며 두 손을 놓고
>
> 횔덜린을 읽으며
> 운다
>
> 어둠을 어둠에 맡기고
> 두 손을 놓고 거꾸로 오르며
>
> ─「횔덜린」 부분

"어둠을 어둠에 맡"긴다고 한 것은 어둠을 받아들이겠다는 것이다. 사실 받아들일 수밖에 없는 것이다. "내리는 비를 타고" "두 손을 놓고" "거꾸로 오르"겠다고 한 것은 '횔덜린 탑'에 올라가겠다고 하는 것? 횔덜린의 절망에 대해, 절망적 상황에 대해 동참하겠다는 것? 거꾸로 오르기도 힘든데 두 손을 놓고 오르겠다고 한다. 불가능한 일을 하겠다는 것이다. 절망적인 상황을, 절망적인 상황에 대한 동참을, 이

보다 더 절절하게 표현할 수 있을까. 이보다 더 절절하게 표현된 절망에 대한 동참의 시가 있을까. 절망을 절망으로 응전한 시!「횔덜린」이 어쩔 수 없이 사는 자의 시("'나는 이제 아무 것도 아니다/즐거워서 사는 것도 아니다.'"), 현재의 삶의 허망함을 인식한 자의 시라면, 그리고 삶의 허망함을 절망적인 음색으로 읊은 시라면,「저녁 장미」는 삶의 허망함을 인식한 자의 시이나 삶의 허망함을 아름다운 음색으로, 쓸쓸한 음색으로, 읊는다.

담배 연기에 싸여
부우옇게 떠오르는 저녁 장미

노을은
동편 하늘에 쓸쓸함을 주는데

누군가
아이 부르는 소리

누군가 신음 삼키는 소리

'장미꽃 피는 날에
돌아온다던 당신'

누군가 멀리서 노래 부르는 소리

날은 가고 또 오고
마음은 달뜨는데

한없이 내뿜는 담배 연기에 싸여
부우옇게 떠오르는

빛 바랜 저녁 장미.

— 「저녁 장미」 전문

담배 연기/저녁 장미, 노을/동편 하늘, 아이/신음 등의 대립적 심상을 통해 삶의 모순을, 삶의 허망함을 노래한다. 그런데 그 허망함이 '담배 연기/저녁 장미'라는 묘한 대립 구도 속에서, '노을/동편 하늘'이라는 묘한 대립 구도 속에서, 신비한 분위기를 연출해내고 있다. 모순이, 허망함이, 신비하게 보인다. 아름다운 '절망의 시'.

3. 허무, 적극적

'伽倻 시편'들은 "마지막 삶의 밑둥"(「夷史」)을 본 자의 시, "한 생애"가 "구름 같"(「伽倻孤雲」)다는 것을 인식한 자의 시이다. 허무의 시들이다. 그러나 허무를 받아들이는 허무의 시이다. 긍정적 허무의 시들이다. 적극적 허무의 시들이다.

오늘
돌아갈 길 없음

흰 바다
눈부신 빛뿐

갈 길 없음

숲 속에서 네가 기다린다는
갈매기의 애틋한

전갈도

흰 구름 모서리
한 소식 숨어 있다는 들뜬 기별도

모두 다
오늘
돌아갈 길 없음

흰 바다

눈부신 눈부신

쓸쓸한
빛뿐,
伽倻의 흰빛
그뿐.

— 「伽倻의 흰빛」 전문

"흰빛"에 도달하였고 이제는 돌아갈 수 없다는 것이다. "숲 속에서 네가 기다린다는" "전갈도", "들뜬 기별도" 이제는 지나갔으며 되풀이될 수 없다는 것이다. 가야가 사라진 것처럼. 이제 "흰빛"만 남아 있다는 것이다. 단지 허망함의 시일까. 김지하는 단지 삶의 허망함을 노래하고 있을까. 그렇지 않다는 단초가 다른 곳에 있다. 「소리」라는 시를 보자.

'왜 죽으려느냐
나 이제 갈 곳이 없다.'
숱한 별들 해와 달

풀벌레 풀
　　　꽃잎들에서 떠오른다

　　　'왜 죽으려느냐
　　　나 이제 갈 곳이 없다.'

　　　　　　　　　　　　　　　—「소리」부분

　막다른 골목에 도달한 자에게, 죽음을 깨달은 자에게, 중요한 것은 '현재'일 수밖에 없다. 그렇지 않은가. 더 갈곳 없을 때 '있는' 것은 현재밖에 없지 않는가. 현재 말고 더 있는 것이 있는가. 현재가 소중하지 않은가. '왜 죽으려느냐/나 이제 갈 곳이 없다'라고 한 것은 '도달한 자'의 속삭임으로 들린다. 즉 죽어야만 한다는 것을 인식한 자의 속삭임으로 들린다. 그 죽음을 인식한 자의 마지막 수순은 죽음을 긍정하는 것이다. 현재를 긍정하는 것이다. "별", "해와 달", "풀벌레", "풀", "꽃잎들"을 긍정하는 것이다. "갈곳이 없"으니까 갈곳이 없는 '바로 그 지점', '그 현재'를 긍정하는 것이다. 「돌아가지 않겠다」에서 "나/고향에/돌아가지 않겠다//쓰러져도/여기 살겠다"고 한 것도 죽음을 긍정하는 자의 말이다. 삶을 긍정하는 자의 말이다.

4. '대승'을 품은 소승적 세계

　『화개』의 시편들을 푸는 중요한 코드 하나는 '세계는 하나다'라는 인식이다. 세계는 인간의 대상이 아니라, 세계는 인간과 인간 이외의 것으로 나누어져 있는 것이 아니라, 세계는 인간이 거기에 속해 있는 '하나의' 세계라는 인식이다. 나아가 개체는 세계에 속해 있는 개체

이고 동시에 세계는 개체에 속해 있는 세계라는 인식이다.6) 이점에
서 『화개』는 그 이전의 『중심의 괴로움』(1994), 『별밭을 우러르며』
(1989), 『애린』(1986)과 연속선 상에 놓여있다. 단절이 아닌 연속의 관
계에 놓여 있다.

> 풀 한 포기와 말하며
> 우주를 살겠다
>
> 꽃이 핀다면
> 더 바랄 것 없고
>
> 풀도 꽃도 없는 아파트에선
> 시멘트 입자와 이야기하리라
>
> 삶은 우주
> 삶은 진리
>
> 아직 내 몸 살아 있고
> 아내와 새끼들
> 곁에 살아 있으니
>
> 아아
> 내 삶
> 한없이 넓고 넓구나
>
> ―「삶 1」부분

"풀 한 포기와 말하"는 것은 "우주"와 말하는 것이라는 것이다. 그

---

6) 『중심의 괴로움』에 실린 「정발산 아래」에서 이미 이러한 인식이 명확하게
개진되었다. 각주 4) 참조.

러므로 우주를 사는 것이라는 것이다. "시멘트 입자와 이야기"한다는 것도 우주와 이야기한다는 것이다. 사실 그렇지 않은가. 입자의 세계가 우주의 세계가 아닌가. 소립자 물리학은 다름 아닌 우주 물리학이 아닌가. 소립자의 세계가 규명되면 우주란 무엇인가, 라는 질문에 대한 답이 나오는 것이 아닌가. 그래서 "삶"이 "우주"라는 인식이다. "살아 있"는 것이 우주를 사는 것이라는 인식이다. 구체적으로 말해서 "아내와 새끼들"과 함께 하는 삶이 "한없이 넓고 넓은" 삶이라는 것이다. 우주를 사는 삶이라는 것이다. 『화개』의 두드러진 특징이 앞에서도 얘기했듯 큰 세계가 아닌 작은 세계를 중요시하는 것이지만, 즉 대승적 자아의 세계가 아닌 소승적 자아의 세계를 보여주는 것이지만, 여기서의 소승적 세계는 대승적 세계를 품은 소승적 세계였던 것이다. 지양된 소승적 세계였던 것이다.

대승적 자아란 자아의 구원(혹은 자아의 행복)보다 사회의 구원(혹은 사회의 행복)을 중요시하는 자아이다. 타자의 삶, 이타적 삶을 중요시하는 자아이다. 그러나 자신의 삶을 타자와의 관계, 나아가 우주와의 관계 속에서 이해하려고 하는 것도 대승적 자아의 태도라고 할 수 있다. 더욱이 시인이 이러한 인식으로써 본인 자신뿐만 아니라 읽는 자의 '구원'(혹은 각성)을 기대한다는 점에서 그렇다. 「되먹임」의 예를 더 들어보자.

  내 목숨은
  아득타
  별로부터 오셨으니

  내 목숨은
  가까이

흙으로부터 풀 나무 벌레와 새들 물고기들
내 이웃들로부터 오셨으니

— 「되먹임」 부분

 이원론이 아닌 일원론이지만 '해탈'과 '환고향'의 의미에서 일원론이 아니다. 소승과 대승의 통합이라는 점에서의 일원론이다. '우주는 한 몸이다'라고 하는 것은, '우주는 한 생명이다'라고 하는 것은, 그 안에 있는 모든 것이 똑같이 중요하다고 전언하는 것이다. 이웃의 목숨이 소중하다고 전언하는 것이다. 소승과 대승의 통합을 보여주는 것이라고 하지 않을 수 없다.

5. 개구리 관점

 그러나 김지하 시인에게 쓰지 않으면 배길 수 없는 충동을 준 것은 삶 그 자체라고 할 수 있다. 소승적 자아, 대승적 자아를 구분하지 않는 삶 그 자체!7) 작은 세계(예를 들어 가족, 집)에 대한 관심은 소승적 자아의 관심이지만 '삶'에 대한 관심이었다. 「道」라는 시에서 "'道는 어디 있는고?'"라고 묻고 "'내 속에 도사렸다!'"라고 대답하는 것은 소승적 자아이지만 도가 "'언제 풀리는고?'"라고 묻고 "'밖에 나서면!'"이라고 대답하는 것은 대승적 자아였다. 대승적 자아의 '삶'에

---

7) 사실 소승적 자아의 삶과 대승적 자아의 삶이 따로 존재하는가. 대승적 자아가 오면 소승적 자아는 사라지는 것이고 소승적 자아가 오면 대승적 자아는 사라지는 것인가. 소승적 자아와 대승적 자아는 섞여 있는 것이 아닌가. 아니, 시인은 분열되어 있는 것이 아닌가. 인간은 분열되어 있는 것이 아닌가.

대한 관심이었다.[8] "시장 한복판에서"의 "창녀와의/풋사랑"은 소승적 자아/대승적 자아의 구분을 떠나 그냥 삶에 대한 관심이다.[9]

> 삶이
> 곧
> 詩이리라
>
> 깊고 깊은
> 시장 한복판에서
>
> 때론
> 창녀와의
> 풋사랑이
> 흰 그늘
> 빛나는 한 편의
> 詩,
>
> 그것이리라.
>
> ―「詩」부분

시가 시가 아니라 "삶"이 "시"라는 것이다. "때론/창녀와의/풋사랑이" 시, "빛나는" 시라는 것이다. 이 시는 어떻게 쓰여졌는가. 삶이 시라면 왜 시를 쓰는가. 다름 아닌, 삶이 곧 시라는 자각이 그로 하여

---

8) "도"가 "밖에 나서면" "풀"린다는 것은 삶 속으로 들어가면 도가 풀린다는 것이다. 주목되는 표현은 "밖에 나서면"이라는 표현이다. '밖에서', '밖에 있으면'이라고 하지 않고 '밖에 나서면'이라고 한 것이다. 능동적인 표현이다. 적극적인 표현이다. '능동적으로 삶에 나서면'이라고 한 것이다. '적극적으로 삶에 나서면'이라고 한 것이다.
9) 김지하에게는 갈 곳이 없었다("'왜 죽으려느냐/나 이제 갈 곳이 없다.'"). 삶 밖에, 현재밖에 갈 곳이 없었다.

금 쓰지 않고는 배길 수 없는 충동을 불러일으킨 것이다.10) 이 시에서 중요한 것은 "삶"의 내용이 "시장 한복판"의 삶의 내용이라는 것. "창녀와의/풋사랑이" 삶의 내용이라는 것. 무슨 말을 하려고 하면 김지하의 작은 세계, 미시적 세계에 대한 관심이 비더마이어적, 은둔적, 초월적 의미의 관심이 아니라는 것이다. '가족과의 삶'도 "시장 한복판에서"의 삶과 같은 것이라는 것이다. "창녀와의/풋사랑"과 같은 삶이라는 것이다.

'개구리 관점'이다. 미시적 관점이다. '새의 관점'은 거시적 관점이다. 새의 관점은 '널리 두루' 볼 수 있지만 책상 아래를 보지 못한다. 시장 안을 들여다 보지 못한다. 창녀의 방을 들여다 보지 못한다. 아들의 방을 들여다 보지 못한다. "흰 그늘"이라고 한 것은 '그늘'은 삶이 가장 적나라하게 전개되는 장소이기 때문이다. "삶과 행위의 복합성과 다면성"11)이 있는 곳, 즉 살아있는 곳이기 때문이다. 검은 색은 죽음의 색이고 흰 색은 검은 색의 반대이기 때문이다. 다시 말하면 흰 그늘을 보는 것은 개구리 관점으로 가능했다. 창녀의 방을 들여다 보는 것은 아들의 방을 들여다보는 것은 개구리 관점으로 가능했다.

「틈」 연작시도 삶의 시이다. 삶을 긍정하는 시이다. "틈"의 삶을 긍정하는 시이다. 모순의 삶을 긍정하는 시이다. 시인은 "세상에/아름다운 것/미소의 그늘/아픔에도 웃는 얼굴"이라고 말하고 있다. 모순

---

10) '시에 대한 시'이므로 메타시이다. 시보다 삶이라고 하는 것이지만, 어쩌면 시를 부정하는 것이지만('삶이 시'라면 시를 쓸 필요가 없다고 한 것이므로), 시에 대한 하나의 입장을 밝힌 것이기 때문이다. 물론 "삶이 곧 詩"라고 한 것을 삶을 반영한 시가 시라고 한 것이라고 할 수 있다. '지금 여기'를 반영한 시가. '딴 때 저기'를 쓰는 시가 아닌. 이 경우도 시에 대한 자기 입장을 명백히 밝힌 것이다.
11) 임동확, 「꽃핌, 드러남과 숨음의 이중주」, 실린곳:『화개』, 실천문학사, 2002, 197쪽.

을 아름답다고 말하고 있다.

　김지하는 '삶의 한가운데'에 있다. 여전히 삶의 한가운데에 있다. 대승과 소승이 구별되지 않는 삶의 한가운데!12)

---

12) 대승과 소승의 통합은 그동안의 김지하 시에 대한 '나그네 의식' 및 '환고향'에 대한 논의를, 혹은 '미귀'에 대한 논의를, 외면하는 것이다. '나그네 의식'을 '대승' 의식으로 '환고향'을 '소승' 의식으로 각각 치환할 수 있다면 말이다. 임우기는 「미당 시에 대하여」에서 1970년대의 김지하를 불귀不歸라는 말로 1990년대의 김지하를 미귀未歸라는 말로 설명하였다. 불귀는 돌아갈 수 없다는 것이다. 세속적 일상을 '필연적으로' 벗어날 수 없다는 것이다. 세속적 일상은 '어쩔 수 없이' 감당해야 한다는 것이다. 김소월의 경우이기도 했다. 미귀는 아직 돌아가지 않았다는 것이다. '자청하여' 세속적 일상에 머물러 있으려는 태도이다. '환고향' '해탈'을 스스로 유보하는 태도이다(나희덕, 「'불귀不歸'와 '미귀未歸'의 거리」, 『문학동네』, 1998. 겨울, 46~47쪽 참조). 나희덕은 임우기의 김지하 해석을 수용하면서 미귀를 불귀와 달리 "고통의 생생함이나 절박성은 상당히 가셔져 있는 것"으로 비판적으로 접근하였다. 미귀는 중생을 구원할 때까지 해탈을 유보하겠다는 태도이지 스스로 어쩔 수 없이 감당해야 하는 운명의 차원이 아니라는 것이다. "높은 차원의 정신일 수는 있겠지만."

소극적 허무주의에서 적극적 허무주의로
— 강은교론(『허무집』에서부터 『등불 하나가 걸어오네』까지)

1

 '허무주의와 비극적 의식', '비극적인 세계 인식' 등은 강은교의 초기시들을 규정 짓던 말. 본고에서는 그러나 이러한 '비극적 의식' 혹은 '허무주의'가 가장 최근의 시집 『등불 하나가 걸어오네』(1999)에서도 현저하게 드러났으나, 초기 시집들에 나타난 허무주의와는 다른 양상을 보이고 있는 데에 주목하려고 한다. 그 양상을 구체적으로 적시해보려고 한다. 즉 초기 시집들에 나타난 허무주의의 양상과 최근 시집에 나타난 허무주의의 양상을 나란히 놓아보고자 한다. 여기서 초기 시집들이라 함은 『허무집』(1971), 『빈자일기貧者日記』(1977), 그리고 시선집 『풀잎』(1974)들을 가리킨다. 『풀잎』에는 『허무집』의 시들과 '허무집 이후'의 시들이 수록되어 있다. 여기서 '허무집 이후'의 시들이란 『허무집』 이후 『빈자일기』 이전의 시들을 말한다.
 강은교 시인은 『풀잎』들에서는 허무 혹은 죽음 그 자체를 노래했다는 점에서 '소극적' 의미에서의 허무주의의 시인이었다고 할 수 있다. 그러나 최근의 시집 『등불 하나가 걸어오네』에서는 몰락을 혹은 죽음을 능동적으로 자발적으로 받아들이는 자세를 취하고 있다는 점에서 '적극적' 의미에서의 허무주의의 시인으로 발전(?)한 것으로 보인다. 여기서 소극적 허무주의, 적극적 허무주의라 함은 니체의 허무주의Nihilismus를 해석하는 과정에서 파생된 말임을 밝혀둔다. 일찍이 김병익은 강은교 시인의 허무 사상은 "서구의 정신 문맥에 접근하고 있"다며 파스칼의 '우주론적 절망'을 그 예로 든 적이 있다.[1)]

허무주의는 이데아(플라톤)를 더 이상 믿지 않게 되었을 때, "창공에 떠 있는 별"(루카치)이 흐릿해졌을 때, "신은 죽었다"(니체)라는 말이 설득력 있게 들릴 때 찾아오는 것? 눈에 보이는 이 차안, 이 현상이 전부이며 피안이나 내세는 존재하지 않는 것으로 판단될 때 찾아오는 것?[2)]

죽음은 그 자체로 끝이고 '나'는 죽어도 세상을 계속 굴러갈 것이라는 그 최초의 자각은 얼마나 경이로웠는가. 소름끼쳤는가. 그 이후의 불안과 공포는 그 이전과 이후를 얼마나 깊게 갈라놓았는가. '환희의 최후, 고통의 시작'이 아닌가. 허무주의의 시작이 아닌가. 현실의 여러 요구들은 죽음의 정언명법, 즉 죽음의 필연성의 법칙, 죽음의 보편성의 법칙에 맥못추게 되지 않았는가. 죽음 아닌 것은 모두

---

1) 김병익, 「虛無의 先驗과 體驗」, 실린곳: 『풀잎』, 민음사 1974, 10쪽, 16쪽 참조.
2) 허무주의는 확고하던 가치가 무가치하게 여겨질 때 생겨나는 것. 니체는 다음과 같이 말했다. "허무주의란 무엇을 의미하는가? —그것은 최고 가치의 가치 상실을 의미한다. 목표가 결여된 것을 의미한다. '왜'라는 물음에 대한 대답이 결여된 것을 의미한다."(M. Heidegger, Nietzsches Wort "Gott ist tot". in: M. Heidegger, Holzwege, Frankfurt a. M. 1957, 205쪽에서 재인용·)

시시해지지 않았는가. 대상들은 이제 죽음이라는 색깔에 덧씌워져 전혀 새롭게 보이기 시작하지 않았는가.

그럴까. 현상뿐이라면, 현상이 본질이라면, 현상을 받아들이면 되지 않는가. 창공에 떠 있는 별이 흐릿해졌다면, 어지러운 대지만이 남았다면, 어지러운 대지를 받아들이면 되지 않는가. 신이 죽었다면, 내세가 존재하지 않는다면, 여기가 전부라면, 여기를 받아들이면 되지 않는가. 죽어야될 운명을 받아들이면 되지 않는가. 기꺼이 죽어주면 되지 않는가. 기꺼이 죽어주겠다는 자세로 살면 되지 않겠는가. 사실 기꺼이 죽어주겠다는 자세로 살지 않을 수 있는가. 한 순간이라도 살 수 있는가. 허무를 자각한 자라면. 눈앞에 보이는 이것이 전부이고 '배후'는 존재하지 않는 것이라고 결론을 내린 자라면.

2

니체가 "예술은 진리보다 가치 있다"[3]고 했을 때, 혹은 "미적 현상으로만 세계의 존재는 정당화된다"[4]고 했을 때 이것은 예술, 혹은 미적 현상의 창조적 가치를 두고 한 말이다. 예술은 발명의 영역이고 진리는 발견의 영역이기 때문이다. 창작미학적으로 볼 때 예술은 발명이다. 혹은 세계에 대한 새로운 해석이다. 수용미학적으로 볼 때도 예술은 발명이다. 독서자의 해석도 또 다른 발명이니까. 그만큼 예술은 개별적이다.[5] 그리고 파괴적이다. 나에게 강은교의 시편들은 어떻

---

3) F. Nietzsche, Wille zur Macht, Stuttgart 1964, 578쪽.
4) F. Nietzsche, Die Geburt der Tragödie aus dem Geiste der Musik, Wilhelm Goldmann Verlag, Vollständige Ausgabe nach dem Text der Ausgabe Leipzig 1895, 13쪽.

게 해석되었는가. 어떻게 발명되었는가. 먼저 『등불 하나가 걸어오네』에 실린 시들부터.

다음 시를 읽고 '그리움'이라는 말을 떠올리지 않을 수 있을까.

> 무엇인가가 창문을 똑똑 두드린다.
> 놀라서 소리나는 쪽을 바라본다.
> 빗방울 하나가 서 있다가 쪼르르륵 떨어져 내린다.
>
> 우리는 언제나 두드리고 싶은 것이 있다.
> 그것이 창이든, 어둠이든
> 또는 별이든.
>
> ― 「빗방울 하나가·5」 전문

창문을 똑똑 두드리는 것은 사실 "무엇인가"가 아니라, 시적 자아, 시인 자신이다. 둘째 연에서 시인은 "우리는 언제나 두드리고 싶은 것이 있다"라고 했으니까. "그것이 창이든, 어둠이든/또는 별이든" 상관없이 말이다. 그런데 왜 두드리는데? 두드리는 저쪽에 무엇이 있는데? 무엇을 그리워하는데? 창을 두드리므로 창 밖의 세계를 그리워하는 것이라고, 별을 두드리므로 여기와 다른 별세계를 그리워하는 것이라고, 말할 수 있다. 미지의 세계를 그리워하는 것이라고 말할 수 있다. 그런데 어둠이라니? 어둠을 두드린다니? 어둠 저쪽? 혹은 어둠 그 자체? 어둠에 대한 그리움? 어둠이 상징하는 것은?

어둠이 상징하는 것은 혹시 첫째 연 셋째 행의 "빗방울 하나가 서

---

5) 예술 작품 해석에 있어서 개별자적 관점을 중요시하는 것을 다른 말로 원근법주의Perspektivismus라고 한다. 니체 해석에 있어서도 원근법주의가 용인된다. 이에 대해서는 Arthur C. Danto, Nietzsche as philosopher, New York 1980을 참조할 것.

있다가 쪼르르륵 떨어져 내린다"는 구절에 그 단서가 있지 않을까. '떨어져 내린다'는 것은 부정성Negativität의 이미지이므로. 어둠과 마찬가지로 부정성의 이미지이므로. 시인은 그러므로 몰락도 그리워한다?

몰락을 그리워한다는 것은 사실 삶에 순응한다는 것이다. 삶은 몰락하므로. 삶은 몰락이므로. 몰락에 대한 그리움은 같은 '빗방울의 시' 「빗방울 하나가·2」에 더 잘 나타나있다.

> 빗방울 하나가
> 소나무 끝에 매달려 있다
> 입을 꼬옥 다물고
>
> 장수풍뎅이 한 마리
> 기를 쓰며
> 빗방울의 가슴을 연다
>
> 그 속으로 포옥 빠진다
>
> 포옥 포옥 모두 빠진다
> 매달려, 소나무 끝
> 또는 바람 끝.
>
> ― 「빗방울 하나가·2」 전문

죽음은 입을 "꼬옥 다물고" 있는 것이 아닐까. 살아 있는 것은 그 꼬옥 다물고 있는 것을 "기를 쓰며" 열려고 하는 것이 아닐까. 아니, 열어야 하는 것이 아닐까. 죽음은 찾아오므로. 꼭 찾아오므로. 찾아오는 것을 기다리기보다 찾아가야 하는 것이 아닐까. 찾아가는 자세로 살아야하는 것이 아닐까. 기꺼이 몰락해주는 자세로 살아가야 하는 것이 아닐까. 기꺼이 몰락해주는 자세로 살지 않으면 죽음이, 몰락이, 왔을 때 어떻게 견딜 수 있는가. 기꺼이 몰락해주는 자세로 살아가는 것 말고 다른 방법이 있는가.

시인에 의하면 "장수풍뎅이"뿐만 빗방울의 가슴을 기를 쓰고 열어 그 속에 포옥 빠지는 것이 아니다. 시인은 끝 연에서 "포옥 포옥 모두 빠진다"고 씀으로써, 즉 존재 일반이 포옥 포옥 빠진다고 씀으로써, 장수풍뎅이의 존재론적 상황을 존재의 일반론적 상황으로 확대시키고 있다. 즉 죽음을 상징하는 '빗방울의 가슴'에 존재 모두가 '기를 쓰며' 포옥 빠지려 한다는 것이다. 빗방울이 삼켜버리기 전에 먼저 삼켜지려고 하고 있다는 것이다. 죽음이 습격하기 전에 먼저 죽으려고 하고 있다는 것이다.

이 시에서 또한 주목되는 것은 "소나무 끝에 매달려 있"는 것은 분명 물방울이지만 시인은 끝 연에서 "매달려, 소나무 끝/또는 바람 끝"이라는 표현을 덧붙임으로써 소나무 끝 혹은 바람 끝에 매달려 있는 것은 물방울을 포함한 존재 일반이라는 것을 암시하려고 했다는 점이다(이 점에서 끝 연은 시의 논리적 일관성을 의도적으로 깨뜨리는 장치라고 할 수 있다. 시의 해석 지평을 보다 넓히려는 시도라고 할 수 있다). 소나무 끝은 얼마나 위태한가. 바람 끝에 매달려 있는 것은 얼마나 위태한가. 소나무 끝에, 바람 끝에 매달려 있는 물방울은 얼마나 더 위태한가. 물방울 속에 들어간 장수풍뎅이는 얼마나 더더 위태한가. 우리는 소나무 끝에 바람 끝에 벼랑 끝에 매달린 존재들. 그리고 더 기를 쓰고 위태로운 곳을 찾아야 하는 존재들. 죽음이 확인될 때까지. 다음은 「그 나무에 부치는 노래」 전문.

그 나무 지금도 거기 있을까

그 나무 지금도 거기 서서
찬비 내리면 찬비
큰 바람 불면 큰 바람
그리 맞고 있을까
맞다가 제 잎 떨어내고 있을까

저녁이 어두워진다
문득
길이 켜진다

"그 나무"를 시인은 그리워한다. "서서/찬비 내리면 찬비/큰 바람 불면 큰 바람" 맞는 그 나무를 그리워한다. 그러나 무엇보다도 시인이 그리워하는 것은 찬비와 큰 바람 "맞다가 제 잎 떨어내고 있"는 나무다. 기꺼이 몰락해주는 나무다. 삶에 순응하는 나무의 자세다. "저녁이 어두워"질 때 "길이 켜진다"라고 한 것은 이러한 자세에 대한, 기꺼이 몰락해주려고 하는 자세에 대한, 시적 자아의 긍정적 평가. 몰락을 받아들일 때 길이 보인다는 것! 죽음에 대한 이러한 태도는 톨스토이의 아름다운 소품 『세 죽음』에 나오는 '나무의 죽음'을 떠올리게 한다. 나무의 죽음은 "조용히, 단순하고 아름답게 죽는 죽음"이다. 그리고 나무가 아름답게 죽는 것은 톨스토이에 의하면 "아무 것도 두려워하지도 않고 아무 것도 후회하지도 않기 때문이다."[6] 「길이 우두커니」라는 시의 다음과 같은 구절도 감동적이다.

고개를 드니 새들이 줄을 지어 날아가고 있었습니다
길이 우두커니 그러는 새들을 바라보고 있었습니다

---

6) 김경식, 「게오르크 루카치. 삶과 죽음에 대한 소묘」, 실린곳: 『진리·자유』, 2000. 가을, 99쪽에서 재인용.

길과 새는 공통적으로 '멀리 사라지는 어떤 것'. 길은 좁아지다가 한 점으로 사라지고, 줄지어 날아가는 새들도 나중에는 한 점으로 사라지니까. 그러나 새는 스스로 움직이며 사라진다는 점에서 움직이지 않은 상태에서 사라지는 길과 다르다. 새는 '스스로' 사라지고 길은 그렇게 보일 뿐이다. 시인은 그래서 "길이 우두커니 그러는 새들을 바라보고 있었"다고 쓴 것? '우두커니'는 부동의 상태를 표현할 때 쓰는 말이므로.

우두커니 바라본다는 것은 또한 부러워한다는 것. 그런 뜻을 내포하는 것. 정말 사라질 줄 아는 것을 부러워한다는 것. 소멸하지 못한다면 그것은 얼마나 끔찍한 일인가. 소멸한다는 것을 인식한 자는 또한 현재의 삶을 얼마나 끔찍하게 아끼는 자이겠는가.

소멸을 동경하는 식의 태도, 혹은 기꺼이 몰락해주겠다, 라는 식의 태도는 사실 『허무집』과 시선집 『풀잎』, 그리고 『빈자일기』의 몇몇 시편들에서도 확인되었던 것. 『허무집』과 『풀잎』에 실린 「自轉 Ⅲ」의 다음과 같은 구절을 보라.[7]

> 허공에 투신하는 외로운 연기들
> 길은 일어서서 진종일 나붓기고
> 꽃밭을 나온 사과 몇 알이
> 폐허로 가는 길을 묻고 있다.

허공에 투신한다는 것은 죽음에 투신한다는 것이다. 기꺼이 죽어주겠다는 태도에 다름 아니다. "길은 일어서서 진종일 나붓"긴다는

---

7) 필자는 『허무집』의 시들을 『풀잎』에서 읽었다. 즉 본고에서 인용된 『허무집』의 시들은 전부 『풀잎』에 재수록된 것들이다.

표현도 마찬가지다. 삶을 적극적으로 수용하는 자세 아닌가. '죽음 이후의 세계'가 없다면, '하늘이 텅 비어 있'다면, 유일한 본질은 삶이기 때문이다. "꽃밭을 나온 사과 몇 알이/폐허로 가는 길을 묻"는다? 사과 몇 알이 또르르 굴러 사람 입 속으로 들어가는 것이 보인다. 혹은 쓰레기통 속으로 들어가는 것이 보인다. 묻는다는 것은 자청하는 자의 태도. 먹혀주겠다, 먹어라!의 태도. 죽음이여, 나를 잡아 잡수시오, 라는 태도. 나는 공기를 맘껏 들이마시고 햇볕을 진탕 쬐고 바람에 나뒹굴기도 했으니 그래서 먹음직스런 열매까지 되었으니 기꺼이 죽어줄 수 있소. 그럴 자격이 있소!

다음은 『빈자일기』에 실린 「生子埋葬 4 - 흙」 전문.

> 死者는 행복하라
> 死者는 행복하라
> 어둠이 저를 이끌고
> 빛이 저를 묻으니
> 오
> 死者는 복되라
> 死者여 그리워라
>
> 나 오래 여기 있었네
> 먼지길 바쁜 내 가슴
> 파도 늘 울리는 발의
> 바다, 아침에
> 나 벌써 저녁을 기다렸네
> 저녁에 다음 아침
> 탐내 꿈꾸듯
>
> 눈물이던 한때 내 얼굴
> 게거품이던 한때 내 입술도

>   한밤중 없는 이마 헤매어 맞추던
>   내 잠도
>   여기 입다문 나팔꽃 실뿌리 되어
>   앉아 있네 튼튼히 살아 있네
>   오라 즐거이 썩으라
>   엉켜 잊지 못하는 자들
>   이 나팔꽃 꿈속
>   어둠아비보다 더 넉넉히
>   꽃피우라 노래하라.

사자死者 보고 행복해하라는 관점, 얼마나 놀라운 관점인가. 죽음을 받아들이라는 관점, 나아가 기꺼이 죽으라는 관점 아닌가. 마지막 연에서 "오라 즐거이 썩으라"라고 으르렁거리지 않았는가. 이때 삶은 역설적으로 찬란하게 빛나지 않겠는가. 두려울 것이 없으므로. 거칠 것이 없으므로. 기쁨을 누릴 자격이 있지 않겠는가. "꽃피"울 자격이 있지 않겠는가. "노래"할 자격이 있지 않겠는가.

3

『풀잎』과 『빈자일기』 등 초기 시집들은 그러나 죽음에 대해서 자발적으로 순응하는 태도를 취하는 것이 아니라, 그럼으로써 삶을 긍정하게 되는 태도를 취하는 것이 아니라, 죽음과 대면하고 있는, 그럼으로써 삶을 비극적으로 바라보게 되는 비극적 세계인식의 시들로 대부분 점철되어 있다. 소극적 의미에서의 허무주의의 시들로 점철되어 있다. 『풀잎』 맨 앞에 실린 시는 『허무집』의 「自轉·Ⅰ」 전문이다.

날이 저문다.
먼 곳에서 빈 뜰이 넘어진다.
無限天空 바람 겹겹이
사람은 혼자 펄럭이고
조금씩 파도치는 거리의 집들
끝까지 남아있는 햇빛 하나가
어딜까 어딜까 도시를 끌고 간다

날이 저문다.
날마다 우리나라에
아름다운 女子들은 떨어져 쌓인다.
잠속에서도 빨리빨리 걸으며
寢牀밖으로 흩어지는
모래는 끝없고
한 겹씩 벗겨지는 生死의
저 캄캄한 數世紀를 향하여
아무도
자기의 살을 감출 수는 없다.

집이 흐느낀다.
날이 저문다.
바람에 갇혀
一平生이 落果처럼 흔들린다.
높은 지붕마다 남몰래
하늘의 넓은 시계소리를 걸어놓으며
曠野에 쌓이는
아, 아름다운 모래의 女子들

부서지면서 우리는
가장 긴 그림자를 뒤에 남겼다.

"無限天空"이 공간과 관계한다면 "바람 겹겹이"라는 표현은 시간과 관계한다. 무한 공간 무한 시간이 흘렀으나 변하지 않는 것은 "사람은 혼자 펄럭"인다는 것. 사람은 혼자 살다 혼자 죽는다는 것. 혼자 펄럭인다는 것을 혼자 살다가 혼자 죽는 것을 의미하는 것으로 해석하는 것은, 삶뿐만 아니라 죽음까지 포함하는 것으로 해석하는 것은, 둘째 행 "먼 곳에서 빈 뜰이 넘어진다"라는 표현 때문이다. 첫째 행 "날이 저문다"라는 표현 때문이다. '넘어진다'와 '저문다'라는 동사는 다 같이 죽음과 관계한다. 햇빛이 있지만 그것은 사람(혹은 삶)과 무관한 것. "끝까지 남아있는 햇빛"은 사람이 죽어도 반짝이는 햇빛이다. 빈 "도시"라도 끌고 가는 햇빛이다.

둘째 연의 "잠속에서도 빨리빨리 걸으며"라고 한 것은 시간의 위력 혹은 시간의 무서움을 표현한 것. 시간은 잠 속에서도 흐르니까. 누구도 시간을 빠져나갈 수 없으니까. 이점에서 "寢牀밖으로 흩어지는/모래는 끝없고"에서 모래란 주검을 상징하는 것으로 보아야 한다. 인간은 모래처럼 침상 밖으로 떨어져 흩어지기 때문이다. '섞이지 않는' 모래는 또한 혼자 살다가 혼자 죽는 인간의 운명을 상징한다. '혼자 펄럭이는 인간'은 다름 아닌 모래인간인 것이다.

모래가 주검을 상징하는 것은 – 이것은 파울 첼란의 시편들에서 '돌'이 죽음과 같은 상태를 상징하는 것과 비슷하다 –「自轉·Ⅰ」에서 뿐만 아니다. 다음은 『허무집』과 『풀잎』에 실린 「黃昏曲調 四番」 앞부분이다.

 네가 가는 길 위에 웬 모래가 이리 많은가.
 조금만 귀 기울여도
 창밖에는 살(肉)을 나르는 바람소리

동쪽에서 서쪽으로
내 뼈 네 뼈가 불려가는 소리

"모래"가 "살"과 "뼈"에 대한 은유라는 것을, 죽은 살과 죽은 뼈에 대한 은유라는 것을, 그러므로 주검을 상징한다는 것을 이 구절은 아주 분명하게 보여주고 있다. 죽음의 "바람소리"에, 죽음이 부르는 소리에, 살과 뼈는 속수무책으로 불려간다. 해 뜨는 "동쪽에서" 해 지는 "서쪽으로", 삶에서 죽음으로 끌려간다. 살과 뼈는 그 다음 모래가 된다. 지상에는 그래서 모래가 너무 많다("길 위에 웬 모래가 이리 많은가"). 이 시에서 "바람 소리"의 '바람'은 「自轉・Ⅰ」에서의 "바람 겹겹이"의 '바람'과 마찬가지로 시간을 상징한 것. 시간과 죽음의 함수관계를 명징하게 보여준 아주 아름다운 시!

「自轉・Ⅰ」에서 또한 주목해야 할 것은 이 시의 시적 주체로 보이는 "아름다운 女子들"(둘째 연), "아름다운 모래의 女子들"(셋째 연)은 슬퍼하는 여자들, 흔들리는 여자들이라는 것이다. 죽음을 슬퍼하는 여자들, 죽음 앞에서 흔들리는 여자들이라는 것이다. 죽음 앞에서 속수무책인 여자들이라는 것이다. "집이 흐느낀다", "一平生이 落果처럼 흔들린다"라는 표현은 시적 주체인 '아름다운 女子들', '아름다운 모래의 女子들'의 그러한 심정을 반영한 것. "저문" 날, "바람에 갇힌 날, 다름 아닌 '죽음을 예감하는 날'의 속수무책의 심정을 반영한 것. 부기해야할 것은 "아름다운 女子들", 혹은 "아름다운 모래의 女子들"에서 '여자들'은 사람들을 의미한다. 여자들은 사람들이다.

"높은 지붕마다 남몰래/하늘의 넓은 시계소리를 걸어놓으며/曠野에 쌓이는/아, 아름다운 모래의 女子들"에서 시계가 상징하는 것은 시간 곧 세월. 그러므로 시계소리를 듣는 여자들은 죽음을 기다리는 여자들. 그들이 결국 모래의 여자들이 된다는 것. 죽은 여자들이 된다는 것. 시계를 보는 여자들, 죽음을 기다리는 여자들이란 삶을 외면할 수밖에 없는 자들. 죽어야만 한다는 것을 알게된 자들은 죽음에 대해, 혹은 죽음에 대한 생각에 사로잡히게 되므로. 허무주의의 자들이 되므로.

살고 싶은데, 더 살아있고 싶은데, 시간은 가혹하다. 가차없다. 그래서 "아무도/자기의 삶을 감출 수는 없다"라는 표현이다. 죽음의 신 앞에 "아무도/자기의 삶을 감출 수는 없다." 죽어야 한다. 썩어야 한다. 모래가 되어야 한다. 이점에서 맨 끝 연은 삶에 대한 사랑, 삶에 대한 미련이 반영된 것으로 보아야 한다. 죽어도("부서지면서") 어찌 그냥 부서지는가. 그냥 죽는가. 한 번쯤은, 아니 몇 번쯤은, 살려달라고 기도해야 하지 않는가. 애걸해야 하지 않는가. 그림자는 죽음의 검은 그림자이다. "가장 긴 그림자"는 살려달라고 애걸하는 기도 소리를 덮은 그림자이다. 비명처럼, 절규처럼 길게 늘이어져 있는 그림자이다. 죽음이 던져 놓은 그물망에 순순히 갇혀있던 자가 있었는가. 죽음이 던져 놓은 그물망에서 빠져나간 자가 있었는가.

삶의 허망함은 자연과의 대비를 통해 더욱 강조된다. 인간은 사라져도 자연은 한동안 존재하기 때문이다. 이것은 이미 「自轉·Ⅰ」에서도 드러났던 것. "끝까지 남아있는 햇빛 하나가" 사람이 죽고 없는 빈 도시를 끌고 가는 것이다. 「自轉·Ⅲ」에서 "문득 달려나와 빈 가지에 걸리는/數世紀 낡은 햇빛들"이라는 구절도 마찬가지다. '빈 가지'는 생명이 사라진 나무 가지, 그러므로 죽은 나무 가지. 그러므로 여기서는 죽은 생명을 표상한다. 죽은 나무에 수세기 동안 낡은 햇빛들이 계속 비춘다는 것. 상상해 보라, 생명은 사라진지 오래건만 햇빛만 남아 비추는 그로테스크한 장면. 다음 역시 『허무집』과 『풀잎』에 실린 「풀잎」이란 시의 부분.

아주 뒷날 부는 바람을
나는 알고 있어요.
아주 뒷날 눈비가
어느 집 창틀을 넘나드는지도.

"아주 뒷날 부는 바람", "아주 뒷날 눈비"라는 표현 역시 이런 맥락에서 이해된다.

물론 시인에게 위에서 얘기한 '햇빛' 또한 영원한 것은 아니다. 아니, 시인에게 영원한 것은 하나도 없다. 다음은 「싸움」(『허무집』, 『풀잎』) 후반부이다.

잠시 반짝이는
저 하늘의 별들도 떨어지고 말면
강물이여, 피같은 너
혼자 남아서
남은 세상 햇빛을 묻어주게.

여기서 별과 햇빛은 오히려 유한한 생명을 상징한다. 강물은 의구한 자연을 상징하고. 해 아래 새로운 것은 아무 것도 없다? 아니다. 해도 소멸한다.

몰락에 대한 예감으로 몸을 떠는 자(이를 두고 김병익은 일찍이 죽음에 대한 "선험적 직관"이라고 명명했었다[8]), 나아가 죽음을 체현했던 자(실제 강은교는 죽음의 문턱까지 갔다왔었다)가 '죽음 말고'에 대해, 즉 죽음 이외의 것에 대해 취하게 되는 태도는 다음과 같은 것

---

8) 김병익, 같은곳, 16쪽.

이 아닐까.

> 돌아가는 사람은
> 돌아가게 내버려두라
> 헤매는 마을의 저 불빛도
> 깊은 밤 부끄러운 내 기침소리도
> 용서하라 다시 용서하라
>
> ―「自轉 Ⅳ」 부분 (『허무집』, 『풀잎』)

즉 타인에 대해서는 '내버려두는' 태도이다. 자기에 대해서는 '용서해달라는' 태도이다. 한 마디로 용인하는, 혹은 용납하는 태도라고 말할 수 있다. 소멸의식에 몸을 떠는 자, 나아가 죽음을 체험했던 자, 그리고 "사람은 홀로 나부"낀다는 것을 깨달은 자, 혼자 살다 혼자 죽는다는 것을 깨달은 자는 그럴 수밖에 없지 않겠는가. 가는 사람은 가게 해야 하지 않겠는가. '그'를 붙들어 '죽음을 사하노라'하면서 죽음을 면하게 해줄 수 있는가. 기침이 나오면 기침을 해야 하지 않겠는가. 그렇지 않는다고 죽음에서 면제되는 것은 아니지 않는가. 시인의 널리 알려진 「사랑法」이라는 시도 이러한 독법이 가능하다.

> 떠나고 싶은 者
> 떠나게 하고
> 잠들고 싶은 者
> 잠들게 하고
> 그러고도 남는 時間은
> 沈默할 것
>
> 또는 꽃에 대하여
> 또는 하늘에 대하여

또는 무덤에 대하여

서둘지 말 것
沈默할 것

그대 살 속의
오래 전에 굳은 날개와
흐르지 않는 강물과
누워있는 누워있는 구름,
결코 잠깨지 않는 별을

쉽게 꿈꾸지 말고
쉽게 흐르지 말고
쉽게 꽃피지 말고
그러므로

실눈으로 볼 것
떠나고 싶은 者
홀로 떠나는 모습을
잠들고 싶은 者
홀로 잠드는 모습을

가장 큰 하늘은 언제나
그대 등뒤에 있다.

— 「사랑法」 전문 (『풀잎』)

 죽음에 대한 예감으로 가득찬 시! 이해의 관건은 끝 연의 "가장 큰 하늘"을 죽음을 상징한 것으로 보는 것. 죽음은 가장 큰 것이므로. 하늘은 '하늘 나라'라는 말에서처럼 원래 죽음을 상징하는 것이므로. 등뒤에서 죽음이 쳐다보고 있는 것을 아는 자의 행로는, 등뒤에 죽음이 도사리고 있는 것을 아는 자의 행로는, 어떤 행로일까. 강은교의 행로가 아닐까. 『사랑法』의 행로가 아닐까. 쉽게 꿈꿀 수 있을까. 쉽게 흐를 수 있을까. 쉽게 꽃필 수 있을까. 떠나가는 자 떠나가게 하지 않을 수 있을까. 잠들고 싶은 자 잠들게 하지 않을 수 있을까. 무엇보다도 침묵하지 않을 수 있을까. 죽음이라는 거대한 물체 앞에서 침묵하지 않을 수 있을까. 떠나는 자는 홀로 떠나는 것이며 잠드는 자는 홀로 잠드는 자라는 것을 인정하지 않을 수 있을까. 실눈으로 본다는 것은 받아들이기 어려운 것을 받아들여야 한다는 의미. 두렵지만 감수해야 한다는 의미. 이점에서 '사랑법'이라는 제목은 역설이다. 죽음에 대한 예감으로 가득찬 자가 인생을 보는 법, 그러므로 침묵해야 하는 자가 인생을 보는 법. 그것도 사랑이라면 '사랑법'이리라.

4

만약 강은교의 「사랑法」이 1999년의 『등불 하나가 걸어오네』에 실렸다면 전혀 다른 내용이 되었을 것이다. 적어도 '침묵할 것'이라는 표현은 쓰지 않았을 것이다. '실눈으로 볼 것'이라는 표현은 쓰지 않았을 것이다. 다섯째 연의 "쉽게 꿈꾸지 말고/쉽게 흐르지 말고/쉽게 꽃피지 말고"라는 표현도 쓰지 않았을 것이다. 꿈꾸게 하라, 흐르게 하라, 꽃피게 하라, 라는 식의, 삶을 적극적으로 용인하는 구절들로 채워졌을 것이다.

『허무집』, 『풀잎』, 『빈자일기』의 시편들이 죽음에 대한 예감으로 가득찬, 따라서 죽음 그 자체를 노래한(죽음을 응시한) 시편들이었다면, 소극적 의미에서의 허무주의의 시편들이었다면, 『등불 하나가 걸어오네』의 시들은, 죽음? 그것이 뭐 어쨌다는 말인가, 받아들이면 되지 않는가, 죽어주면 되지 않는가, 라는 태도의 적극적 의미에서의 허무주의의 시편들이었다고 할 수 있다.

피안 혹은 내세가 부재하다는 인식, 신은 우리의 죽음을 망각했다는 인식(망각하는 신은 더 이상 신이 아니다)에 대한 1차적 대응은 죽음에 대한 응시, 죽음에 대한 예감, 죽음에 대한 떨림, '죽음에 대한 환기memento mori'들로 나타난다. 나는 이것을 소극적 허무주의로 명명했다. 그러나 이에 반해 죽을 수밖에 없는 운명 앞에서, 죽음은 종말이라는 자각 앞에서, '이것이 내가 딛고 서야할 대지이더냐? 이것이 나의 인생이더냐? 좋다. 그러면 다시 한 번!'이라며 죽음에 대해, 그리고 삶에 대해 전면적으로 긍정하는 태도는 적극적 허무주의의 태도이다.

제3부

시학과 미학

'가장 동정적인 인간이 최고의 인간이다'
― 고은, 김형영, 유자효, 김승희, 주창윤

1

　서양에서의 현대문학은 계몽주의에서 시작된다. 르네상스, 인문주의, 종교개혁이라는 이름들로 수행되어온 신 중심 사회에서 인간 중심 사회로의 변화는 계몽주의에서 그 절정을 맞이했기 때문이며, 또 현대의 시민사회(혹은 자본주의사회) 역시 계몽주의의 절대적 영향을 받은 시민혁명(특히 미국의 독립혁명, 프랑스 혁명)을 통해 성립되었기 때문이다. 이때부터 인간은 카톨릭 교회와 봉건귀족을 후견 Bevormundung으로 삼은 '미성년상태'에서 벗어나 이성을 인식의 척도로 삼았다. 이때부터의 문학 역시 신, 혹은 형이상학적 규범에 의존하는 것이 아니라, 대상을 자아의식을 통해 '표상시키고vorstellen'(데카르트의 '나는 생각한다'), 또 그것을 필연성 및 보편성의 원칙에 부합시키려고(칸트의 '범주적 명령') 했다는 점에서 자아 중심의 문학, 인간 중심의 문학이었다. 다른 말로 하면, 이때부터의 문학은 궁정과 교회라는 외부 기관이나 권위에 의존하지 않고 시민적 개인이 자기 스스로의 정체성을 찾는 과정의 기록이었다. 현대적인 의미에서의 직업 문필가와 출판사의 등장, 그리고 독자층의 형성 역시 이때부터 시작되었으며, 소수를 위한 문학이 아닌 다수를 위한 문학의 시대가 열렸다.

2

계몽주의의 실천적 측면을 얘기할 때 빼놓을 수 없는 덕목은 그러나 동정의 윤리이다. '동정한다'는 것은 '같이 아파한다mitleiden'는 것이다. 동정은 동고同苦이다. 독일 계몽주의 시대의 대표적 작가 레싱G. E. Lessing은 "가장 동정적인 인간이 최고의 인간이다"라는 말을 남겼다. 아리스토텔레스는 『시학』에서 비극의 목적이 동정심과 공포심을 자극하여 이것들(격정들)을 순화하는 것이라고 하였다. 격정의 배설이 격정의 순화純化였다. 격정의 정화Katharsis였다. 지나친 감정의 파고는 높은 지적 활동을 하는데 방해가 된다고 생각했기 때문이다.

그러나 레싱은 정화 개념에 도덕적, 교훈적 성격을 부여하였다. 정화란 동정심과 공포심을 바람직한 행위로 바꾸는 것이다. 비극을 통해 동정심과 공포심이 훈련됨으로써 남의 불행에 민감해지고 불행한 이웃을 돕고자 하는 마음이 생긴다는 것이다.

동정(동고)은 비극 속 주인공의 비극적 상황을 동정(동고)하는 것이며, 공포는 그런 비극적 상황이 자기 자신에게도 일어날 수 있다고 느낄 때의 감정이다. 공포는 자기 자신에 대한 동정(동고)이다. 이러한 동정심과 공포심이 쉽게 일어나기 위해서는 무엇보다도 관객의 신분과 비극 속 주인공의 신분이 동일해야 한다. 신분이 다른 사람들이 아닌, 예를 들어 희랍 비극의 영웅들이 아닌, 자기와 같은 부류의 사람들이 등장해야 한다.

3

나의 이웃이 불행해도 나만 행복하면 된다, 이것은 자유경쟁주의를 원리로 하는 자본주의의 철학에 가깝다. 나의 이웃이 불행하면 나도 불행하다, 이것은 평등주의를 원리로 하는 사회주의의 철학에 가깝다. 1989년 베를린 장벽이 무너지며 시작된 '세계사적 대전환' 이후, 그리고 그 이후의 'IMF 시대'를 통과하면서, '나의 이웃이 불행해도 나만 행복하면 된다'는 철학은 더욱 확고하게 자리잡는 듯하다. 소위 신자유주의의 시대, 무한 경쟁의 시대에 이기는 자는 이기는 자, 지는 자는 지는 자일 뿐 더 이상의 고려는 없는 것으로 보인다. 강한 자는 살아남고 약한 자는 도태된다. 살아남은 자는 슬퍼하지 않는다.

고은의 「버러지와 더불어」는 이점에서 충분히 주목에 값하는 시이다. '버러지 생'에 대한 관심을 일깨우기 때문이다. '더불어 사는 삶'에 대한 관심을 일깨우고 있기 때문이다.

> 봄에는 으레 흐드러져 진달래꽃 벚꽃들을 노래하였습니다
> 여름에는
> 그 수없는 버러지들
> 한 번 제대로 노래해 본 적 없었습니다

고려 풍류 천년이 늘 한쪽이었습니다.

오늘 항히스타민연고 따위는
아예 모르고 나가
쐴려야 했습니다
물려야 했습니다
실컷 빨려야 했습니다
퉁퉁 부어올라야 했습니다.
그 덤불 속 버러지들
이윽고 노래가 되어야 했습니다

풀멸구 지네 등에 애어리염낭거미 등
쐐기 나방이 노래가 되어야 했습니다
그러는 동안
그 버러지들과 나는 오랫동안 한 핏줄의 무거운 슬픔이어야 하였습니다
　지국총, 지국총

　우선, 시인은 "봄"의 "진달래꽃 벚꽃들을 노래"한 적은 있었지만 "여름"의 "그 수없는 버러지들"을 "한 번 제대로 노래해본 적 없었"다고 각성한다. 작은 것에 대해, 주류가 아닌 것에 대해, 노래부르겠다는 것이다. 그러나 이 시는 작은 것에 대한 관심, 주류가 아닌 것에 대한 관심('노래')만으로 끝나지 않는다(이 시의 새로움이 여기에 있다).

　둘째 연에서 시인은 '버러지들에 대한 관심'만으로는 충분하지 않다, 버러지들에 "쐴"리고 "물"리고 "빨"리고 "퉁퉁 부어올라야", 즉 그들의 삶에 동참할 때, 비로소 '관심'은 완성된다, 고 하고 있다. 둘째 연 끝에서 시인은 마치 결론 내리듯 "이윽고 노래가 되어야 했습

니다"라고 읊고 있지 않는가. 노래로만, 혹은 관심으로만, '버러지 삶'에 동참하는 것은 노래가 아니고, 그들과 어울려 그들과 함께 할 때 비로소 노래가 된다고 하는 것이다. 찔리고 물리고 빨리고 퉁퉁 부어올라 "한 핏줄의 무거운 슬픔이" 될 때 비로소["이윽고"] 노래가 완성된다고 하는 것이다. 이것은 한용운이 「님의 침묵」에서 표현한 "제 곡조를 못이기는 사랑의 노래"라는 구절을 상기시킨다. '버러지들'의 삶에 직접 참여하지 못하는 노래는 고은 시인에게는 제 곡조를 못 이기는 노래, 즉 성에 차지 않는 안타까운 사랑의 노래일 뿐이다. '이웃이 불행하면 나도 불행하다'는 것을 넘어 '이웃이 불행하면 나도 불행해야 한다'는 것을 시인은 강제적으로! 보여주고 있다. 이런 류(?)의 노래가 대부분 관념에 빠지기 쉽다는 점을 감안할 때 '여름의 버러지'는 성공한 '객관적 상관물'이었다고 할 수 있다. '가장 동정적인 인간이 최고의 인간이다'. 그리고 동정은 같이 아파하는 것이다.

한가지 부기하고 싶은 것은 '동정'에는 '놀람'이 전제된다는 사실이다. 다시 말해 부당한 상황에 대한 충격이 있었기 때문이라는 것이다. 충격을 받았기 때문에 동정한다. 예를 들면, 산업화시대의 자연주의 작가들이 주로 비참한 환경의 노동자들, 빈민가의 사람들, 알콜중독자, 창녀들을 다룬 것은 그들이 충격을 받았기 때문이었다. 톨스토이가 농부들의 이야기인 『어둠의 힘』을 쓴 것은 변혁기의 당시의 농부들의 생활 모습에 충격을 받았기 때문이다. 졸라가 『제르미날』에서 광산 노동자들의 삶을 적나라하게 묘사한 것도 당시의 광부들의 비참한 생활상에 충격을 받았기 때문이다. 황석영이 『객지』에서 떠돌이 노동자들의 삶을 서술한 것도 충격을 받았기 때문이며, 조세희가 『난장이가 쏘아올린 작은 공』에서 도시빈민들의 삶을 묘사한 것도 그들에게서 충격을 받았기 때문이다. 김남주가 "낫 놓고 ㄱ자도 모른다고/주인이 종을 깔보자/종이 주인의 모가지를 베어버리더라/바로 그 낫으로"라고 읊은 것도 종과 주인의 관계에 대한 충격이 있었기 때문이다. 고은이 "한쪽"의 "고려 풍류 천년"을 보지 않고, 다시 말해 '이웃이 불행해도 나만 행복하면 된다'는 족속을 보지 않고, 의식적으로 "버러지들"을 본 것은 그들로부터 충격을 받았기 때문이다. 이점에서 정관주의자들이나 낭만주의자들은 냉소주의자들이기 쉽다.

4

다음은 김형영의 「無名」이라는 시이다.

> 쓸모 없는 나무가 산을 지키듯
> 묵묵히 살아가는 사람들이 있습니다
> 하늘이시어, 그들을 보아서라도
> 세상을 벌하지 마소서
> 오늘 밤에도 별을 보여주소서

무명無名은 이름이 없다는 뜻. 그러므로 무제無題, 제목이 없는 시를 상기시킨다. 그러나 "쓸모 없는 나무", "묵묵히 살아가는 사람들"이라는 구절에서 무명이란 바로 제 본분을 지키며 살아가는 보통사람들에 대한 명명이었다는 것을 알게 된다.

80년대에 부동산 투기로 벼락부자가 된 자들이 있더니, 요즘에는 주식 투기로 벼락부자가 된/되려는 자들이 방방곡곡 출몰하는 모양이다. 주식투자자들은 모두 대박을 기대한다. 도박이 더 이상 죄가 되지 않는 사회이므로 '도박죄' 조항은 형법에서 삭제되어야할 것 같다. 선악의 구분이 점점 모호해지는 사회가 되고 있으므로 다른 형법조항들도 손질을 해야하는 시대가 보다 일찍 올지 모른다. 선이 자명한 것처럼 악도 자명한 것 아닌가, 악은 꼭 단죄해야만 하는 것인가, 라고 묻는 시대가.

그러나 시인은 "묵묵히 살아가는 사람들이" 있으니 "하늘"에게 "세상을 벌하지" 말아달라고 간청한다. 의인 50명을 찾으면 소돔을 멸하지 말아달라고 간청했던 롯처럼. 시인은 죄인들이 있다고 생각하고 있다. 세상을 벌하지 말아달라는 것은 세상이 죄를 지었다는 인식을 전제로 한다.

포스트모던 사회, 정보사회에서 계몽주의의 칼자루를 쥔 시인? 상대주의, 다원주의에 대해서 절대적인 선을 상정하고 있기 때문이다. '묵묵히 살아가는 사람들'(선의 세계)을 위해 세상을 벌하지 말아 달라고 하기 때문이다. 세상을 벌할 수 있는 절대적인 선의 세계가 있다고 간주하기 때문이다. 세상을 벌하지 말아달라고 하는 것은 계몽주의의 또 다른 덕목인 관용의 정신이기 때문이다.

그러나 소돔은 구원되었는가. 하늘은 "별을" 계속 "보여"줄 것인가. 근대 이후의 주체로서의 인간은, 자기 마음대로의 인간은, 어느 날 갑자기, 새로운 "지식의 배치"에 의해 시작되었지만(예를 들어 데카르트의 '회의하는 자아'에 의해), 또 어느 날 갑자기 '배치의 전환'을 통해 가볍게 종말을 맞게 될지 모른다. "마치 해변의 모래사장에 그려진 얼굴이 파도에 씻겨나가듯이."(푸코) 시인이 세상을 벌하지 말아달라고 한 것에는 세상은 벌받을 수도 있다는 인식이 전제되어 있다.

5

다음은 '결혼식의 사랑'이란 부제가 붙은 김승희의 「사랑 6」이다.

성채를 흔들며 신부가 가고
그 뒤에 칼을 든 군인이 따라가면서
제국주의가 시작되었다고 한다

부케를 흔들며 신부가 가고
그 뒤에 흰장갑을 낀 신랑이 따라가면서
결혼예식은 끝난다고 한다

모든 결혼에는 흰장갑을 낀 제국주의가 있다
그렇지 않은가

시인은 카톨릭 신부神父와 결혼식장의 신부新婦를 대비시켰다. 카톨릭 신부와 군인의 관계와 결혼식장의 신부와 신랑의 관계를 대비시켰다. 특히 카톨릭 신부 뒤를 따라가는 칼을 든 군인과 결혼식장의 신부 뒤를 따라가는 흰장갑을 낀 신랑을 대비시켰다. "칼"은 "성채" 뒤에 가려져 있는 '진짜 목적'인 식민지 개척에 대한, 그리고 "흰장갑"은 "결혼예식"에 가려져 있는 '僞裝'(이후의 남성의 여성지배를 숨기는 '위장')에 대한 알레고리이다.

소위 '지리상의 발견' 이후 서구 제 열강들의 식민지 개척은 카톨릭 신부들이 먼저 들어가 길을 닦아놓으면 — 그들은 서양문화를 이식하는 한편 현지의 정보들을 수집해 본국에 알렸다 — 그 뒤 군인들이 들어와 무력으로 접수하는 식으로 이루어졌다. 그렇다면, 성채의 신부 뒤로 "칼을 든 군인이 따라가면서/제국주의가 시작되었다면", 남자에 의한 여성 지배는 어떻게 시작되는가. 시인은 "흰장갑을 낀 신랑이" "부케를" 든 "신부" 뒤를 "따라가면서" "결혼 예식은 끝"나지만 바로 그때부터 남성의 여성 통치가 시작된다고 보고 있다.* 결혼 예식이 끝나자마자, 남성이 흰장갑을 벗자마자, 남성이 여성을 통치하는 '제국주의'가 시작된다고 보고 있다. 시인은 결혼식을 "흰장갑을 낀 제국주의"라고 명시하였다. '흰장갑'에 의해 제국주의가 잠깐 유예되었을 뿐이라는 것이다. 마치 카톨릭 신부에 의해 식민지 개척이, 제국주의가, 잠시 유예되었던 것처럼. '흰장갑'은 남성에 의한 여성 지배를 은폐하는 '위장의 도구'였다.

김승희는 부당한 현실과 맞서려고 한다. 그녀의 시편들에는 소수자에 대한 관심 및 그들에 대한 동고同苦가 뚜렷하다. 「사랑 8」에서도 로빈슨 크루소우의 프라이 데이, 그리고 보호구역에서 사는 아메리카의 푸에블로 인디언을 동고한다. 프라이 데이와 푸에블로 인디언은 '예속된 자들'이라는 점에서 같다. 김승희 시인의 – 여성을 포함한 – 소수자에 대한 이러한 동고는 대부분의 중진 남성 시인들이 해탈, 관조, 생명예찬의 길로 나서는 것과 대조된다. "삼십년 넘게 시를 써온 오규원 황동규 정현종씨 같은 선배들의 시는 해탈 쪽으로 가고 있다. 그러나 여성은 해탈이 불가능하다, 여성은 식민지 상황에서 살고 있다"라고 말한 것은 김혜순 시인이었다.

---

* 신부神父와 신부新婦는 동음이의어일 뿐이지 뚜렷한 대칭 관계에 있는 것은 아니다. 카톨릭 신부는 제국주의의 첨병으로서 식민지 개척에 관여하였지만, 결혼식의 신부는 남성에 의한 식민지 개척의 예비단계로서 이후 신부 자체가 남성의 식민지가 된다.

6

  1848년 유럽에서의 혁명 실패 이후 시민계급은 그 이후의 역사전개에 있어 "단지 수동적 관찰자의 역할"(루카치)에 머물러 있었다. 문학은 형식과 내용의 변증법에서 "점점 더 형식에 유리하게"(뷔르거) 발전해갔다. 이후의 문학 발전은 사회에서 문학예술이 점점 독립해가는 과정이었다. 유미주의에 이르러 문학은 사회에서 완전히 독립하였다.

  '지금 여기'도 그렇지 않은가. 시인들이여, 현실 사회주의의 몰락 이후, 현실로부터 벗어나서, 현실로부터 도피하여 심미적, 신비적, 밀폐적, 자폐적 세계를 만들어내고 있지 않는가. 물론 현실로부터의 도피가 아니라, 현실을 **외면한** 것이라고 말할 수 있지만. 유미주의는 '아름답지 않은 세상'을 '아름다운 세상'으로 고발한 것이라고 말할 수 있지만. 부르주아계급의 계산적, 기술적 사유, 효용만능주의의 생활에 **맞서** 심미적, 신비적, 밀폐적, 자폐적 세계를 만들어낸 것이라고 말할 수 있지만.

> 3천 6백 년 만에 한 번씩 地球를 지나가는
> 혜성을 보러
> 봄 저녁은 난리법석이다.
> 北西쪽이 어디더라?
> 갑자기 점성술사가 된다.
> 내가 언제 天體를 유심히 바라본 적이 있었나.
> 내가 星座의 이름을 불러본 적이 있었나.
>
> 점성술사는 미래를 예견하는 자가 아니라

현재를 저주하는 자다.

북서쪽이 어디인지,
혜성은 또 어디로 지나가는지
나는 뜬금없이 물병자리를 보며
석수 한 병을 들이킨다.

위의 시는 주창윤의 「점성술사를 위하여」이다. 시인은 점성술사가 미래를 보는 것은 현실에 만족을 하지 못하기 때문이다, 현실에 불만을 갖고 있기 때문이다, 라고 생각한다. 시적 자아 역시 "뜬금없이 물병 자리를 보"는 것으로 점성술사의 관점에 동승해본다. 사실 이러한 관점은 낭만주의 시대의 동화에 적용되었던 것이다. '지금 여기'의 세계가 아닌 '옛날 저기'를 그렸다는 점에서 동화에 현실부정의 성격이 있다고 보는 것이다. 그러나 그런가, 정말 그런가. '지금 여기'를 외면한 것은 당시의 흥기하는 계급(시민계급)을 외면한 것이고, 따라서 "역사 진보에 맞선 몰락하는 계급의 의식적 무의식적 저항"(메링)이었다는 비난 또한 설득력 있지 않은가.

아직은 잠들 때가 아닙니다.
아버님
가실 길이 남았습니다.
깨어나십시오.
그 용기와 힘을 보여주시고
담대함과 거침없음
사내다움을 보여주소서.
너무나 약해빠져
실패를 무서워하고
싸움을 겁내며

'가장 동정적인 인간이 최고의 인간이다'

> 속으로만 욕을 하면서
> 계집애처럼
> 한만 쌓아가는 약골들에게
> 벼락을 내리소서.
> 아버님
> 깨어나소서.

유자효의 「아버지의 힘」 전문이다. 요즘의 '시적 관행'(?)을 탈피하여 현대의 자기보전주의, 이기주의, 그리고 무엇보다도 "싸움을 겁내며/속으로만 욕을 하"는 소시민주의에 메스를 들이댄 매우 남성적인 시이다.

"잠"자는 아버지에 대해 얘기하고, 잠든 아버지에게 다시 "깨어나" 달라고 간청하고 있다는 점에서, 이 시를 오이디푸스 콤플렉스의 문법으로 읽을 수 있을 듯하다. 물론 시적 자아의 오이디푸스 콤플렉스가 아니라, 아버지가 없는 것으로 보이는 소시민들, 불난 곳에서 열심히 불구경 하고 있는 방관자들의 오이디푸스 콤플렉스이다. "계집애처럼/한만 쌓아가는 약골들에게/벼락을 내리"라고 하는 것은 오이디프스 콤플렉스에서, 혹은 오이디푸스 상황에서, 벗어나라, 라고 말하는 것이다.

오이디푸스 상황Ödipus-Situation이란 주지하다시피 어린 사내애가 어머니와 친하고 아버지를 적대시하는 상황이다. 이런 오이디푸스 상황은 그후 아버지와 동일시과정을 겪으면서 극복된다. 그러나 아버지와의 동일시를 겪지 못할 때 오이디푸스 상황은 오이디푸스 콤플렉스로 발전한다. 예를 들어, 『양철북』의 주인공 오스카르는 어머니가 어머니의 사촌 얀과 부정을 저지르는 것을 보고 성장을 멈춘다. 오이디푸스 콤플렉스가 출현하는 것이다. 오스카르는 여태까지 아버지로 알아온 마체라트가 자기 아버지가 아닐 수도 있다고 생각하였다. 자기 정체성을 의심하였다. 동일화과정을 겪을 수 있는 대상이 모호해진 것이다. 오스카르의 오이디푸스 콤플렉스는 더 발전해서 나중에 어머니, 사촌 얀, 아버지를 모두 죽게 만든다.

　이 시에서 아버지를 부르는 것은, 혹은 아버지를 그리워하는 것은, 오이디푸스 콤플렉스와 상관은 없어 보인다. 그러나 "너무나 약해 빠"진 자들을 언급하고, 잠든 아버지(혹은 죽은 아버지)한테 이들에게 "용기와 힘을 보여주시고/담대함과 거침없음/사내다움을 보여" 달라고 한 것은 아버지와 동일시 과정을 겪지 못한 자, 다름 아닌 오이디푸스 콤플렉스에 빠져 있는 자들을 위한 간청으로 보인다. 아버지와 동일시 과정을 겪은 자들이라면 시인은 아버지를 불러와서 이런 부탁을 하지 않을 것 아닌가. 아버지와 동일시 과정을 겪은 자들이라면 이미 담대하고 거침없는 '사내'가 아닌가.

　'오이디푸스 상황'을 극복하지 못했다는 것은 또한 우리에게 진정한 아버지상이 없었기 때문이라는 역설 또한 가능하다. 사내답지 못한 것은 사내다운 아버지가 없었기 때문이다. 사내다운 아버지가 없었으니 아버지와의 진정한 의미에서의 동일화과정이 있을 수 없었다. 시인은 그래서 아버지에게 주무시지 말고 ― 혹은 죽기 전에 ― "사내다움"을 보여달라고 간청한 것이다. 그런데, 우리들의 아버지는 누구인가. 왜 사내다움을 보여주지 못했는가.

탈중심시대의 시 쓰기
— 이승훈, 오세영, 이승하, 박형준

1. 조망

 세상을 한 눈에 조망할 수 없다.* 세계는 갈기갈기 찢어졌다. 찢어진 갈래 하나씩을 잡고 터덜터덜 걸어간다. 그 끝에 무엇이 도사리고 있는지 알 수 없고 알려고도 않는다. 세계를 한 눈에 조망할 수 있었을 때는 죄의 소재가 분명했으므로 '비극'의 시대였다. 비극은 주인공의 죄, 혹은 결점Harmatia 때문에 성립하던 것. '이웃사람들'은 '누구의 죄' 때문인지를 분간할 수 있었다.
 세상을 한 눈에 조망할 수 있었다고 믿었던 시대는 또한 사실주의의 시대이기도 했다. 예를 들어 발작으로 대변되는 19세기 서사작품들을 루카치는 총체적 세계상을 그리려는 시도로 이해했다. 그가 「묘사냐 서술이냐」에서 자연주의적 묘사가 아닌 서술의 중요성을 강조한 것도 이 세계를 총체적으로 조망할 수 있다는 믿음이, 혹은 이 세

---

* 인터넷 속에 있는 자 역시 자기가 연 창문window을 통해서만 볼 뿐이다.

계를 총체적으로 조망해야한다는 신념이, 있었기 때문이다.

　세계를 총체적으로 조망하기 힘들게 되었을 때 소위 모더니즘이라는 것이 출현했다. 총체적 모습을 떠올리기 힘든 지점에서 출발했기 때문에 모더니즘의 기본 정신은 총체적 모습에 대한 그리움이다. 모더니즘의 주요기법이 몽타주(서사작품), 병렬양식(시작품)들인 것도 이런 이유에서다. '이것저것'을 합성하면, 혹은 구성하면(페터 지마), 전체 모습에 가까이 도달할 수 있지 않을까 하는 것, 이것이 바로 모더니즘이었다.

　표현할 수 없는 것이 많아졌으므로(세상이 복잡해졌으므로) 또한 모더니즘은 난해함을 기본 특징으로 한다. 표현할 수 없는 것은 그대로 표현되지 않으므로 기표와 기의가 더 이상 일치하지 않았다. 하나의 기표는 다양한 기의를 내포했다.

　이른바 모더니즘 후기(혹은 말 그대로의 '현대')에 와서야 총체성에 대한 그리움 내지 그것에 대한 염두와 완전히 결별한다. 세상을 더 이상 조망할 수 없다면 더 이상 조망할 수 없는 것, 그것이 뭐 어쨌다는 말인가, 라는 태도이다. 그러므로 모더니즘 후기의 핵심은 단편성, 파편성이다. (낭만주의문학에도 파편성, 단편성의 요소가 있었으나 낭만주의가 근본적으로 무한성을 지향한다는 점에서 낭만주의 문학은 모더니즘에 더 가깝다.)

　죄와 벌의 문제에 대해서도 모더니즘 후기의 입장은 다르다. 현대의 재앙 중의 하나인 핵폭탄을 만든 자는 누구인가. 히로시마 나가사끼에 원자폭탄을 떨어뜨려 수십만 명을 살상한 자는 누구인가. 군인인가. 자본가인가. 정치가인가. 자연과학자들인가. 죄의 책임소재가 불분명하다.

　아니, 죄는 죄인가. 니체는 중심이 없어진 시대에서, 혹은 신이 죽은 시대에서, 기꺼이 몰락하려는 자에 대해 이야기했다. 기꺼이 몰락하려는 자세를 취하지 않으면 삶을 살아낼 수 없기 때문이다. 그에 의해 몰락, 자발적 죽음, 광기, 살인, 격정들이 칭송되었다.

신성모독은 더 이상 죄가 아니게 되었다. 또 뭐가 죄가 되는가. 선과 악이 구분되는가. 부동산 '투기'가 죄인가. '대박'을 기대하는 것이 죄인가. 그런 시절이 있었다.

이런 점에서 현대는 아주, 아주 그로테스크한 세계다. 선과 악이 공존하나 가치 판단은 유보되어 있다. 얼굴 없는 세계의 얼굴, 종잡을 수 없는 얼굴, 그러나 있는 그대로 받아들일 수밖에 없는 얼굴.

2. 사전과의 결별, 기표의 번성

그러므로 모더니즘 후기의 특징은 또한 사전과의 결별이다. 하나의 기표가 담고 있는 확정된 기의들과의 결별이다. 기표는 무수한 새로운 기의들을 만들고 기의들은 계속해서 폐기처분 된다. 기표가 영원하다. 영원한 것은 기표다. 이승훈의 「언어에게」를 보자.

이제 내가 할 일은 당신과 노는 일
하루종일 노는 일
가벼워지는 일
심각한 건 질색이야
오늘은 눈이 내리고
눈발 속에 하루가 저물지
그러나 내가 할 일은
언어여 당신과 노는 일
당신 손을 잡고 헤매는 일

떠도는 일
헤매는 게 극락이야
당신 얼굴을 보며
당신 어깨에 손을 얹고
당신 머리칼을 만지며
당신 가슴에 이마를 대고
당신과 노는 일
언어여 그동안 당신은 나를 욕하고
나를 억압했지
그러나 오늘부터 난 당신과 논다
놀이는 놀이는 해방이야
오오 하나가 아닌 나
하나가 아닌 당신
구름의 밤과 술의 황혼과
약의 새벽과 혼미의 대낮과
그러나 지금은 눈 내리는 저녁
피로한 당신 이마에도
눈이 내리고 당신 구두에도
눈이 내리지
나를 파고드는 당신!

 이 시에서 '당신'은 언어를 가리킨다. 그러므로 이 시 전체는 언어에 대한 활유이며 의인이다. 무생물에게 생명성을 부여했다는 점에서 활유이며, 인간이 아닌 것에 인격을 부여했다는 점에서 의인이다.
 먼저 시인은 언어와 "노는 일"은 "가벼워지는 일"이라고 말한다. 언어와 노는 일이 말 그대로 노는 일이므로 가벼움을 얘기한 것이다. 그렇지만 언어 자체가 본시 가벼운 것이라는 인식에서 가벼움을 얘기한 것일 수도 있다. 문학의 엄숙주의에 대해 초장부터 딴지를 거는 것이다. 시인은 곧 이어 "심각한 건 질색이야"라고 하지 않는가.

가벼움의 대가는 "헤매는 일"이다. 가벼운 "눈"은 지상에 내리기가 얼마나 힘이 드는가. 이리 쏠리다가 저리 쏠리다가, 이리 헤매다가 저리 헤매다가 지상에 내린다.

시인은 그러나 헤매는 것을 인생의 본령이라고 생각한다. 현재에 헤매는 것 말고 더 좋은 것이 없다고 생각한다. "헤매는 게 극락이야"라고 하지 않는가.

그러나 시인은 혼자 헤매지 않는다. 그에게는 언어가 있다. 시인은 언어와 헤맨다. 언어와 논다. 그런데 시인은 본래 언어와 노는 자가 아닌가. 왜 새삼스럽게 언어와 논다고 하는가.

그렇게 간단하지 않다. 시인은 "그동안" 언어가 한 일은 "나"(시적 화자)를 "욕하고" "억압"한 일이었다고 말한다. 이것은 첫째, 언어가 놀고 싶은데 놀아주지 않으니까 언어가 욕하고 억압했다는 것이다. 욕하고 억압한 것을 놀아달라고 욕하고 억압한 것으로 이해하는 관점이다. 둘째, '그동안'이라는 말에 유난히 신경 써서, 그리고 '나'를 '인간 전체' 혹은 '세계'에 대한 환유로서 이해하는 관점이다. '인간 전체와 나' 혹은 '세계와 나'는 류개념과 종개념의 관계에 있으므로 '나'는 아리스토텔레스적 의미에서 종의 류에 대한 환유이다.

'그동안' 언어가 한 것은 인간과 세계에 대한 해석이었다. 그러므로 그동안 언어가 한 일은 인간과 역사와 세계에 대한 욕이고 억압이었다. 예를 들어 '자유'라는 말은 자유롭지 않은 상황에 대한 욕이고 억압이었고, '평등'이라는 말은 평등하지 않은 상황에 대한 욕이고 억압이었다. 하나의 기표, 하나의 기의에 충실한 것이 그동안의 언어였다. 언어에 의해, 기의에 의해 인간과 세계는 구속되었다. 그동안의 역사는 언어(기의)에 의한 인간과 세계의 구속의 역사였다. 인간과 인간, 인간과 세계와의 관계도 마찬가지다. 인간과 인간은 서로 다른 언어(종교적으로, 이데올로기적으로)로 다투었으며, 인간이 만든 '합리주의'라는 언어는 세계를 이용, 착취하는 신표로 쓰였다.

언어가 앞으로도 인간과 세계를 계속 해석하는 데 쓰인다면, 단 하나의 기의만이 고집된다면, 데카르트식의 보는 주체만을 고려하고 보여지는 주체를 고려하지 않는다면, 언어와 인간, 언어와 세계의 화해 공존은 불가능하다. 인간과 인간, 인간과 세계의 공존은 불가능하다. 언어가 인간과 세계의 해석을 중지할 때, 언어를 더 이상 인간과 인간, 인간과 세계를 서로 분열, 소외시키는 수단으로 쓰지 않을 때, 비로소 언어와 인간, 언어와 세계는 공존할 수 있게 된다. 인간과 인간, 인간과 세계는 공존하게 된다.

(그러므로 시인이 언어와 논다고 하는 것은 언어와 인간의 대등한 만남, 그리고 서로간의 존중을 의미한다. 억압하는 언어, 도구로서의 언어가 아니라 공존의 대상으로서의 언어를 의미한다.) 시인이 언어와 놀겠다는 말의 의미는 "놀이는 놀이는 해방이야"라는 말에서 분명해진다. 언어가 더 이상 기의로서 작용하지 않고 기표로서 작용할 때, 언어와 인간이 서로 '놀' 때, 해방이 온다는 것이다. 시인은 "떠도는 기표"(라깡)를 상기하고 있는 것으로 보인다. 기의의 언어가 아닌 기표의 언어가 될 때, 즉 기의가 끊임없이 기표 밑으로 미끄러지는 것을 인정할 때, 언어가 인간을 구속하지 않고 언어와 인간이 놀게! 된다는 것이다. 억압으로부터의 해방!, 분열, 소외로부터의 해방! 창작미학의 중심을 소재충동에서 놀이충동으로 옮기는 것이다. 놀이(해방)에서는 절대적 자아 절대적 이데올로기 절대적 국가를 상정하지 않는다. 시인이 "오오 하나가 아닌 나/하나가 아닌 당신"이라고 한 것도 이런 맥락에서 이해된다.

시의 후반부는 그래서 기표들의 유희이다. 기표들의 '가벼운' 유희가 지배한다. 가벼움의 시작은 다시 "눈". 가벼운 눈의 세례를 받는 기표("피로한 당신 이마에도/눈이 내리고 당신 구두에도/눈이 내리지"), 그래서 기의의 중력에서 벗어나는 기표, 기의의 중력에서 벗어난 기표의 세례를 받는 시적 자아("나를 파고드는 당신!"), 가벼움의 항진이다. 그런데 그 기표들은 어떤 관계에 있는가. 혹은 이미지의 연관이 있는가. 다름 아닌 "구름의 밤" "술의 황혼" "약의 새벽" "혼미의 대낮" "눈 내리는 저녁"에 대해서다.

하나의 구름이 하나의 혼미를 표상하는 식이 아니라(하나의 기표와 하나의 기의의 관계가 아니라), 그렇게 해서 언어를 무겁게 부리는 것이 아니라, 시인은 언어를 마치 버리듯이, 혹은 툭툭 던지듯이 하면서, 언어의 무거움에서 기의의 무거움에서 벗어나고 있다. 밤, 황혼, 새벽, 대낮, 저녁의 순서도 시간 질서를 따르지 않은 것. 그렇지만 하나의 구름과 하나의 술과 하나의 약이 결합해서, 다시 말해 기표의 연쇄를 통해서, 하나의 이미지(혹은 의미)가 형성된 것을 부인할 수는 없다. '구름', '술', '약'을 '혼미'의 환유들로 간주하는 것이다. 밤, 황혼, 새벽, 대낮, 저녁을 합하면 하루가 되므로 시인은 하루 내내 혼미하게 보내는 사람, 혹은 혼미를 갈망하고 있는 사람이다. 하루가 일생에 대한 환유라면 일생 내내 혼미하게 보내는 사람, 혹은 혼미를 갈망하는 사람이다. 일생이 삶에 대한 환유라면 삶은 본래 혼미하다고 생각하는 사람, 혹은 혼미한 삶을 갈망하고 있는 사람이다. 맨 앞으로 돌아가서: 유의미한 것이 아니라, 그래서 무겁고 심각한 것이 아니라, 가벼운 것, 그리고 헤매는 것이 인생이라는 것! 이 시는 엄숙함·무거움에 대한 반대이다.

하나 더 부연하면, 후반부에 등장하는 '구름', '술', '약' '눈'들을 인간의 욕망에 대한 환유로 볼 수 있다는 것. 인간은 욕망의 대상에 도달하면 거기에 만족하지 못하고 또 다른 욕망의 포로가 된다. 그러므로 욕망의 대상은 항상 허상이다. 구름도 허상이고 술도 허상이고 약도 허상이다. 눈도 허상이다. 이마에 내리는 눈도 없어지고 구두에 내리는 눈도 없어지고 품을 파고드는 눈도 녹아 없어진다. 시인의 인간학은 인간을(혹은 삶을) 욕망의 무한한 환유로 간주하는 인간학이다. 이승훈은 인간이 욕망의 무한한 환유라는 것을 아는 자 그러므로 가벼운 자이다.

3. 지하의 세계

영원한 것은 사물이다. 인간은 더 이상 중심일 수 없게 되었다. 지구가 태양계의 중심이 아니듯이, 태양계가 우주의 중심이 아니듯이, 인간은 다른 생명, 다른 사물들과 '함께' 존재하는 것일 수밖에 없게 되었다. 다른 생명, 다른 사물이 존재하지 않게 되면 인간 역시 존재할 수 없는 것이니까.

아니, 사실로 말하면 인간이 중심이 아니라 사물이 중심이라는 말이 옳게 되었다. 인간이 존재하지 못하더라도 사물은 당분간 더 존재할 터이니까. (여기서 당분간이라고 한 것은 사물도 영원하지 않기 때문이다. 우주에도 종말이 있다는 인식은 자명하게 되었다. 언젠가 태양은 폭발해서 지구를 삼켜버릴 것이다.) 귄터 그라스의 양철북에는 다음과 같은 구절이 보인다.

> 진주 목걸이는 인간의 목보다 오래 가며, 손목은 야위어도 팔찌는 야위지 않으며, 무덤 속에서 손가락이 없는 반지가 발견된다

오세영이 이러한 인식을 더욱 형상적으로 보여주고 있다. 그의「죽음」이라는 시는 다음과 같다.

> 땅 속이 어디 암흑뿐이더냐
> 지상에 강이 흐르는 것처럼
> 수맥이 흐르고
> 지하의 하늘에서도
> 별들은 반짝거린다.
> 다이아몬드, 사파이어, 에메랄드, 루비……
> 노동하는 지하의 삶을 보아라.
> 수맥에 뿌리를 대고
> 탐스럽게 땅 속에서 열려 익어가는 과일들
> 감자, 무우, 당근……
> 영원이 항상 낮에 있는 것만이 아니듯
> 삶 또한 지상에 있는 것만은 아니거니
> 죽음이란
> 삶이 잠깐 그 자리를 바꾼 것일 뿐
> 그러므로 영원을 약속하며
> 내 별을 하나 따다가
> 네 손가락에 반지로 끼워 주마.
> 이 지상의 목숨 다하는 날
> 함께 우리들의 지하를 화안히
> 밝히기 위해.

시인은 "지하의" "다이아몬드, 사파이어, 에메랄드, 루비", 지하의 "감자, 무우, 당근" 역시 인간과 더불어 있는 '삶'으로 인식하고 있다. "삶 또한 지상에 있는 것만은 아니거니"라고 읊고 있다. 그렇다고 "죽음이란/삶이 잠깐 그 자리를 바꾼 것일 뿐"이라고 한 것을, 즉 죽음은 지상의 삶으로부터 지하의 삶으로의 이동이라고 한 것을, 액면 그대로 받아들일 필요는 없다고 본다. 어찌 지상의 삶이 지하에서 되풀이될 것인가. "영원"히 되풀이될 것인가.

시인은 영원한 것은 사람이 아니라, 사물이라고 인식한 것으로 보인다. "영원을 약속하며" "손가락에" "끼워"준 "반지"(반지라는 '물건'이 영원을 상징한다)는 반지를 낀 주체가 사라진 그 순간에도, 그리고 그 이후에도, 영원히! 빛을 발할 것이기 때문이다.

지상의 삶이 사라지더라도 지하의 것은 더 오래 남아있을 것이라는 관점이 또 하나 내포하는 것은 독자의 시선이 지상에서부터 지하로 확대됨으로써 현실지평이 확장되었다는 점이다. 이것은 프로이트가, 그리고 이에 영향을 받은 그 이후의 아방가르드 예술이, 무의식의 영역을 드러냄으로써 '현실'을 확장시켰던 것을 상기시킨다. 의식의 세계를 지배하는 것은 무의식의 세계이므로, 지상의 세계를 떠받치고 있는 것은 지하의 세계라고, 지하의 세계가 더 오래가므로 중심이 있다면 지하의 세계가 중심에 더 가까울 것이라고 말하는 것으로 보인다.

4. 저잣거리, 혹은 불빛

시인은 구름 위를 노니는 자가 아니다, 시인은 가장 밑바닥에서 춤을 추는 자이어야 한다, 가난에 물을 뿌리고 싶은 자이어야 하고 나비의 날개보다 몸뚱어리에 매달리는 자이어야만 한다, 라고 어딘가에 쓴 적이 있었다.

그래서 이승하의 원효 노래가 눈에 띈 것일까. 시평詩評 역시 상당 부분 평자의 이데올로기 재생산일 수밖에 없다. 자기 생각 및 자기

미적 취향에 맞는 작품에 우선 주목하게 되는 것은 당연하다. 자기 이데올로기 재생산에 기여하지 않는 글쓰기가 가능한 일인가.

파계하였소 내겐 이제
뇌성벽력의 들판을 가로질러
이승과 저승이 갈리는 강까지 가서
저 너울처럼 덩실덩실 두둥실
춤추는 일밖에 남지 않았소

승복을 벗고 목탁도 버리고
저 자라고 싶은 대로 놔둔
머리카락과 수염 어느새 백발
쪽박 찬 저 거지들보다 내가
나은 것이 도대체 무엇이겠소

공양을 받으며 만인을 내려다보며
내 두드린 목탁은 순 거짓이었소
첩첩 산골 암자에서 내가 구한 것은
저 저잣거리 사람 사는 마을의 시장에서
다 팔고 있었소 불은 무엇이며
법과 승은 또 무엇이겠소
나 이제 저 사람들 앞에서
가진 그대로 있는 그대로
노래하고 춤추려 하오

두 소매 휘두르며 번뇌를 내몰고
껑충껑충 뛰며 경계를 넘어서
온 세상 떠돌아다니며 노는 광대처럼
나 이제부터 자유롭게 살아보려 하오
우리 누구나 밥그릇 들고 살다

밥그릇 놓으면 생도 그만일 것을
나 이 참에 끊을 것 죄다 끊고

아무 거리낌없이 노래하고 춤추며
사람으로 살려고 하오, 요석공주여.

이승하의 「원효, 無㝵舞를 추다」이다. 원효는 깨달은 자이다. 본질이 저기가 아니라 여기라는 것을 깨달은 자이다. 세상 밖으로 해탈한 자가 아니라 세상 속으로 해탈한 자이다. 그는 조건(유한성)을 있는 그대로 받아들이는 자이다. 있는 그대로의 생을 받아들이는 자이다. 생生이면 어떻고 노老이면 어떻고 병病이면 어떻고 사死이면 어떤가. "저잣거리 사람 사는 마을의 시장"이 진리이다. 본질을 다른 데 두는 '극락사상', 혹은 본질을 구하려고 애쓰는 '선사상'에 대해 원효의 '저잣거리 사상'이라 아니할 수 없다. 원효에게는 저잣거리가 본질이었다. 저잣거리에는 "경계"가 없었다. 시인도 그렇지 않은가. 시인에게도 '지금 여기'가 본질이 아닌가. 상상할 수 있는 모든 인간사人間事의 한가운데, 죄와 벌의 한가운데 있는 자가 시인 아닌가. 저잣거리를 무한히 긍정하는 원효처럼 이승하 역시 피안의 세계가 아닌 '지금 여기'를 무한히 긍정하려고 한다.

다음은 박형준의 「여행」이란 시이다.

어둠 속에서 강은
물살에 흔들리며
떠밀리지 않으려는 듯
뒤척이며
띠를 만든다

> 불빛이
> 물에 떠있는
> 浮橋인 셈인데
> 나는 그 위를
> 저 건너편까지는 말고
> 불빛이 있는 곳까지만
> 걸어보고 싶다

  먼저 둘째 연의 불빛을 찾아가는 자에 대해서: 불빛은 사람 사는 곳이 아닌가. 불이 있는 곳에는 사람이 살고 있지 않은가. 그 너머(피안)에 무엇이 있는가. 무엇이 있는지 모르지 않는가. 그렇다면 여기가 중요하지 않은가. 불빛 있는 곳까지도 아직 못가지 않았는가. 불빛을 찾아가는 도정이 삶 아닌가. 여행 아닌가.
  첫째 연도 마찬가지 의미구조를 갖는다. 강은 흘러 더 넓은 곳으로 간다. 그러나 그 넓은 곳은 여기와 다른가. 넓은 곳은 다른 세상인가. 모르지 않는가! 강도 여기가 좋다고 한다. 그래서 떠밀려 가지 않으려고 띠를 만드는 것이다.
  그래서 이 시에서 또한 주목해야할 것은 물과 불의 이미지다. 물은 내려가려는 속성이 있고 불은 올라가려는 속성이 있다. 공통점은 무엇을, 혹은 어느 곳을, 지향한다는 점일 것이다. 그러나 이 시에서의 물은 더 흘러가려고 하지 않는 물이다. 불은 타오르지 않는 불, 그림자 불이다.

시학과 미학
— 문덕수, 김대규, 강현국, 정성필

문학이란 무엇인가, 문학 예술로 무엇을 할 수 있는가, 라는 질문은 미학의 영역에 속한다. 예를 들어 "종교적 표상들과 마찬가지로, 그리고 사법적 정치적 기관들과 마찬가지로 개별 민족들의 예술적, 문학적 행위도 궁극에 가서는 경제적 발전 투쟁에 의해 규정된다"라는 메링의 말은 미학의 범주에 속한다. 유물론적 미학에 속한다. 칸트가 "미적 취향 판단을 좌우하는 쾌감은 모든 이해관계를 배제한다"고 했을 때, 즉 문학 예술을 '탈이해관계의 영역'으로 간주했을 때, 이것도 문학 예술에 대한 미학적 정의라고 할 수 있다. 후세 사람들은 칸트의 문학 예술의 자율성에 대한 이러한 언급을, 예를 들어 문학 예술은 외부의 경제적 법칙으로부터 독립해있다는 이러한 언급을, 부르주아 미학, 혹은 시민 미학의 출발점으로 삼았다. 미학은 철학과 마찬가지로 '근원'에 근접해 있다.

이와 달리, 문학에는 어떤 것이 있는가, 각각의 장르들은 어떻게 만들어지는가, 예를 들어 비극은 어떻게 만들어지는가, 희극과 비극의 차이는 무엇인가, 라고 물으면 이것은 시학의 범주에 속한다. 시학적 질문이다. 아리스토텔레스의 『시학』에 이에 대한 답들이 들어 있다.

김대규의 「詩學 강의」라는 시를 보자.

> '비가 내린다'는
> 詩가 아니다.
> '꽃이 핀다'도
> 詩는 아니다.
>
> 詩가 아니어도
> 꽃은 웃고,
> 비는 운다.

우선 시학의 본령이 '낯설게 하기'에 있다는 러시아 형식주의자들의 말이 떠오른다. 슈클로프스키의 다음과 같은 말이 떠오른다.

> 우리는 흔한 것은 경험하지 않는다. 그걸 살피지도 않는다. 그저 받아들여 버린다. 우리는 살고 있는 방의 벽들을 보지 않는다. 친숙한 언어로 쓰인 글에서 오자를 찾아내기란 쉽지 않다.
>
> 예술은 인간이 상실한 삶의 감각을 되찾기 위해 존재한다. 사물을 느끼게 하고 돌을 돌처럼 만들기 위해 존재한다. 예술의 목적은 사물의 감각을 알려진 것으로서가 아니라 감지되는 것으로서 전달시키는 것이다. 예술의 기교는 대상을 낯설게 만드는 것, 형태를 어렵게 만드는 것, 자꾸만 더 어렵게 만들어 감지의 속도를 늦추는 것이다.

"비가 내린다", "꽃이 핀다"라는 표현은 슈클로프스키에 따르면 우리에게 그냥 "받아들여"지는 표현이다. "감지되는" 표현이 아니다. 익숙한 표현이기 때문이다. "꽃은 웃고,/비는 운다"라는 표현은 감지되는 표현이다. "감지의 속도를 늦추는" 표현이다. 익숙하지 않은 표현, 낯설은 표현이기 때문이다. 꽃이 웃는다고 보통 말하지 않는다. 비가 운다, 라고 보통 말하지 않는다. 김대규도 '비가 내린다'는 표현은 시가 아니라고 말하고 있다. '꽃이 핀다'라는 표현도 시가 아니라고 말하고 있다. 시학 강의이다. 슈클로프스키의 시학 강의이다.

 이 시에서 주목되는 것은 그러나 두 번째 연이다. 두 번째 연의 "시가 아니어도"라는 표현이다. 시로 "꽃은 웃고,/비는 운다"라고 쓰기 전에 이미 시인에게는 꽃은 웃고 비는 우는 것으로 인지되었다는 것이다. 이것이 중요하다는 것이다. 시인으로서의 삶을 사는 것이 중요하다는 것이다. 시인으로서의 삶을 사는 자는, 이미 낯설게 사는 자는, 행복하다. 이미 그 자신이 시이므로 시를 구태여 만들 필요가 없으니까 행복하다. 아니면, 요리조리 머리 굴리지 않아도 시가 나올 것이므로 행복하다?

   오규원을 읽다가
   오규원 선생의 전화를 받았다

   참 우연한 일도 많지
   바깥 세상 훔치려다 들킨 창문이 덜컹 내려앉는다

   하늘이 하 맑아서
   그대 떠난 하얀 길이 잘 보인다 라는 표현은 구식이다

   이승훈 식으로 말하자면
   최백호가 아니라 눈길이 문제이고 눈길이 아니라 걸으며가 문

제이고 금용노래방 227번이 문제이고
　　다시 이별이 아니라 이별이라는 말이 문제이고 언어와 사물 사이 미끄러운 눈길이 문제이고 다시 눈길이 아니라 미끄러지는 신발이 문제이고 신발이 신고 가는 내가 문제이고 다시 내가 아니라 문제가 문제이고 다시

　　오규원을 읽다가
　　오규원 선생의 전화를 받았다

　　참 우연한 일도 많지
　　바깥 세상 훔치려다 들킨 창문이 덜컹 하는 표현은 신식이 아니다

　　덜컹 덜컹은 아무 것도 훔치지 못해 덜컹하므로
　　덜컹 덜컹은 아무 것도 도둑맞지 못해 덜컹덜컹하므로

　위의 강현국의 「내 마음 갈 곳을 잃어」는 시학에 대해서도 말하고 미학에 대해서도 말하고 있다. 상호텍스트성, 우연성, 언어유희들은 후기모더니즘 시학의 기본적인 특징들이고 상호텍스트성, 우연성, 언어유희들은 해 아래 새로운 것이 없다는 솔로몬의 철학을, 다름 아닌 후기모더니즘의 미학을, 그 바탕에 깔고 있기 때문이다.
　우선, 제목 '내 마음 갈 곳을 잃어'는 대중가요의 일부를 가져온 것이다. 정확히 말하면 넷째 연에 나오는 가수 "최백호"의 노래의 일부이다. 대중가요의 가사가 시의 제목이 된 것이다. 다른 텍스트가 침투했다고 볼 수밖에 없다. 상호텍스트성이라고 할 수밖에 없다.
　"오규원을 읽다가"와 "오규원 선생의 전화를 받았다" 사이에는 어떤 필연적인 맥락도 없다. 오규원 시인의 시를 읽고 있는데 이것을 알고 오규원 선생의 전화를 한 것이 아니기 때문이다. 우연히 전화한

것이기 때문이다. 우연히 전화를 받은 것이기 때문이다. '우연성'을 **의도적**으로 강조한 것이라고 볼 수밖에 없다.

"이승훈 식으로 말하자면"으로 시작되는 넷째 연은 어떤가. 우선, 이승훈 시인의 '식'이, 다름아닌 이승훈 시인의 '시쓰는 식'이, 이 시에 침투하였다. "최백호", "눈길", "걸으며", "금용노래방 227번"이라는 식으로, '이승훈 식으로', 기표를 계속 미끄러지게 하고 있다. 확정된 기의에 머무르지 못하게 하고 있다. 언어를 갖고 놀고 있다. 즉 언어유희를 의도적으로 강조하였다.

"구식이다"(셋째 연)와 "신식이 아니다"(여섯째 연)은 사실은 같은 표현이다. 같은 표현이 반복되었다. 강조하였다. 이것을, 새것이 아니라는 것을, 해 아래 새로운 것은 없다, 라는 후기모더니즘의 미학으로 재면 견강부회가 될까.

강현국은 「내 마음 갈 곳을 잃어」를 통해 후기모더니즘 시학을 강의하였다. 이점에서 이 시는 김대규의 「시학강의」와 마찬가지로 메타시이다. 사실 모든 시들은 자신의 시학, 미학을 드러내 보인다는 점에서 메타시이다. 간접적으로 표출하느냐, 직접적으로 표출하느냐, 하는 정도의 차이가 있을 뿐이다.

정성필의 「부자들의 엘리뇨 — 아프카니스탄의 아이에게」는 문학이란 무엇인가, 문학은 무엇을 할 수 있는가, 라는 질문을 던지게 하는 시이다. 미학적 질문을 던지게 하는 시이다.

어두운 움막으로 햇살 한 줄 든다.
미끄럼대도 없이, 시소도 없이, 그네도 없는
텔레비젼도 없이, 라디오도 없이, 만화책 한 권도 없는,
신문 조가리에 동화책 한 줄도 없는,

심심한 집구석으로 햇살 한 줄 들어온다.
아이는 햇살을 손으로 잡다가
얼굴을 갖다 대기도 하다
햇살에 맑은 손을 쪼인다.
시려운 아궁이에선 이미 불길이 끊어진 지 오래
사월이라도 하얗게 서리 내리던 아이의 머리카락에선
눈 녹듯이 햇살에 녹자, 아이는 시려운 발도 댄다.
아이의 발이 빨개지면서, 햇살이 입술로 아이의 발을
빨아준다. 햇살은 얼어붙은 아이의 몸에서
자신의 땀이 흐를 때까지 아이를 부비려 하지만
하루가 저문다. 시려운 아이들 딱딱하고 검은 어둠에
갇히고 만다. 햇살은 밤새 지구의 반대편을 돌아다니며,
아이의 친구들에게 눈물로 뜨거운 설명을 하지만
전문가들은 단지 엘니뇨 현상이라고 분석하고 만다.

  이 시가 말하려고 하는 것은 – 제목과 상관해서 – 맨 뒤에 가서야 분명해진다. 맨 뒤의 세 행을 읽어야 한다. "아이"와 "아이의 친구들"이 대비된다. 아이는 아프카니스탄의 아이이고 아이의 친구들은 "부자" 나라의 아이들이다. 혹은 아이와 부자 나라의 "전문가들"이 대비된다.

  아이는 "미끄럼대도 없이, 시소도 없이, 그네도 없는/텔레비전도 없이, 라디오도 없이, 만화책 한 권도 없는,/신문 조가리에 동화책 한 줄도 없는" 곳에서 사는, "아궁이에선 이미 불길이 끊어진 지 오래"인 곳에 사는 아이이다. 아프카니스탄에 사는 아이이다. 제3세계에서 흔히 볼 수 있는 아이이다. 그리고 "햇살"이 아이의 친구들에게, 지구 반대편에 사는 부자 나라의 친구들에게, "눈물로 뜨거운 설명을 하"고 있다. 이 시에는 안 나타나 있지만 미루어 짐작컨대 관심을 가져달라고, 아프카니스탄의 아이에게 온정을 베풀어달라고 호소하고

있는 것으로 보인다. 그렇지만 부자 나라의 전문가들은 '햇살의 뜨거움'을 "엘니뇨 현상"으로 치부해버리는 것이다(엘 니뇨El Nino 현상이란 태평양 해수면의 온도 상승으로 전세계 기후가 이상상태에 빠지는 것을 말한다. 보통 4~5년 주기로 발생하며 1년 이상 폭풍과 이상고온, 가뭄, 해일 등을 초래한다). 단지 해수면의 온도 상승으로 기온이 올라간 것뿐이라고!

햇살을 의인화시킨 것이 마치 동화 한 편을 읽은 느낌이다. 다만, 맨 뒤의 '엘니뇨 현상'이라는 표현의 등장이 생경한 느낌을 준다. 자연스럽지가 않다. 갑자기 뭐가 툭 삐져 나온 느낌이다. 재봉선을 본 것 같아 찜찜하다.

문학예술은 세상의 개선에 복무하여야 한다, 문학예술은 세상의 불평등한 구조의 개선에 기여하여야 한다, 라고 말하는 시이다. '변혁의 미학'을 말하는 시이다.

다음은 문덕수의 「꽃잎 세기」 전문.

> 마을을 덮은 코스모스 덤불
> 아무거나 한 송이 골라 꽃잎을 열심히 세어본들
> 나비처럼 머무를 수야
> 대추나무 밑둥을 감고
> 한창 뿌득뿌득 기어오르고 있는 나팔꽃
> 푸른 것은 깔때기 모양
> 흰 것은 나팔주둥이라고 생각하면서
> 한잎 두잎 세잎 네잎 다섯 여섯 세어보지만
> 실은 한 송이일 뿐이다
> 돌담을 돌자 앞장선 나비는 오간 데 없고
> 순하고 야들야들한 연보라 무궁화꽃

그 한송이의 여섯 개 꽃잎을 확인한들
내 어쩌랴 어쩌랴
해바라기는 서른 네 개의 황금 꽃잎을 둥글게 박고
들국화는 서른 아홉 개로 쪼개진 보라빛을 빽빽이 둘렀거늘
내 어찌 머무를 수야

꽃잎이 제재題材다. 시인에게 지금 세상은 "코스모스", "나팔꽃", "무궁화꽃", "해바라기", "들국화"들의 세상이다. 그러므로 "꽃잎 세기"는 '꽃잎의 세기century'일 수 있다. 정말 어느 꽃 세상은 꽃잎의 세기로 여겨질만큼 길다. 주왕산 여름, 금은광이, 두수람, 벅구등, 명동재를 지나 느지미재까지 걸어가보라. 들꽃의 세기다. 들꽃 하나하나에 눈을 맞추다보면 하루가 지나간다. 비박해야 한다. "꽃잎 세기"를 '꽃잎의 세기strength'와 연관시킬 수 있다. "대추나무 밑동을 [⋯] 뿌득뿌득 기어오르고 있는 나팔꽃"(넷째, 다섯째 행)은 강해 보이고 "연보라 무궁화꽃"은 "순하고 야들야들"(열한번째 행)해 보인다. 그러나 "꽃잎 세기"는 '꽃잎 세기count'였다. 시인은 꽃잎을 "한잎 두잎 세잎"(여덟째 행) "열심히 세"(둘째 행)는 시인이기 때문이다.

그런데 이 시에서 주목되는 것은 시인은 꽃잎 세는 시인이기도 하지만 꽃잎 세는 의미를 부정하는 시인이기도 하다는 것이다. 예를 들어 "꽃잎을 열심히 세어본들"(둘째 행)에서의 "세어본들"이라는 어절은 '꽃잎 세기'의 의미를 깎아내리는 표현이다. '세어본들'에서 맨 끝의 'ㄴ들'이라는 어미는 앞의 어간이 내포하는 의미를 부정할 때 쓰는 것이기 때문이다. 이때 눈에 띄는 것이 시 한가운데 위치한 "한잎 두잎 세잎 네잎 다섯 여섯 세어보지만/실은 한 송이일 뿐이다"라는 표현이다. 즉 '꽃잎 세기'의 의미를 부정한 것은 꽃은 결국 '한송이'라는 인식이 시인의 심중에 있었기 때문이다. 크게 보면, 세계는

결국 하나로 귀결된다는 인식이 시인의 심중에 있었기 때문이다. 마치 경봉이 '세계는 하나의 꽃이다(世界一花)'라고 쓴 것처럼.

그러나 이 시는 "꽃잎 세기"의 '세기'라는 말의 다의적 의미만큼이나 중층적인 의미 구조를 갖고 있다. 세계는 하나인 것만도 아니다. 셋째 행의 "나비처럼 **머무를 수야**"라는 표현, 아래쪽의 "여섯 개 꽃잎을 확인한들/**내 어쩌랴 어쩌랴**"라는 표현, 그리고 끝의 "들국화는 서른 아홉 개로 쪼개진 보라빛을 빽빽이 둘렀거늘/**내 어찌 머무를 수야**"라는 표현에 주목하면 그렇다. 시인이 꽃잎을 세는 행위의 의미를 부정한 것은 또한 나비는 나비의 길이 있고 꽃은 꽃의 길이 있고 사람은 사람의 길이 있다고 인식한 때문이었다. 나비는 생존적 이유 때문에 꽃에 머물러 있다. 마냥 꽃잎을 셀 수 있는 것이다. 인간은 그렇지 않다. 마냥 꽃에 머물러 있을 수는 없는 것이다. 마냥 꽃잎만 세고 있을 수는 없는 것이다. 이러한 해석은 일견 앞에서 도출해낸 '세계는 하나다'라는 인식과 상충하는 것이다. 그러나, 과연 그럴까. 꽃은 꽃의 길이 있고, 나비는 나비의 길이 있고, 인간은 인간의 길이 있다고 한 것이 '세계는 하나다'라는 인식과 상충하는 것일지.

시인이 꽃잎을 세는 행위를 효율주의의 법칙, 최대이윤의 법칙에 대한 위반으로 볼 수 있다. 무용성의 법칙을 통해 유용성의 법칙을 비판하는 것이다. 시의 법을 통해 자본주의의 법을 비판하는 것이다. 칸트의 자율성의 미학과 관련 있다고 보는 것이다.

'삶을 기억하라' - 삶의 예술들
— 허형만, 박남철, 박용하, 한명희

1. 삶이 존재한다

예를 들어, 원숭이에서 인간으로 이르는 길이 있었다면, 인간에서 – 원숭이와 인간의 차이만큼 다른 – 또 다른 존재로 이르는 길이 있는 걸까. 그 '다른 존재'에 도달할 것인가. 니체의 위버멘쉬는 그 '다른 존재'에 대한 이름일까.

위버멘쉬Übermensch는 인간Mensch을 넘어서는über(=over) 자이므로 '넘어선 인간'(초인)으로 번역할 수 있다. 이때의 시제는 완료형이다. 그러나 또한 '넘어서는 인간' 혹은 '건너가는 인간'으로 번역할 수 있다. 이때의 시제는 현재진행형이다. 매 순간 자기 자신을 넘어선다는 뜻이다. 누가 위버멘쉬인가. 누가 위버멘쉬가 되는가.

파우스트는 위버멘쉬가 아니다. 의학, 천문학, 법학 등 모든 학문에 통달했지만 "세상의 가장 안쪽을 붙들고 있는 것은 무엇인지" 그 궁금증을 풀 길 없어 자기 자신의 영혼을 악마 메피스토에게 저당

잡힌 파우스트는 아니다. '세상의 가장 안쪽을 붙들고 있는 것은 무엇인지' 묻지 않는 자, 그가 위버멘쉬이다. 그가 위버멘쉬가 된다. 그는 눈에 보이는 것, 핥을 수 있는 것, 만질 수 있는 것, 들을 수 있는 것, 이것 말고 또 무엇이 있겠는가, 라고 반문하는 자이다. '신'이 없다면 그것을 견딜 수 있는 자이다. 본질이 다른 곳에 있다고 생각하지 않는 자이다. 이 대지가 본질이다, 이 대지 위에 홀로 서있는 내가 본질이라고 생각하는 자이다.

그러므로 위버멘쉬는 강한 자이다. 강한 자이어야만 된다. 누가 죽음 없는 삶을 견디는가. 누가 죽음 다음의 삶(피안의 삶) 없이 여기의 삶을 견딜 수 있는가. 누가 낙화를 두려워하지 않고 꽃을 활짝 피울 수 있는가. 누가 기꺼이 몰락하려는가.

위버멘쉬는 또한 모든 것이 '한 번뿐'이라는 것을 아는 자이다. 그러므로 '한 번뿐'에 자기 자신의 전부와 결부시키려는 자이다. 매 순간이 그에게는 끝이요, 시작이다. 위버멘쉬는 그리고 그 '한 번'이 영원히 되풀이된다고 인식한 자이다. '한 번'을 살아낸 그 순간이 영원히 반복해서 회귀하게 된다면 한 번을 살아내는 그때 그때마다의 순간은 얼마나 소중한 것인가. 첫날밤 의식을 치르는 데 실패한 대가로 그후 또 첫날 밤 의식을 치르는 데 실패한다면, 그리고 이것이 영원히 반복해서 되풀이된다면 얼마나 끔찍한 일인가. '영겁회귀'의 핵심은 그러므로 똑같은 것이 영원히 되풀이된다는 데에 있지 않다. 똑같은 것이 그후 영원히 다시 되풀이되므로 순간 순간을 최대한도로 살아내야 한다는 것이다. 순간에 영겁의 무게를 느끼고 살아가는 삶이다.

니체의 차라투스트라 사상의 핵심은 서양의 이원주의에 대한 사망선고를 내린 데에 있다. "만약 신들이 존재한다면 나는 내가 신이 아니라는 것을 어떻게 견딜 수 있다는 말인가. 그러므로 신들은 존재하지 않는다"(『차라투스트라는 이렇게 말했다』, 1885) 니체는 조건절에서 신이라고 하지 않고 '신들'이라는 복수형을 썼다. 하이데거는 그의 논문 「니체의 말 "신은 죽었다"에 대해서」에서 니체가 기독교의 신에 대해서만 사망 선고를 내린 것은 아니라고 하였다. 현세와 내세를 구분한 기독교뿐 아니라, 현상(감각적 세계)과 본질(초감각적 세계)을 구분한 플라톤 이후의 일체의 서양 형이상학적 전통을 포함하는 것이라고 하였다. 하이데거는 칸트 역시 육체적 세계physische Welt와 형이상학적 세계metaphysische Welt를 구분했음을 지적했다.

구체적으로 말해, 니체의 '신들'에 대한 사망선고는 따로 존재하는 신의 세계(내세), 따로 존재하는 본질적 세계(예를 들면 플라톤의 이데아)에 대한 사망선고였다. 내세가 따로 없고 본질이 따로 없다, 자기 자신이 자기 자신의 근거가 되는 삶이 있을 뿐이다, 라고 말하는 것이다. 왜냐고 묻지 않는 그 삶 말이다. 니체에게 영혼, 혹은 정신이라는 것은 몸에 붙어있는 '어떤 것something'에 불과하다. 죽을 수밖에 없는 운명을 포함한 몸에 대한 전면적 긍정, 이것이 차라투스트라 철학의 핵심이다.

2. 삶을 좇겠다

죽을 때까지 죽음에 쫓기지 않는가. 그래서 죽을 때까지 종교에 쫓기지 않는가. 살아있을 때 종교에 쫓긴 덕분에 죽어서 천국에 가게 되었다면 얼마나 다행인가. 죽어보니 천국과 지옥이 없었다면? 그러면 인생을 낭비한 죄가 클까?

여기 죽음에 쫓기지 않겠다는 자가 있다. 지옥에 가더라도, 아니 지옥에서도, **죽음에 쫓기지 않고** 지옥 같을 **삶을 좇겠다**는 자가 있다. 박용하의 「달을 좇다」를 보자.

> 오늘도 천국을 소개하는 종교광들이 다녀갔다
>
> 죽을 때까지 종교에 쫓길
> 광신도들이 광견처럼
> 싸구려 낙원을 짖어댈 때
>
> 나는 태양敎를 믿는 사람
> 지구敎 신자
>
> 맹신의 무리들이
> 싸구려 천국을 대량 복제할 때
>
> 나는 수줍은 이방인이 되어
> 지옥에서도 달을 좇으리라

시인은 '싸구려'라는 말을 두 번 사용했다. "싸구려 낙원"과 "싸구려 천국". 싸구려 낙원, 싸구려 천국이라는 말은 기독교를 폄하하고 부정하는 것이다. 더 정확히 말하면 기독교 (광)신자들을 욕하려는 것이다. 그런데 하필이면 싸구려인가.

우리는 물건의 품질이 좋지 않을 때 싸구려라는 말을 쓴다. 또 물건이 흔할 때 싸구려라는 말을 사용한다. 시인은 "광신도들"이라는 복수형을 사용했다. 시인에게 기독교도들은 광신도들이다(둘째 연). 그들은 광견처럼 **같은** 말(?)을 계속 "짖어"댄다. 그래서 낙원은 싸구려 낙원이다. 기독교도들은 "맹신의 무리들"이다(넷째 연). 맹신도들은 "천국을 **대량 복제**"해내는 자들이다. 그래서 천국은 싸구려 천국이다. 여러 사람들이 낙원을 향해 짖어대고, 여러 사람들이 천국을 찍어내고 있기 때문에 싸구려 낙원과 싸구려 천국인 것이다.

시인이란 족속은 '많은 사람들이 가는 길'(싸구려 길)을 본능적으로 거부하는 자들인가. 심지어 '많은 사람들이 가는 길'(싸구려 길)이 옳은 길일지라도 거기에서 등을 돌리는 자들인가. 시인은 어깃장인가.

시인은 "지옥에서도 달을 좇으리라"(끝 행)라고 선언하고 있다. 태양이 밝음이라면 달은 어둠. 달빛은 달의 빛이 아니라 태양의 빛. 달은 어두운 달이다. 많은 사람들이 가는 밝은 길을 놔두고 어두운 길로 들어서는 자들이 시인인가.

이 시에는 그러나 '많은 사람들이 가는 길'에 대한 본능적 거부, 혹은 그것에 대한 단순한 어깃장이라고만 볼 수 없는 것이 있다. "지옥에서도 달을 좇으리라"라는 구절을 다시 보자. 이 구절은 우선, '나는 기꺼이 지옥에 가겠다' 라고 말한 것이다. 지옥에 가는 것이 무섭지 않다는 것이다. 둘째, 말 그대로 지옥에 가서도 **달을 좇겠다**는 것이다.

니체의 신에 대한 사망 선언은 '기댈 언덕'을 없애버린 것이다. 눈에 보이는 것이 전부다, 삶이 전부다, "사망의 음침한 골짜기"는 사망의 음침한 골짜기인 것이다, 라고 선언한 것이다. 그래서 니힐리즘이다. 그러나 니체는 여기서 끝나지 않는다. '그렇다면? 피안(내세)이 존재하지 않는다면? 오냐! 나는 이 대지를 받아들이겠다! 이 대지를 전면적으로 긍정한다! 나는 대지밖에 없는 운명, 죽음이 끝인 운명을 사랑한다! 나는 기꺼이 몰락하리라!' 이것이 니체의 적극적 니힐리즘이다. 『차라투스트라는 이렇게 말했다』는 "기꺼이 몰락해주는 자ich gehe gern unter"가 설교하는 것이다. 차라투스트라는 그러므로 — 기꺼이 몰락해주는 자이므로 — 악에서도 대범한 자이다. 살의, 광기, 자발적 죽음, 격정을 칭송한다. 삶을 칭송하는 것이다. 「달을 좇다」의 시인 역시 신을 믿지 않는 자, 대지를 믿는 자다. "태양教를 믿는 사람/지구教 신자"(셋째 연)라고 하지 않는가. 그러므로 지옥을 믿지 않는 자이다. 그러므로 지옥을 두려워하지 않는 자이다. 그러므로 기꺼이 지옥에 가겠다는 것 아닌가.

둘째, 지옥에 가서도 달을 좇겠다는 것에 대해서: 달이 태양빛을 받아 빛을 낸다는 점에서 달을 태양의 그림자라고 할 수 있다. 이것은 플라톤의 저 유명한 '동굴의 비유'를 상기시킨다. 플라톤은 우리가 보는 것은 동굴 속의 불 그림자에 불과하다고 하였다. 불은 동굴 밖에 따로 있다고 하였다. 현상과 본질을 구분한 것이다. 마치 기독교에서 현세와 내세를 구분한 것처럼. 물론 플라톤에게 중요한 것은 본질, 곧 이데아였다. 기독교에서 중요한 것이 여기에서의 삶(현세의 삶)이 아니라 저기에서의 삶(내세의 삶)이었던 것처럼. 박용하가 지옥에 가서도 달을 좇겠다는 것은 그림자를 좇겠다는 것이다. 즉 '현상'에 충실하겠다는 것이다. 삶에 충실하겠다는 것이다. 죽을 수밖에 없는 삶, 그러므로 지옥 같을 삶에 충실하겠다는 것이다.

그런데 시인은 왜 태양교를 믿는 사람이라고 했을까. 달을 좇겠다는 사람이 말이다. 여기에서의 태양은 달의 본질로서의 태양이 아니라, 한낮의 태양처럼 우리의 삶과 함께 있는 태양으로 보아야 할 것이다. 우리 삶의 일부분으로서의 태양 말이다. 너무 강렬해서 살인까지 하게 되는 뫼르소의 태양, 대지의 일부분으로서의 태양 말이다. 여기서의 태양을 또한 '태양중심 체계'와 관련시킬 수 있다. 코페르니쿠스가 주장했고 갈릴레이가 증명한 태양중심 체계(지동설) 말이다. 지동설을 통해 성서의 「창세기」 권위는 도전 받게 되었고, 따라서 내세주의 또한 동요하게 되었다. 이후 삶에 대한 관심, 현실에 대한 관심, 즉 현세주의의 경향이 두드러졌다.

　문학이 현실의 기록일 수 있다는 점에서 한 마디 추가하면, 박용하 시인의 집에는 요즘 기독교인들이 자주 드나드는 모양이다(첫째 연). 기독교인들이 자주 드나든다는 것은 뭔가 좋지 않은 일이 있기 때문이다. 누가 병들었거나 죽었을 때다. 누가 병들었을 때, 더구나 그것이 죽을 병일 때 기독교인들은 찾아오지 않는가. 그래서 그들을 '죽음의 상인'으로 부르는가. 그들은 병자에게는 하나님의 나라를 설교하고 가족들에게는 "죽음을 기억하라"고 속삭인다. "모든 것은 헛되고 헛되도다"

3. 죽을 때까지 걸어라

　　　　내 아버지는 아버지가 없다

　　　혼자서 걸음마를 익히고
　　　혼자서 들로 나갔다
　　　아무것도, 아무것도 두렵지 않았지만
　　　아무것도 믿을 수 없었다

　　　　아버지는 걸었다
　　　　계속 걸었다
　　　　멈추는 것이 그에게는 죽음이었다

　　　발등이 부풀어 올랐지만

아버지는 신발을 벗지 않았다

들판 가운데쯤에서 아버지는
여자를 만났다 여자는
사랑을 원했지만
아버지는 그것이 무엇인지 알 수 없었다

태양을 향해 걷고 있다고
믿었지만 아버지는
한 번도 그것을 본 적이 없었다

정말 더는 걸을 수 없게 되었을 때
아버지는 비로소 자기 발을 만져보았다
그것은 자갈보다도 더 단단히 굳어있었다

    아버지는 걸을 수 없었다
    더 이상은 걸을 수 없었다
    그것이 그에게는 죽음이었다

납처럼 굳어버린 그의 몸에서
눈물처럼 씨앗이 뚝 떨어졌다

그 자리에 나무가 자라났다
그 후로 그 나무 그늘 아래에서 태어난 아이들은
모두 아버지가 없었다

    나는 아버지가 없다

한명희의 「전설」이다. 시적 자아의 "아버지는 아버지가 없다"(첫 행). 아버지가 없는 아버지에게서 태어난 자식들 중의 하나인 시적 자아 역시 "아버지가 없다"(끝행). 아버지가 없다는 것, 이것은 '신'이 죽은 시대, 혹은 중심이 사라진 시대, 혹은 중심에 대한 꿈꿈이 사라진 시대에 대한 알레고리인가.

그러나 그렇지 않지 않은가. '새' 중심, '새' 신이 있지 않은가. 지금의 우주는 대폭발에서 시작했다고 하지 않는가. 티끌 보다 작은 특이점特異點에서 시작했다고 하지 않는가. 우주는 계속 팽창하고 있다고 하지 않는가. 다시 '점'으로 돌아갈 수 있다고 하지 않는가. 물질의 최소 단위는 원자가 아닌가. 원자를 구성하는 쿼크들이 아닌가. 아니면 디지털 시대의 중심은 비트인가. 인터넷은 마치 옛날의 신이 그랬던 것처럼 세계를 하나로 묶고 있지 않는가.

그러나 그렇지 않지 않은가. 우주의 시작을 알았다고 해서, 그리고 우주의 끝도 짐작할 수 있다고 해서, 물질의 기본 단위가 드러났다고 해서, 뭐가 어쨌다는 말인가. 우리는 '새 신'을 신고 기뻐하는가. 우리는 '새 신'을 신고 편안한가. '옛 신'에게서 편안함을 느꼈던 것처럼 편안한가. 특이점, 쿼크, 비트들이 '신'의 공백을 메꾸었는가.

아직은 아닌 것이다. 나는 '아직은' 이라고 말했다. 언젠가 그 공백은 채워질 것이라고 생각하기 때문이다. 그러나 아직은 '신'이 사라진 것, 중심이 사라진 것에 대한 충격이 가시지 않은 상태다. 충격이 진행 중인 상태다. '신'이 없어진 시대에, 중심이 사라진 시대에, 그것들에 대한 공백감이 느껴진다. '신'이 없어진 사실, 중심이 사라진 사실에 자꾸 신경이 간다. '신'이 없어졌다는 것, 중심이 사라졌다는 것이 정말인지 확인하고 싶다. "내 아버지는 아버지가 없다"라고 말하고 싶은 것이다. "나는 아버지가 없다"라고 말하고 싶은 것이다. (정말 없어졌는가. 정말 과거에 그토록 열망했던 것들은 깨끗이 사라져버렸는가.) 더 중요한 것은 그래도 '나'는 살 수 있는가, 라는 의문이다. 그러면 어떻게 살 수 있는가, 라는 질문이다.

이점에서 관심을 끄는 대목이 셋째 연의 "멈추는 것이 그에게는 죽음이었다"라는 표현이다. "아버지가 없"는 사람, "혼자서 걸음마를 익"힌 사람, "아무 것도 믿을 수 없"는 사람이 할 수 있는 것이 무엇인가. "혼자서" 들(대지)에 서 있는 사람이 할 수 있는 것이 무엇인가. 부지런히 ("계속") 걷는 것이 아닌가. "발등이 부풀어 올랐지만" 멈출 수는 없지 않은가. 멈추는 것은 죽음이 아닌가. 순간 순간이 최대한도의 힘이 되지 못할 때 그 공허를 어떻게 견딜 수 있다는 말인가. 텅 빈 대지에 혼자 있는 느낌을 어떻게 감당할 수 있다는 말인가.

순간 순간이 최대한도의 힘이 되지 못할 때 비로소 죽을 것이다. 죽어야 한다. 이때의 죽음은 자발적 죽음이다. 기꺼이 몰락하려는 자의 죽음과 같다.

> 아버지는 걸을 수 없었다
> 더 이상은 걸을 수 없었다
> 그것이 그에게는 죽음이었다

그러나 매순간 최대한도의 힘을 내서 걸었고, 그래서 "발"이 "자갈보다도 더 단단히 굳어"져서 "더이상" "걸을 수 없"게 되어 맞이하는 죽음은 이제 가치 있는 죽음이다. 이런 죽음이 그 뒤 '영원히' 되풀이되기 때문이다. 매순간이 최대한도의 힘이 되지 못하는 삶, 발을 다 써보지도 못하고 죽은 삶이 되풀이되는 것이 아니라, 매순간 최대의 힘을 내어 죽는 날까지 걷다가 죽어버리는 삶이 되풀이되기 때문이다. 시인은 이러한 삶이 죽은 자의 "나무 그늘 아래 태어난" 역시 "아버지가 없"는 아이들의 삶 속에서 되풀이된다고 보았다. 그러나, 그럴까. 이것도 언젠가 전설이 되지 않을까. 어느 날 '새' 아버지가 다가와 걸음마끈Gängelband을 붙잡지 않을까. '신'이 사라진 것, 중심이 사라진 것에서 오는 공백감으로부터 완전히 놓여나지 않을까. 이 시를 쓴 것이 전설로 남게되는 날이, 이런 시를 더 이상 쓰지 않게 되는 날이 오지 않을까. 그 뒤 '새 아버지'도 죽고 또 다른 '전설'을 쓰게될 날이. 시인은 그래서 시의 제목을 전설이라고 했을까.

4. 아름다운 소멸은 없다?

소멸한다. 그러나, 소멸은 아름다운가. 그러나, 소멸은 즐거운가. 누가 아름답게 소멸하는가. 누가 즐겁게 소멸하는가. 누구나 아름답게 소멸하지 않는다. 누구나 즐겁게 소멸하지 않는다. 아름답게 소멸하고 싶어해도. 즐겁게 소멸하고 싶어해도. '뒤의 세계Hinterwelt'가 있다면 그럴 수 있을까. 혜암 스님처럼 일중일식一中一食하면 그럴 수 있을까. 장좌불와長坐不臥, 용맹정진勇猛精進하면 그럴 수 있을까. 허형만의 「소멸에 대하여」를 보자.

> 소멸은 아름다운 법
> 그러나 한사코 아름다운 소멸은 없나니
>
> 세상에 그 어느 것도
> 제 몸 안에 불꽃 몇 뿌리쯤
> 키우지 않는 것 있더냐
> 불꽃이 푸르다가 벌겋다가
> 끝내는 허옇게, 정겹게
> 시나브로 고요해질 줄 아는
> 소멸은 즐거운 법

그럼에도 또한 즐거운 소멸이란
없는 법, 그만큼
이 우주와 함께 살아있다는 것은
시도 때도 없이 발정난 고통 아니더냐

허형만은 "한사코 아름다운 소멸은 없나니"라고 단정 짓는다. "즐거운 소멸이란/없는 법"이라고 결론 내린다. 살려달라고 애걸하며 더 살고 싶다고 복걸하며 아름답지 않게 즐겁지 않게 소멸하는 중생들 틈에 살고 있는 시인. 자기 자신도 그렇게 소멸할 것이라고 생각한다. 그래서 이러한 세계에 대한 기억(소멸에 대한 기억)은 참을 수 없는 고통이다. "시도 때도 없이 발정난 고통"처럼 견디기 힘들다. 반드시 소멸할 것이라는 것을 알고 있기 때문에. 비참하게 소멸하리라는 것을 알고 있기 때문에. 그러나 어찌하랴.

시인은 "세상에 그 어느 것도/제 몸 안에 불꽃 몇 뿌리쯤/키우지 않는 것 있더냐"라고 반문한다. 그러다가 불꽃은 "시나브로 고요"하게 사라져 줄 줄 안다고 하였다. 그러나 불꽃은 불꽃일 뿐, 실제의 삶은 불꽃같은 삶일수록 끝날 때에는 더욱 시뻘겋게 달아올라 소멸하지 않는가. 불꽃같은 삶은 그만큼 더 비극적 소멸을 예비하지 않는가. 시인이 "그럼에도 또한 즐거운 소멸이란/없는 법"이라고 덧붙인 것은 이런 맥락에서 한 말일 것이다. 이 점에서 이 시는 '죽음을 기억하라memento mori'고 설교하는 '죽음의 예술ars moriendi'과 관계 있다.

죽음의 예술과 '삶의 예술ars vivendi'은 동전의 앞뒤이다. 삶과 죽음이 동전의 앞뒤인 것처럼. 죽음의 예술을 통해 독자는 다음과 같이 응전할 수 있지 않을까. '오냐, 죽음이더냐, 살아주마, 삶을 살아주마, 그리고 죽어주마, 아주 비참하게 죽어주마' '소멸에 대한 기억'이 삶을 더 찬란하게 바꾸어놓을 수도 있다. 죽음의 예술은 삶의 예술이기도 하다.

5. 삶이 장엄하다

다음은 박남철의 「고래의 항진」이다.

꼬리로 바다를 치며 나아간다
타아앙……
갈매기떼, 들, 들, 갈매기들 날고
타아앙……
어디 머리가 약간 모자라는
돌고래 한 마리도 꼬리에 걸리며
타아앙……
자기가 고래인 걸로 잠시 착각한 늙은
숫물개 한 마리도 옆구리에 치인다
타아앙……
입 안에 가득 고이는 새우, 새우들,
타아앙……
나는 이미 바다이고 바다는 이미 나이다
타아앙……
나는 이미 고래이고 고래는 또한 나이다
타아앙……
분별하려는 것들은 이미 고래가 아니다
타아앙……
분별하려는 것들은 이미 바다가 아니다
타아앙……
꼬리로 바다를 치며 나아간다
타아아아앙……

꼬리로 나를 치며 나아간다,
타아아아아아앙……

　나(고래)는 강자다, 약자는 가라, 갈매기 떼들은 날아가 버려라, 돌대가리 돌고래는 가라, 늙은 물개도 가라, 새우 따위는 죽어버려라, 내가 하늘이고 내가 땅이다, 내가 현상이고 내가 본질이다, 나는 나다, 나야말로 군주君主다, 라고 외치고 있지 않은가.
　후반부에 시적 자아가 등장한다. 시적 자아는 이제 관찰자의 위치에 있는 것이 아니라, 시적 대상으로 들어가 시적 대상과 하나로 용해한다. 시인은 "나는 이미 바다이고 바다는 이미 나이다", "나는 이미 고래이고 고래는 또한 나이다", "분별하려는 것들은 이미 고래가 아니다", "분별하려는 것들은 이미 바다가 아니다"라고 선포하고 있지 않은가. 바다는 넓고 깊다. 얼마나 많은 것이 그 안으로 흘러 들어와 하나가 되는가. 고래보다 더 큰 생물이 있는가. 그 앞에서 무엇을 나누고 있다면 얼마나 쑥쓰러운 일일까. 시적 자아가 바다라면, 시적 자아가 고래라면, 시적 자아의 세상 역시 깊고 넓고 크다는 것. 시적 자아 역시 무엇을 구별하겠는가. 무엇을 분별하겠는가. '내가 바로 세상이다'라고 외치는 것 아닌가. 나는 현상이고 나는 본질이다, 라고 외치고 있는 것 아닌가. 나는 악이요, 또한 선이다, 라고 외치고 있는 것 아닌가.
　종반부의 "**꼬리로 나를 치며** 나아간다, 타아아아아아앙……"(강조는 필자) 라는 표현은 현재 이 시를 쓰고 있는 자아, 다름 아닌, 분별하고 있는 자아, 대상화시키고 있는 자아, 삶과 거리를 두고 있는 자아에 대한 시인의 번민의 표현이다. '시를 쓰는 자아'까지 죽여버려라, 라고 말하려는 것이다.
　시인은 삶은 오로지 삶일 뿐이다, 라고 노래 부르려고 한다. 삶은 그대로 장엄하다고 노래부르려고 한다. 노래보다도 삶이 그대로 장엄하다고, 바다가 장엄하다고, 고래가 장엄하다고, 그리고 장엄한 시보다 장엄한 것이 삶이라고.

  멋있게 쓰여진 시다. 그러나 멋있게 사는 것만으로도 인생은 족하지 않은가, 타아아앙……탕! 이 시는 박남철의 대표작 중의 하나가 될 것이다.

'부조리'를 응시하는 시들
― 김춘수, 이승훈, 이상희, 심은희, 윤성학

    시지프는 계속 바위를 올린다. 올리면 다시 올려야하는 것을 알면서도 올린다. 올린 것을 다시 올리는 것은 부조리이다. 올린 것을 다시 올려야한다는 것을 알면서도 올리는 자는 반항하는 자이다. 부조리를 아는 자는 반항하는 자이다. 까뮈는 "반항은 부조리의 응시에서 시작"한다고 했다.
    『이방인』의 뫼르소에게 사형은 자기 의지와 관계없이 행해지는 것. 살고 싶은데 죽어야 하는 것과 같다. 즉 부조리이다. 부조리를 아는 자, 부조리를 응시한 자는 부조리를 계속 굴러가게 한다. 마치 시지프가 다시 굴려야할 줄 알면서도 계속 굴린 것처럼. 뫼르소는 사형집행 날 "구경꾼이 많이 와서 나를 증오에 찬 고함소리로 맞아주기를" 원한다. 부조리에 반항한다.
    뫼르소가 "강렬한 햇빛 때문에" 사람을 죽였다는 것도 마찬가지다. '강렬한 햇빛'은 물질성이다. 육체성이다. 그리고 강렬한 햇빛만큼 '세계내적 존재'를 뜨겁게 각인시키는 것이 있는가. 죽어야만 한다는 사실을 뜨겁게 각인시키는 것이 있는가. 강렬한 햇빛은 그러므로 부조리를 각인시키는 것. 뫼르소는 그 부조리를 끝까지 밀고 나갔다. 물질적인 조건(세계내적 존재)을 끝까지 밀고 나갔다. 시지프가 계속 돌을 굴린 것처럼. 그는 총을 발사했다. 총도 물질성이었다. 육체성이었다. 총도 물질성이었으므로, 육체성이었으므로.

사르트르가 "세계내적 존재가 인간의 근본적인 성격"이다, 라고 했을 때 여기서 세계내적 존재라는 것은 세계라는 물질성 내에 있는 존재라는 것. 인간은 세계 내에 처해있는 운명을 벗어날 수 없다는 것. 역시 부조리이다. 부조리란 어쩔 수 없이 죽어야만 하는 상황에 대한 명명이다.

다음은 김춘수의 「제7번 悲歌」.

> 운다는 것은 때론
> 울지 않는다는 것이다.
> 기가 차다.
> 그렇게나 울어쌓다가 뚝 하고 귀뚜리도
> 소식이 없다.
> 하늘이 나에게로 내려오지 못하고
> 왜 밤마다 엉거주춤 저러고 있나,
> 잠든 내 머리맡을
> 밤새 누가 왔다갔다
> 왔다갔다 한다.
> 무슨 할 말이 있는 듯,

"운다는 것은 […] 울지 않는다는 것이다"라고 한 것은 '역설'이다. 그리고 '사실'이다. 울음을 멈추어도 울고 있지 않은 것은 아니기 때문이다. '울음의 상황'이 종결된 것은 아니기 때문이다. 울지 않아도 울고 있다. 울고 있는 것과 울고 있지 않는 것, 두 경우 다 울고 있는 마음이다. "귀뚜리"가 "뚝" 울음을 그친 이후의 그 고요! 그것은 '아가리' 앞의 고요일지 모른다. '큰 일'이 벌어지기 바로 직전의 고요일지 모른다. 더 울어야 할 상황일지 모른다. 그러나 울음'도' 안 나오는 상황일지 모른다. 그러니까, 울고 있지 않을 때가 울고 있을 때보다 더 울고 있는 것인지 모른다. 그래서 시인은 '운다는 것은 울지 않는다는 것이다'라고 했을지 모른다. '진짜' 우는 것은 울지 않는 것이다, 라고 했을지 모른다.

시인은 "기가" 찬 상황에 있다. "하늘이" "내려오지 못하고" "엉거주춤 저러고 있"다. 그렇지만 하늘은 반드시 내려오는 하늘이다. 시인은 그것을 알고 있다. "무슨 할 말이 있는 듯" "누가" "밤새" "왔다 갔다 한다". 그러나 '누가'는 반드시 말을 붙이는 '누가'이다. 시인은 그것도 알고 있다. 죽음이 반드시 오는 것처럼 '하늘'은 반드시 내려오고 '누가'는 반드시 말을 붙인다. 그렇다! '하늘'과 '누가'는 저승사자의 다른 이름으로 보인다. 죽음의 다른 표현으로 보인다. 시인은 부조리의 상황 '한가운데'에 놓여 있다. 그가 오면, 죽음이 오면, 어쩔 수 없이 죽어줘야 한다. "하늘이 나에게로 내려오지 못하고/왜 밤마다 엉거주춤 저러고 있나,". 시인은 죽음을 보고 있다. 죽음을 기다리고 있다. '비가'는 죽은 자를 애도하거나 삶의 허망함을 숙고하는 노래에 대한 이름. 그러므로 이 노래는 부조리에 대한 노래이다.

이승훈의 「어제 내린 눈」은 다음과 같이 끝난다.

   아무튼 병이 생겨 고맙다
   병이 생겨 사라진 마음이여
   네가 고맙다

그러나 놀 수 있는 시간
어디 그리 많으냐
잠시라도 마음 떠난 사이
애들처럼 놀고 싶어라

"병"은 몸의 병이다. "사라진 마음"은 사라진 '마음의 병'이다. 몸의 병이 마음의 병을 쫓은 것이다("병이 생겨 사라진 마음이여"). '마음의 병'이라고 한 것은 시인은 놀 수 없었는데 마음이 떠나서 놀 수 있게 되었다고 생각하고 있기 때문이다. 마음의 병 때문에 시인은 여태까지 놀 수도 없었다고 한 것이다. 몸의 "병이 생겨 고맙다"고 한 것이다. 하여튼 시인은 현재 '몸의 병'을 앓고 있다. '몸의 병'을 짐작하게 해주는 시는 다른 곳에 있다. 「日月」이라는 시를 보자.

이 신발 너에게 주고
가리라
日月이여 이 옷도 너에게
주고
눈 내리면 눈도 주고
가리라
흐린 가을 저녁
찬 비는 내리고
日月이여
있음은 무엇이고
없음은 무엇인가
언제나 벼락이 있고
멀쩡한 대낮에
비가 오네
그러므로 日月이여
좀더 닦아야 하리

이 책상도 닦고
벽도 닦고 거울도 닦고
가으내 아픈
이 팔도 닦고
책 속의 글자들
오오 글자들도 닦아야 하리
가을 가고
겨울 오는 아침에
눈이 오네

　시 한가운데 "언제나 벼락이 있고"라는 구절이 있다. "멀쩡한 대낮에/비가 오네"라는 구절이 있다. 죽음은 예고하고 오지 않는다. "언제나 벼락"처럼 온다. "멀쩡한 대낮에" "오"는 "비"처럼 온다. '종말의 터미널은 없다. 갑자기 종이 울린다.' 부조리이다. 죽음은 부조리이다. 이렇게 해석하는 근거는 "日月이여"의 '日月'은 세월을 상징하기 때문이다. 또 바로 위의 "있음은 무엇이고/없음은 무엇인가"라는 구절 때문이다. '있음'은 있음이니까 삶일 것이고 '없음'은 없음이니까 죽음일 것이기 때문이다.
　15번째 행의 "그러므로 日月이여"의 '日月'은 세월을 상징하기도 하지만 죽음을 상징하는 것으로 보인다. 시인은 부조리의 죽음, 벼락처럼 다가오는 죽음에게 부탁하고 있는 것으로 보인다. "그러므로 日月이여" 다음에는 '조금 더 기다려달라고'라는 말이 줄어있는 것으로 보인다. '죽음'보고 조금만 더 시간을 달라고 부탁하고 있는 것으로 보인다. 할 일이 있는 것이다. 시인은 죽기 전에 할 일이 있는 것이다.
　시인이 죽기 전에 할 일은 "닦아야" 할 일이다. 시인은 "책상도 닦"아야 하고 "벽도 닦"아야 하고 "거울도 닦"아야 한다고 말한다.

"팔도 닦"아야 한다고 말한다. 그러나 시인의 '닦는' 것이 말 그대로 책상을 닦을 때, 벽을 닦을 때, 거울을 닦을 때, 팔을 닦을 때의 '닦는' 것을 의미하는 것으로 보이지 않는다. 시인은 끝에서 "오오 글자들도 닦아야 하리"라고 영탄하고 있기 때문이다. 즉 '글자를 닦는다'는 말 이전의 '닦는다'는 말들은 '글자를 닦는다'고 할 때의 '닦는다'를 준비했던 것으로 보인다. 즉 '글자를 닦는다'는 말 이전의 '닦는다'는 말들은 단지 기표로서만 존재하다가('기표들이 미끄러진다') '글자를 닦는다'는 말에서의 '닦는다'에 와서 기의와 합쳐지고 있는 것으로 보인다. 기표와 기의가 합쳐진 것으로 보인다.

아직 읽어야 할 글자들이 있는 것이다. 아직 깨우쳐야 할 일들이 있는 것이다. 다름 아닌 '닦는다'는 것을 '도를 닦는다'에서의 '닦는다'와 같은 용례로 보는 것이다.

'죽음의 시'이다. 그리고 처음부터 '도'를 의식한 시였다. 처음부터 시인은 "이 신발 너에게 주고/가리라"라고 말하고 있기 때문이다. '가리라'를 행갈이한 것은 죽음을 강조하려고 했기 때문이다. "日月이여 이 옷도 너에게/주고"에서 '주고'를 행갈이한 것도 죽음의 의미를 강조하려고 했기 때문이다. 그 뒤의 "눈 내리면 눈도 주고/가리라"에서 '가리라'만을 행갈이한 것도 마찬가지 이유에서다. '몸의 병'은 죽음에 대한 성찰을 하게 하였다. 죽음에 대한 생각과 '놀게' 하였다.

이상희의 「하나, 둘, 셋, 넷」도 시간의 시라고 할 수 있다. 죽음의 시라고 할 수 있다.

   하나, 둘, 셋, 넷 하고
   셀 수 있으니
   외다리 나무도
   어둠에 못박힌 별도

지나간 불행과 최근의 상처 사이에 끼인
나도 견딜 수 있는 것이다

다섯, 여섯, 일곱, 여덟, 아홉, 하고 셀 수 있으니
버티는 것이다.

"하나, 둘, 셋, 넷"은 시간이다. 시간의 흐름이다. 그러므로 망각이다. 궁극적인 망각은 죽음이 해주는 것이고.

그러므로 비극의 세계이다. 비극적 세계인식이다. "외다리 나무"가 비극이고 "어둠에 못박힌 별"이 비극이고 "지나간 불행과 최근의 상처"가 비극이다. 비극의 세계를 구원하는 것은 시간이다. 죽음이다. 이렇게 보면 죽음은 부조리가 아니게 된다. 살고 싶은데 죽음이 찾아오면 그것은 부조리이나, 죽고 싶은데 죽음이 찾아오면 그것은 부조리가 아니기 때문이다. 죽음이 구원이 되기 때문이다.

다른 해석이 가능하다. 다섯, 여섯, 일곱, 여덟, 아홉 그리고 그 이후까지 시인이 계속 셈을 센다면 시인은 망각을 원하는 시인도 아니고 죽음을 원하는 시인도 아니다. 첫째 연을 시인은 "견딜 수 있는 것이다"라는 말로 끝내고 있으며, 둘째 연 역시 비슷한 "버티는 것이다"라는 말로 끝내고 있다. 여기에 주목하는 것이다. 시인은 비극적 상황에 처해있더라도 '견디는 삶'이, '버티는 삶'이, 삶이라고 했다는 것이다. 시인은 삶을 긍정하는 시인이라는 것이다. 그러나 삶을 긍정하고 있을 때 죽음이라는 부조리의 비극이 찾아온다면? 삶을 끝내야 하는 상황이 온다면?.

그래서 시인은 의도적으로 '극에 달하는' 아홉이라는 숫자까지만 세었을까. 부조리의 상황을 예견해서 아홉이라는 숫자까지만 세었을까. '아홉이 지나면' 시인은 어떻게 할까. 삶을 긍정했듯 죽음을 긍정

할까. 부조리에 반항할까.
　다음은 심은희의 「눈」.

　　　눈이 내린다

　　　가벼움을
　　　치욕처럼 여기며
　　　부 들 부 들 떨어진다

　　　가벼움을 저지시키기 위해
　　　바람과 맞설 무게 따위를 갖기 위해

　　　눈은 솜털보다 못한 온 힘으로
　　　자신을 꾹꾹 억누르느라
　　　온몸을 휘청댄다

　　　내가 나일 수밖에 없는 데까지 나아가는
　　　완/ 전/ 부/ 정

　　　나는 그 불가사의한 싸움을 오래오래 지켜보았다

　　　투쟁의 고삐를 결코 늦추지는 않지만
　　　지나치게 피로한 나머지 죽어버리는 이른 생애를

　　　눈이 그치고
　　　시신屍身들 위로 하나 둘 사람들이 모여 선다

　눈은 부조리[죽음]에 반항하는 자이다. 눈은 혼신의 힘을 다해 떨어져서 사라지기 때문이다. 즉 눈은 혼신의 힘을 다해 떨어지는 눈이다. 눈은 가벼우므로, 바람에 날리므로, 혼신의 힘을 다하지 않고는 떨어질 수 없다. 혼신의 힘을 다하지 않고는 죽을 수 없다.

눈은 "가벼움을 저지시키기 위해/바람과 맞설 무게"가 필요하다. 그러나 눈은 눈이다. 그래서 "솜털보다 못한 온 힘으로/자신을 꾹꾹 억누르느라/온몸을 휘청"댈 수밖에 없다". 떨어지려면·죽으려면 혼신의 힘을 다할 수밖에 없다. 두 번째 연의 눈은 "가벼움을/치욕처럼 여기며/부 들 부 들 떨어진다"라는 표현도 죽는 것을 '힘써' 죽는 눈의 모습이다. 죽음에 반항하는 눈의 모습이다.

다섯 번째 연의 "내가 나일 수밖에 없는 데까지 나아가는/완/ 전/ 부/ 정"이라는 표현은 죽음으로써 '나' 곧 '자아'가 완성된다는 역설의 미학. 곧 이 시의 변증법적 결론 부분. 완전부정에 도달하기 위해 눈은 혼신의 힘을 다해 떨어졌다는 것. 다시 말하면 '눈의 낙하'는 부조리〔죽음〕에 대한 반항이라는 것.

윤성학의 「해빙기 – 얼음 호수」는 죽음에 반항하는 자의 노래가 아니라 죽음과 동행하는 자의 노래이다. '죽음을 기억하라'는 노래이다.

얼마나 깊은지 알지 못한다
아직 쟁쟁한 바람, 호숫가에서
바라보았다
그 수면이 얼마나 단단한지

썰매에 앉아
눈앞에 보면서도 믿을 수 없는
차가운 결속력의 중심으로
천천히
나의 무게를 밀고 간다

그때 무딘 칼자국을 그으며 미끄러질 때
내 머리채를 끌어당기는
소리, 얼음의 관절들이 꺾이며 주저앉는 소리
지나쳐온 것들이 나를 부를 때
돌아보지 마라
무게에 잠 깬 물이랑들이
거대한 결빙의 힘을 가르며
나를 향해 뛰어오고 있다
눈을 감는다

두 개의 속력이 한곳으로 달린다
달려오는 균열의 속도보다 빠르게 미끄러져야 한다
상처를 예감한 포유류처럼 무릎을 세운다
저 중심을 어서, 내가 먼저 치고 가야 한다
머리를 가슴에 처박고
달려라
날카로운 꼬챙이
깊은 곳, 대척점까지 닿을 힘으로
내 가슴을
컥컥
내리찍으며

 상황 설정은 이렇다. 우리는 썰매에 앉아 있다는 것. 얼음 밑은 물이고 얼음이 녹으면 우리는 죽어야 한다는 것. 왜 그렇지 않겠는가. "해빙기"의 "얼음"은 우리에게 죽음을 알려주는 얼음인데. "얼음의 관절들이 꺾이며 주저앉는 소리"는 우리에게 죽음을 속삭이는 소리인데. 죽음이 우리 "머리채를 끌어당기는" 소리인데.
 "지나쳐온 것들이 나를 부를 때/돌아보지 마라"라는 표현은 죽음이 부를 때 돌아보지 말라는 것. 그렇지 않을까. 죽음이 부를 때 누가 뒤를 돌아보겠는가. 죽음에 호응하겠는가. 기꺼이 죽어주겠는가. 도망가야한다는 것. 죽음보다 더 빠른 속도로 도망가야 한다는 것.

그러나 "무게에 잠 깬 물이랑들이/거대한 결빙의 힘을 가르며/나를 향해 뛰어오고 있다". 죽음은 다가오고 있다. 그래서 "두 개의 속력"이라는 표현이다. 하나는 죽음의 속력이다. 정확히 말하면 죽음이 다가오는 속력이다. 하나는 죽음으로부터 도망가는 속력이다. "달려오는 균열의 속도보다 빠르게 미끄러져야 한다"고 말하는 것이 그것. 죽음의 속력과 죽음으로부터 도망가는 속력의 경주! 죽음과 삶의 경주! 그러나 이 시는 '두 개의 속력'에 대해 우열의 판정을 내리지 않는다. 사실, 삶은 죽음의 경쟁 상대가 될 수 없다. 죽음은 항상 삶의 앞에 있다. 삶을 끌고가다가 삶을 내동댕이친다. 이 시는 그냥 이 세상에는 두 개의 속력이 '있다'고 하는 것. 죽음의 속력과 죽음으로부터 도망가는 속력이 있다고 하는 것. 이 시의 강점은 '열린 형식'에 있다.

파괴의 에로티시즘, 파괴의 '혁명'
― 문정희, 원구식, 유하, 한명희

바타이유에 의하면 에로티시즘 이외의 시간은 건설의 시간이고 에로티시즘의 시간은 파괴의 시간이다. 에로티시즘은 잉여의 산물이며 잉여는 생산이 아닌 소비, 이익이 아닌 손실의 속성을 띠기 때문이다. 소비와 손실은 파괴이기 때문이다.

바타이유에 의하면 그리고 잉여는 필연적인 것이다. 에로티시즘은 필연적인 것이다. 파괴는 필연적인 것이다. "태양은 결코 받는 법이 없이" 주기 때문이다. 에너지가 남아나기 때문이다.

사실 '사랑'과 죽음은(혹은 파괴는) 동전의 양면이다. 사랑하는 자는 '많이' 죽는다. 사랑 때문에 많이 죽는다. 사랑하고 있다는 것은 죽고 싶을 정도로 사랑하고 있다는 것이다. 죽이고 싶을 정도로 사랑하고 있다는 것이다. 사랑에는 대충이 없다. 대충 사랑은 없다. 사랑은 죽고 싶을 정도로, 죽이고 싶을 정도로, 사랑하는 것이다.

쾌락의 정점은 죽음의 상태와 같다.

에로티시즘의 파괴적 속성은 '팜므 파탈femme fatale'이라는 19세기 용어로도 설명된다. '치명적 여자', 즉 남자를 파멸시키는 여자라는 뜻의 이 말은 — 물론 남성중심주의가 낳은 용어이지만 — 에로티시즘의 치명적 특성을 강조한 것으로 볼 수 있다. 팜므 파탈의 예는 구약시대에까지 거슬러 올라간다. 사도 요한이 구애를 받아들이지 않자 무희 살로메는 헤롯왕에게 요한의 목을 요구한다. 살로메는 은쟁반 위에 실려져 온 요한의 목을 본다. 죽여서라도 자기 것으로 하고 싶어하는 여자. 아니 사랑.

문정희는 팜므 파탈이다. 문정희가 사랑하는 남자에게 문정희는 팜므 파탈이다. 원래 에로티시즘은 파괴적이라고 돌려 말할 수 있다. 에로티시즘은 정말 파괴적이기 때문이다. 에로티시즘은 파괴를 전공했다. 즐겨 파멸 당하고 즐겨 파멸시킨다. 문정희의 '사랑의 시'는 파멸 당하기보다 파멸시키는 사랑을 담은 사랑의 시이다.

> 아름다운 신전의 대리석 기둥처럼
> 희고 부드러운 그대의 목을
> 성소에 예배드리듯
> 간절히 끌어안고
> 붉은 입술 꽃을 피우고 싶네
>
> 그대의 머리카락 속에 소소리바람 불고
> 그 숲에 사는 풀여치가 되어
> 밤새 울고싶네
>
> 그대 목에 방아쇠를 겨누고싶네
> 고성에 사는 드라큘라처럼
> 뜨거운 이빨을 거기 박고
> 숨소리를 우뢰처럼 흡입하고 싶네

오직 그대의 목 하나를 소유하고 싶네
— 「목을 위한 광시곡」 전문

점층법 구조의 시이다. 첫째 연의 "희고 부드러운 그대의 목"은 "간절히 끌어안고" 싶은 목이었으나 셋째 연의 '목'은 "방아쇠를 겨누고싶"은 목, "드라큘라처럼" "뜨거운 이빨을 거기 박고/숨소리를" "흡입하고 싶"은 목으로 바뀐다. "오직 그대의 목 하나를 소유하고 싶"다고 시는 끝나고 있다. 죽이고 싶은 사랑을 하는 자의 시라고 말할 수밖에 없다. 목을 소유하고 싶다는 것은 죽이고 싶다는 말과 같으므로. 사랑하는 자가 사랑하는 자에게 목을 내맡기는 것은 사실 목숨을 내맡기는 것이다. 내 목숨을 가져가 달라고 하는 것이다. 목을 맡은 자는 정말 목을 '딸' 수 있다. 시인은 사랑하는 자가 목을 내어놓을 때 정말 목(숨)을 따고 싶어한다. 죽이고 싶어한다. 죽이고 싶을 정도로 사랑하고 있는 자가 쓴 시!

다른 관점으로 읽을 수 있다. 사랑은 사랑인가. 사랑하는 것은 사랑하는 것인가. 무슨 말이냐 하면, 사랑하는 사람을 사랑하는 것이 사랑이 아니라, 사랑하고 있는 자기 자신을 사랑하는 것이 사랑이 아닌가, 라는 것이다. 사랑은 자기애自己愛가 아니냐는 것이다. 『젊은 베르터의 슬픔』에서 베르터의 로테에 대한 사랑은 이루어질 수 없는 사랑으로 발전하였다. 이루어질 수 없는 사랑을 가장 손쉽게 끝내는 방법은 죽음이다. 당사자 중에 한 사람이 죽으면 그 사랑은 종료된다. 베르터는 권총자살로 '사랑'을 종료시켰다. 『로미오와 줄리엣』(셰익스피어)의 로미오와 줄리엣은 둘 다 죽는다. 『간계와 사랑』(쉴러)의 페르디난트와 루이제의 경우도 둘 다 죽는다. 둘 다 죽음으로써 사랑이 종료되었다. 문정희의 경우는 위의 어느 경우와도 다르다. 그러나 만약 '같은' 이루어질 수 없는 사랑의 경우라고 가정하면 문정희 시인의 시적 자아가 더 설득력 있는 것으로 보인다. 보다 있을 수 있는 경우로 보인다. 내가 죽음으로써 사랑을 종료시키는 것이 아니라, 상대방이 죽음으로써 사랑이 종료되는, 혹은 상대방을 죽임으로써 사랑을 종료시키는 것이. 사실대로 말하면 사랑은 자기애가 아니냐는 것이다. 숭고한 사랑은 무슨 얼어빠진 숭고한 사랑이냐고 하는 것이다.

다르게 읽을 수 있다. "오직 그대의 목 하나를 소유하고 싶네"에서 "오직"이란 부사에 주목하는 것이다. '오직'이란 부사가 함유하는 것은 다른 것은 아니라는 것이다. 다른 것은 필요 없다는 것이다. 오직 사랑만 있으면 된다는 것이다. 사랑하는 사람의 목(숨)만 있으면 된다는 것이다.

한명희의 '사랑의 시'들은 사랑은 숨길 수도 없고 숨기지도 않는다는 사랑의 덕목에 충실한 사랑의 시들이다. 「수도사를 위한 책」도 예외가 아니다.

  태어나서 지금까지 연애에 바친 시간

  그 시간 동안 책을 썼다면
  이 세상에서 가장 두꺼운 백과사전을 썼으리라
  그 사전 속
  열병이라든가 집착이라든가 실연이라든가 낙태라는 말
  그런 말들 하나도 들어있지 않아
  사전은 무거워도 결코 무겁지 않았으리라

  나 지금이라도 이 지지부진한 연애를 끊고
  마약을 끊듯이 연애를 끊고

『수도사를 위한 책』 1, 2, 3을 쓰기 시작할까나

그러나 나 아직은 연애중이고
연애에 대한 상념들과 연애중이고
연애에 대한 상념들과 연애중인 나와 연애중이라
책을 쓸 길 요원하다네
수도사의 책을 쓸 길 요원하다네
— 「수도사를 위한 책」 전문

 연애를 감추지 않고 있다. "태어나서 지금까지 연애에 바친 시간"에 "책을 썼다면/이 세상에서 가장 두꺼운 백과사전을 썼"을 것이라고 말한다. 시인의 인생은 연애의 인생이었다는 것이다. 재채기와 가난과 사랑은 숨길 수 없다고 말한 사람은 소설가 김주영이었다. '숨길 수 없다'고 한 것에는 두 가지 의미가 있다. 저절로 드러난다는 것이 하나이고 일부러 드러낸다는 것이 또 하나이다. 사랑의 감정은 숨길 수도 없고 숨기지도 않는다는 것이다. 사랑하고 있다고 발설한다는 것이다.
 연애하지 않으면 없었을, 그 시간에 백과사전을 썼더라면 백과사전에 결코 들어가지 않았을, "열병", "집착", "실연", "낙태"와 같은 연애 목록들도 시인은 숨기지 않고 있다. 연애가 "마약"과 같은 것이라는 것도 숨기지 않고 있다. 그러므로 연애를 "끊"기 힘들다는 것을 숨기지 않고 있다. 결국 "수도사의 책을 쓸" 수 없다는 것을 숨기지 않고 있다. 연애의 목록으로 "열병", "집착", "실연", "낙태", 그리고 '마약성'을 거론한 것은 또한 연애의 파괴적 속성을 거론한 것이다. 사랑의 파괴적 속성을 거론한 것이다.
 주목되는 표현은 세 번째 연의 "나 아직은 연애중이고/연애에 대한 상념들과 연애중이고/연애에 대한 상념들과 연애중인 나와 연애중이라"고 하는 구절이다. 여기에는 세 가지의 연애가 있다. 세 가지의 사랑이 있다. 첫째, 사랑하는 사람과의 사랑이다("나 아직은 연애중이고"). 둘째, 사랑하는 사람과 겪는 여러 가지 일들에 대해, 혹은 여러 가지 감정의 파고들에 대해, 회억하고 상념하는 것이다. 회억과 상념을 사랑하는 것이다("연애에 대한 상념들과 연애중이고"). 셋째, 사랑하는 사람과 겪는 여러 가지 일들을 회억하고 상념하는, 회억과 상념을 사랑하고 있는, 자기 자신을 사랑하는 것이다("연애에 대한 상념들과 연애중인 나와 연애중이라"). 세 번째 경우는 사랑하고 있는 자신에 대한 사랑이라고 할 수 있다. '자기애'인 것이다. 사랑하는 사람을 사랑하는 것보다 사랑하고 있는 자기 자신을 더 사랑하고 있다고 한 것은 아닌지.

나르시스는 자신의 아름다움에 빠져 타자를 수용하지 못한다. 나르시시즘은 '자기애'의 다른 표현이다. 나르시시스트의 사랑을 강령적으로 보여주었던 시는 유하의 시집 『나의 사랑은 나비처럼 가벼웠다』의 표제시 「나의 사랑은 나비처럼 가벼웠다」였다.

    1
    한 미남 청년을 짝사랑하다
    바다에 몸을 던진 옛 그리스의 시인 사포
    애기세줄나비
    학명은 Neptis sappho Pallas
    불빛 속으로 날아드는 그 나비의 모습이
    그녀를 연상시켰던 걸까

    나비처럼 가벼운 영혼만이
    열정처럼 투신할 수 있다고, 노래하진 않겠다
    나비는 불꽃이 자기를 태울 거라

생각진 않았으리라
혹, 불빛은 애기세줄나비에게
환한 거울 같은 건 아니었을까

2
조롱 속의 짝 잃은 문조,
그 안에 작은 거울을 넣어주었더니
거울에 비친 자기를 제 짝인 양
생이 다하도록 행복해 했다는 이야기

3
죽음을 걸었던, 너를 향한 내 구애의 말들
덧없음이여, 나는 나 이외에
아무도 사랑하지 않았다
내가 날아들었던 당신이라는 불꽃
오랫동안 나는 알지 못했다. 실은 그 눈부신 불꽃이
나를 비추는 거울이었음을

나의 사랑은 나비처럼 가벼웠다

끝부분을 보자. 나는 나비였고 당신은 "눈부신 불꽃"이었으며, 나는 "당신이라는 불꽃"을 향해 "날아들었"다고 생각했지만, 당신에게 "죽음을 걸었"다고 생각했지만, 당신에게 목숨을 걸었다고 생각했지만, 사실은 그 '불꽃'은 "나를 비추는 거울이었"다는 것("불꽃"은 "애기세줄나비에게/환한 거울 같은" 것이었다는 것). 내가 나를 향해 날아들었던 것. 나에게 목숨을 걸었던 것. "나는 나 이외에/아무도 사랑하지 않았다"고 명시적으로 표명하였다.

'나'에게 목숨을 걸었건, '당신'에게 목숨을 걸었건, 목숨을 건 것은 목숨을 건 것. 사랑은 목숨을 거는 것이라는 것. 이것을 강조해서

이 시를 읽을 수 있다. 사랑의 파괴적 속성을 강조해서 이 시를 읽을 수 있다. 사랑은 궁극적으로 파멸을 지향한다고. 사랑하는 자를 파멸시키든, 사랑하고 있는 자신을 파멸시키든. "불" "속으로" 뛰어 "드는" "나비"라는 것. '불'은 나도 되고 당신도 된다는 것.

에로티시즘은 혁명과 같다. 혁명도 에로티시즘이다. 둘 다 파괴를 속성으로 하고 있기 때문이다. 죽어서야, 혹은 죽여서야 끝나기 때문이다. 다음은 원구식 시인의 「헤겔의 왈츠 – ver.3.0」이다.

> 지금 내가 추고 있는 이 춤은
> 혁명의 밤에서 비롯된 것이라네.
> 슬프지 않나?
> 바스티유가 부서져나가고
> 말을 탄 유럽의 정신이
> 조금도 거침없이!
> 당-당하게,
> 예나에 입성했을 때
> 철이 없는 우리 선생님은
> 점령군의 삼색기를 보고 기뻐하셨다네.
> 그러니까 이 춤은
> 살이 떨리도록 아름다운
> 저 깃발 속에서 흘러나온 것이라네.
> 예나 지금이나 사람들은
> 혁명과 상관없이 죽는 법,
> 도도하기 이를 데 없는 자유 평등 박애의 왈츠도
> 러시아의 눈보라에 얼어붙고 말았다네.
>
> 난세였네.
> 영웅들이 몰락하고

그들의 여자들마저 순결을 내놓아야 하는 밤,
고독한 영혼을 소유한 우리 선생님이
마침내 세상을 구원할 새로운 춤을 개발하셨다네.
이름하여 정·반·합의 왈츠!
모순을 위한 모순의 춤!
놀랍지 않나?
느리고 무딘,
손재주라곤 전혀 없는 우리 선생님이
무엇이든 갖다대기만 하면 척척 열리는
만능의 스텝을 개발해 내실 줄이야.
살이 떨리도록 아름다운 밤,
숨가쁜 유럽은
새로운 삼색기로 펄럭이고
철이 없는 유학생들은
해방의 춤을 조국으로 실어날랐다네.
오, 얼마나 많은 사람들이
변증법적으로 죽어갔던가.
말이 어눌한 우리 선생님은
난세의 구경꾼답게
그저 무심히 눈을 감으셨다네.

지금 내가 추고 있는 이 춤은
혁명의 밤에서 비롯된 것이라네.
슬프지 않나?
제국이 무너지고
고독한 춤꾼이었던 청년 마르크스가
한쪽 구석에서
누더기가 된 변증법의 왈츠를 수정할 때
볼가의 강변에서 태어난 레닌은,
내전에 지친
조국의 인민들을 위해

애수의 러시안 왈츠를 준비했다네.
격렬한 밤이 수없이 지나도
조금도 멈출 줄 모르는 난세의 춤!
그러니까 이 춤은
살이 떨리도록 아름다운
붉은 깃발 속에서 흘러나온 것이라네.
예나 지금이나 사람들은
혁명과 상관없이 죽는 법,
철의 장막이 무너지고
도도하기 이를 데 없는 만인의 춤도
이제는 추억의 왈츠가 되었다네.
명심하게.
피가 끓는 붉은 밤이 오면
페스트보다 아름다운 죽음이
왈츠와 함께 시작된다는 것을.

첫째 연에서 시인이 "지금" "추고 있는" "춤"은 '죽음의 춤'이다. "혁명의 밤"에서 "비롯된" 것이기 때문이다. "바스티유" 감옥이 "부서져 나"갈 때의 춤이기 때문이다. 요컨대 혁명은 '죽음'을 초래하기 때문이다. 그리고 "유럽의 정신이" "예나에 입성했을 때", 즉 나폴레옹이 신성로마제국을 침략했을 때의 춤이기 때문이다. 시인이 "이 춤은/살이 떨리도록 아름다운/저 깃발 속에서 흘러나온 것이라"고 명시했기 때문이다. 즉 "자유 평등 박애"의 "삼색기"에서 흘러나온 것이라고, 즉 프랑스혁명 수출 전쟁에서 흘러나온 것이라고 명시했기 때문이다. 요컨대 전쟁 또한 '죽음'을 초래하기 때문이다.

'아름다운' 삼색기라고 한 것은 물론 반어이다. 자유 평등 박애의 프랑스혁명의 정신이 유럽을 전쟁으로 몰아간 것에 대한 반어이다. "예나 지금이나 사람들은/혁명과 상관없이 죽는 법"이라고 한 것은 혁명에 대한 냉소이다. 사람을 죽이는 혁명에 대한 냉소이다. 그렇지 않아도 죽는데 왜 죽이느냐는 것이다. 시인이 혁명에 대해 부정적이라는 것은 "철이 없는 우리 선생님"이라는 표현에서 더욱 분명해진다. 나폴레옹의 깃발, 즉 프랑스혁명의 깃발을 보고 기뻐한 헤겔 보고 철이 없다고 표현한 것이기 때문이다. 혁명에 대해 기뻐하면 안된다고 한 것이기 때문이다. 프랑스혁명에 대해 독일의 지식인들은 열광하였다. 자유 평등 박애에 열광하였다. 그러나 혁명이 폭력과 살인으로 얼룩지자 열광은 탄식으로 바뀌었다. 횔더린, 쉘링, 헤겔이 튀빙엔 수도원 학교 시절에 프랑스혁명 소식을 듣고 '자유의 나무' 주위를 돌며 춤을 추었다는 것은 널리 알려진 일화이다. 지금 원구식 시인이 춤을 추는 것은 열광의 춤이 아니다. 탄식의 춤이다. 혁명의 폭력성에 대해 탄식하는 춤이다.

  이 시에서 주목되는 것은 두 종류의 춤이 있는 것이다. 하나는 시인의 춤이다. 시는 "지금 내가 추고 있는 이 춤은 혁명의 밤에서 비롯된 것이라네"로 시작하고 있다. 다름 아닌, 이 시는 시인이 춤추면서 부르는 노래이다. 그리고 시인의 춤은 '죽음의 춤'이다. 더 정확히 말하면 죽음으로 점철된 혁명에 대한 탄식의 춤이다. 또 하나는 시인의 노래 속에 등장하는 '혁명의 춤'이다. "자유 평등 박애의 왈츠", 즉 프랑스혁명의 춤이다. 말 그대로의 죽음의 춤이다. 수많은 죽음들을 초래했기 때문이다. 둘째 연에서의 헤겔의 "정반합의 왈츠"도 셋째 연에서의 "레닌"의 "애수의 러시안 왈츠"도 죽음의 춤이다. "얼마나 많은 사람들이 변증법적으로 죽어갔던가"라고 시인이 탄식하고 있기 때문이다. 셋째 연을 "피가 끓는 붉은 밤이 오면/페스트보다 아름다운 죽음이/왈츠와 함께 시작된다는 것을"이라고 끝맺고 있기 때문이다.

그리고 주목되는 것은 "피가 끓는 붉은 밤이 오면"이라는 표현이다. 인간에게는 본래적으로 파괴적인 속성이 있다고 한 것이다. "태양은 결코 받는 일이 없이" 주기 때문에? 에너지가 남아돌기 때문에? 소비를 해야 하기 때문에? 파괴는 소비의 가장 손쉬운 방법이기 때문에?

상호텍스트성의 맥락에서 이 시를 고찰할 수 있다. 밀란 쿤데라는 그의 『느림』에서 정치가를 "춤꾼"에 비유하고 있다. 정치가들은 자기가 도덕적 우위에 있다는 것을 보여주기 위해 춤을 춘다. 무대 위에서 "도덕 씨름"을 한다. 원구식은 헤겔, 마르크스, 레닌을 춤꾼에 비유하였다. 헤겔은 '신적인 이성'에 이끌려 변증법적으로 도달한 최고의 단계로 '국가'를 상정했다. 그에게는 국가가 도덕이었다. 마르크스와 레닌에게는 프롤레타리아가 도덕이었다. 그들은 그들의 도덕의 우위를 증명하기 위하여 춤을 추었다. "정·반·합의 왈츠"(헤겔), "수정"된 "변증법의 왈츠"(마르크스), "러시안 왈츠"(레닌)를 추었다. 그들은 그들의 왈츠가 "만인의 춤"이 되기를 바랬다. 비록 "추억의 왈츠"가 되기는 했어도.

고통에 대한 열망, 혹은 사랑
— 유안진, 임동윤, 박남준, 차옥혜, 이낙봉, 김광남

『서른 잔치는 끝났다』(최영미)의 서시「선운사에서」는 다음과 같이 끝난다. "꽃이/지는 건 쉬워도/잊는 건 한참이더군/영영 한참이더군." '꽃'은 물론 '동백'일 것이고 '사랑' 혹은 '사랑하는 사람'을 상징하는 것일 것이다. 꽃 중에서도 동백은 붉은 동백이기 때문에 '사랑' 혹은 '사랑하는 사람'을 더 빠르게 떠올리게 한다. 소월의 『진달래꽃』도 '붉은' 진달래이므로, "사뿐히 즈려밟고 가"실 때 붉은 즙이 우러나오는 진달래이므로, 재빨리 사랑의 시로서밖에 읽지 않을 도리가 없다. 김용택의「선운사 동백꽃」에 나오는 붉은 동백도 마찬가지다. "그까짓 사랑 때문에/그까짓 여자 때문에/다시는 울지 말자/다시는 울지 말자/눈물을 감추다가/동백꽃 붉게 터지는/선운사 뒤안에 가서/엉엉 울었다." 동백의 붉은 것이 '사랑' 혹은 '사랑하는 여자'를 기억하게 한 것이다.

꽃은 사랑 혹은 사랑하는 사람에 대한 상징이면서 동시에 이별에 대한 상징이다. 꽃은 지기 때문이다. 혹은 꽃을 따기(혹은 꺾기) 때문

이다. 「선운사에서」의 꽃은 '지는' 꽃이고 「진달래꽃」에서의 꽃은 '딴'(혹은 꺾은) 꽃이고 「선운사 동백꽃」의 동백꽃은 '터진' 꽃이다. 지는 사랑, 꺾은 사랑, 터진 사랑이므로 이별에 대한 상징이다. 이 세 편의 시들은 사랑의 시라기보다 이별의 시라고 할 수 있다.

동백에게서(혹은 꽃에게서) 이별보다 사랑을 본 시가 있다. '사랑'의 다른 말은 욕망, 혹은 생명. 박남준의 「동백」에서의 '동백'은 "간절한 고통"(자청하는 고통)이고 "어떤 격렬한 열망"이다.

> 동백의 숲까지 나는 간다
> 저 붉은 것,
> 피를 토하며 매달리는 간절한 고통 같은 것
> 어떤 격렬한 열망이 이 겨울 꽃을 피우게 하는지
> 내 욕망의 그늘에도 동백이 숨어 피고 지고 있겠지
>
> 지는 것들이 길 위에 누워 꽃길을 만드는구나
> 동백의 숲에서는 다만 꽃의 무상함도 일별해야 했으나
> 견디지 못한 몸의 무게로 무너져 내린 동백을 보는 일이란
> 곤두박질한 주검의 속살을 기웃거리는 일 같아서
> 두 눈은 동백 너머 푸른 바다 더듬이를 곤두세운다
> 옛날은 이렇게도 끈질기구나
> 동백을 보러 갔던 건
> 거기 내 안의 동백을 부리고자 했던 것
>
> 동백의 숲을 되짚어 나오네
> 부리지 못한 동백꽃송이 내 진창의 바다에 떨어지네
> 무수한 칼날을 들어 동백의 가지를 치고 또 친들
> 나를 아예 죽고 죽이지 않은들
> 저 동백 다시 피어나지 않겠는가

둘째 연을 자세히 보자. 시인은 "동백의 숲에서" "꽃의 무상함"보다 "동백 너머 푸른 바다"에 "더듬이를 곤두세"우고 있다. "옛날"이란 "무너져내린 동백" 이전, "곤두박질한 주검" 이전이므로 '생명의 옛날'이다. '옛날'을 "끈질"긴 옛날로 표현한 것은 '끈질긴 옛날'은 끈질긴 생명의 시절이었기 때문이었을 것이다. "견디지 못한 몸의 무게로 무너져 내린 동백"처럼 생명력이 감당할 수 없을 정도로 넘쳐나던 시절! 시인은 분명히 단언하고 있다. 떨어진 동백을 보러간 것이 아니고 "동백을 보러갔던" 것이라고. "내 안의 동백을" 보러 갔던 것이라고. 그렇다고 시인의 동백이 이미 존재했던, 지금은 존재하지 않는, 과거의 동백만을 의미하는 것은 아니다. 죽어도 죽어도, 상처를 입어도 입어도("무수한 칼날을 들어 동백의 가지를 치고 또 친들") 되살아나는, "다시 피어나는" 동백에 대해(셋째 연), 그러므로 생명의 동백, "욕망"의 동백, "열망"의 동백에 대해(첫째 연) 경의를 표하는 것이다. 그 욕망이나 열망이 고통의 욕망이고 고통의 열망일지라고 그 고통을 간절히 원하고 있다는 점에서 이 시는 '생명의 시'이다. 생명은 고통을 포함하는 생명이기 때문이다. 첫째 연과 셋째 연은 둘째 연을 가운데 두고 서로 조응하고 있다. 시에서도 양괄식이라는 표현을 쓸 수 있다면 이 시는 양괄식의 시이다.

생명이 고통을 포함하는 생명이라는 것을 차옥혜 시인 또한 확실하게 인식하고 있다. 차옥혜의 「산다는 것은」은 다음과 같다.

불끈 치솟아 하늘을 뚫은 저 산도
깊은 동굴을 품고 있다

울지 말자
가슴 안에

빽빽한 돌고드름과 돌순을
한여름에도 가득한 냉기를
끝없이 솟아흐르는 물과 거울같은 물웅덩이를
괴로워 말자

몸 안에
소리치면 달려와 뺨을 치는 메아리들을
낮에 거꾸로 매달려 잠자다가도
밤이면 우주 끝까지 날아다니며 아우성치는
눈먼 박쥐 떼들을

산다는 것은
제 안에
동굴 나날이 길어져 아파도
껴안고 쓰다듬으며
제 밖에
조팝나무 가시나무 칡 인동
노루귀 씀바귀 솜다리 질경이
산돼지 다람쥐 여우 늑대
여치 소쩍새 땅강아지 부엉이
미워도 고와도 찾아온 생명이면 무엇이든
품어 기르는
산이 되는 것

 산이 인체이고 동굴은 인체 속에 있는 "가슴"(마음)이다. 동굴은 깊고 어둡고 축축하다. 부정성否定性을 더 많이 내포하는 개념이다. 시인의 마음도 그렇다. 시인의 마음은 "돌고드름과 돌순"이 "빽빽한" 마음이다. "한 여름에도" "냉기"가 "가득한" 마음이다. "끝없이 솟아오르는 물"의 마음이다(여기서의 물은 눈물같은 것). "소리치면" 그 소리가 어딘가에 전달되는 것이 아니라 다시 자신에게로 돌아와, 메아

고통에 대한 열망, 혹은 사랑 | 207

리로 돌아와, 자신의 "뺨을 치는" 절대 고독의 마음이다. "낮"은 낮의 낮이 아니라 어둠의 낮이다. "밤이면 우주 끝까지 날아다니며 아우성치는/눈먼 박쥐 떼들을" 품고 있는 낮이다. 낮에도 시인은 거꾸로 매달려 잠을 잔다. 고통이 낮에도 침투한 것이다. 밤낮 고통으로 휩싸여 있는 시인. 그러나 해결은 보이지 않는다. 박쥐처럼 시인은 이미 고통에 눈이 먼 듯하다. 그래서, "산다는 것은/제 안에/동굴 나날이 길어져 아파도/껴안고 쓰다듬으며"라는 표현이다. 고통이 삶의 전부라고 인식한 자의 다음 수는 고통을 인정하고 받아들이는 수일 수밖에 없지 않은가. 시인은 고통을 부인하는 것이 아니라 고통을 껴안으려고 하고 있다.

　고통을 껴안은 자에게 고통은 비껴갈 것인가. 고통은 더 이상 고통이 아닐 것인가. 유안진이 그러한 경지를 상상하고 있다. 걱정들이 꽉차 오히려 걱정들이 사라진 마음의 때를. "속 빈 강정같"은, "오죽烏竹 대궁같"은 마음의 때를. 그 때가 오면, "있는 속내 없는 속내 죄다 비워"낸 '속 빈 강정'의 때가 오면, "속도 없이 히죽거리"는 '오죽 대궁'의 때가 오면, 그때의 마음에서는 "가을하늘 소리같은" 소리가 날 것이라고 상상하고 있다. 유안진의 「속 빈 강정같이」는 다음과 같다.

　　　　찬란한 태양빛을 받아
　　　　모든 걸 이룩하고 싶었다
　　　　젊은 날에는

　　　　이제는 아니란다
　　　　속 빈 강정같이도
　　　　가무잡잡하고 오종종한 오죽烏竹 대궁 같이도
　　　　텡텡 비어져 울림하고만 싶다

있는 속내 없는 속내 죄다 비워내어
아예 속도 없이 히죽거리고만 싶다

두둘겨 봐 어디!
가을하늘 소리같은
악기樂器가 되게시리—.

"찬란한 태양빛"은 고통의 빛도 포함된 태양빛이다. "모든 걸 이룩하고 싶었다"는 말 속에는 고통에 대한 열망도 포함되어 있을 것이다. 미당은 "인제는 돌아와 거울 앞에 선/내 누님"으로 젊은 날의 열망에 대응했지만 유안진 시인은 "속 빈 강정", "오죽 대궁"으로 젊은 날의 열망에 대응하였다.

열망이 사그러드는 것을, 생명이 사그러드는 것을, 정말 담담하게 지켜볼 수 있을까. 안타까와하지 않고, 아쉬워하지 않고 받아들일 수 있을까. 그것은 상상의 영역이 아닐까. 혹은 해탈이나 달관의 경지에서나 가능한 일이 아닐까. 그렇다! 라고 대답하는 시인이 임동윤 시인이다. 임동윤 시인의 「황혼 — 겨울 판화집 30」이란 시이다.

누군가 벌판을 떠돌고 있다

종종걸음으로 길바닥을 누비던 햇살이
달아오른 숨을 토하며 서쪽으로 사라지고
온몸으로 일어서던 풀잎들
머리를 땅바닥에 짓찧으며 길게 눕는다

종일 노래하던 새들도 숲으로 돌아가고
어두워지는 땅끝까지 바람은 가늘고
긴 손가락으로 모든 사물을 몸에 가둔다

이 침묵의 한 때를 위하여
　　하늘에 숨어있던 슬픔들이 흰 비듬을
　　뚝뚝 마른 풀잎 위로 떨구기 시작한다

　　그 때까지도,
　　누군가 텅 빈 벌판을 떠돌고 있다

"누비던 햇살"은 "달아오른 숨을 토하며 서쪽으로 사라지고" 있다. "일어서던 풀잎들"은 "길게 눕는다." "노래하던 새들"은 "숲으로 돌아가고" 있다. 일관된 이미지가 둘째 연과 셋째 연을 채우고 있다. 다름 아닌 생명이 소진되는 모습이다. 그런데 주목되는 것은 시적 자아가 생명이 다하는 것들을 담담히 지켜보고 있지만은 않다는 사실이다. 넷째 연의 "하늘에 숨어있던 슬픔들"을 시적 자아의 슬픔으로 볼 수 있다, 시인의 슬픔으로 볼 수 있다. 첫째 연의 "누군가 **벌판**을 떠돌고 있다"고 하는 것은 생명이 소진되는 것을 지켜보는 시선이 있다는 것을 미리 설정해둔 것. 그리하여 마지막 연에서, "누군가 **텅 빈 벌판**을 떠돌고 있다"고 말할 수 있게 한 것. "벌판"에서 "텅 빈 벌판"으로의 변화는 둘째 연, 셋째 연의 생명이 소진되는 것들에 대한 서술에 부응하는 것이다. 벌판을 떠돌고 있는 자 또한 시적 자아, 시인 자신이라고 할 수 있다. 인간은(시인은) 사라지는 것들에 대해 슬퍼할 수 있기 때문이다. 인간 말고 슬퍼할 수 있는 것은? 그렇다! 신이 있다. '벌판을 떠돌고 있'는 것이 신일 수 있다는 것을 뒷받침해 주는 표현이 '하늘에 숨어있던 슬픔들'이다. 슬퍼하는 하늘을 슬퍼하는 신으로 '고쳐' 해석하는 것이다. 신이 몰락해갈 수밖에 없는 인간 세계를 바라보는 것으로 이 시를 해석하는 것이다. 이 시의 구조를 그렇게 보는 것이다. 「황혼 — 겨울 판화집 30」은 시인의 치밀한 '계산'에 의해 쓰여진 시이다. 단어와 단어의 연결이, 어절과 어절의 연결이, 행과 행의 연결이, 그리고 연과 연의 연결이 필연적으로 이루어졌다.

　단어와 단어의 연결, 어절과 어절의 연결, 행과 행의 연결이 필연적이지 않을 수 있다. 이낙봉의 「새의 말」을 보자. 여기서 특히 시인은 '행과 행의 연결의 필연성'에 대한 회의를, 그리고 '연과 연의 연결의 필연성'에 대한 회의를 보여주고 있다.

> 끝내 너는 몸을 열지 않는구나 / **새야**
> 초승달 떠오르는 / **전봇대 꼭대기에**
> 새벽까지 / **화석처럼 굳어있던 새야**,
> 붉은 혀끝 내 귓밥에 대고 / **허공높이**
> 감미롭게 속삭여 / **날아올랐다가**,
> 밤새도록 달뜬 몸 / **수직으로**
> 흐드러지게 해놓고 / **떨어져 내려**,
> 나를 침대 모서리 끝으로 내모는구나

　진한 글씨체로 쓰여진 부분은 별개의 연으로 간주될 수도 있고(연과 연의 연결의 필연성에 대한 회의), 진한 글씨체로 쓰여지지 않은 부분과 한 행씩 교차해서 계속 이어져가는 것으로 간주될 수도 있다(행과 행의 연결의 필연성에 대한 회의). 필연성이 아닌 우연성이 강조되었다는 점에서 후기모더니즘의 시라고 할 수 있다. 필연성을 그리워하는 우연성, 전체성(혹은 통일성)를 그리워하는 단편성(혹은 개별성)이 모더니즘의 철학이라면, 필연성을 그리워하지 않는 우연성, 전체성을 그리워하지 않는 단편성이 후기모더니즘의 철학이기 때문이다. 기표와 기의가 일치하는 세계를 더 이상 그리워하지 않는 세계가 후기모더니즘의 세계이기 때문이다. 이 시는 그러나 형식상으로 볼 때 후기모더니즘의 시이지 내용만으로 본다면 여느 서정시와 다를 바 없다(이러한 다층적 접근이 또한 후기모더니즘의 한 특성이긴 하지만). 진한 글씨체로 쓰여진 부분을 별개의 연으로 간주해서 해석하는 경우, 또한 진한 글씨체로 쓰여진 부분의 한 행 한 행들을 진한 글씨체로 쓰여지지 않은 부분의 한 행 한 행들과 교차시켜 해석하는 경우 모두에서 전통적 해석의 방법이 가능하기 때문이다. 기표와 기의를 일치시켜 해석하는 방법이 가능하기 때문이다. "새"는 사랑하는 사람에 대한 은유이다. 사랑의 절정에 도달하고 싶었던 시적 자아는 "감미롭게 속삭"이는 새에 의해 "몸"이 "달"뜨지만("허공 높이/날"지만) 결국은 새가 몸을 열어주지 않는 탓에(새의 몸이 "화석처럼 굳어 있"는 탓에) "모서리"로 밀려난다("떨어져내"린다).

김광남이 「사는 법」에서 모더니즘의 시세계를 펼쳐보이고 있다.

아무 것도 가지지 말아라 푸른 나무야
지금 네 귀를 간지르는 저 바람도
잠시 뒷면 다른 갈색 나뭇잎에
온몸 섞는 정사情事이려니

아무 것도 슬퍼하지 말아라 유채꽃들아
너의 처녀막을 뚫었던 저 나비가
조금 뒤면 현호색 진달래 창포꽃
단물에 호흡을 적시고 있으려니

아무 것도 후회하지 말아라 하늘아
네 아래 피고 지는 저것들은
한결 같이 음모와 배반을 일삼으며
뒤돌아서는 것들뿐이니

> 그러나, 사람아 사람아
> 사랑으로 단숨에 죽을 듯
> 그 사랑으로 평생을 다시
> 고쳐 사는 사람들아

첫째 연에서의 "배반"은 "푸른 나무"에 대한 "바람"의 배반이다. 둘째 연에서의 배반은 유채꽃들에 대한 나비의 배반이다. 다름 아닌, 첫째 연과 둘째 연이 병렬적 관계에 있다는 점에서 모더니즘적이다. 병렬을 통해, 혹은 몽타주를 통해, '전체'의 모습에 가까이 가려 했기 때문이다. 즉 첫째 연과 둘째 연의 관계는 상호 긴밀한 긴장관계에 있지 않다.

셋째 연은 첫째 연과 둘째 연에 대한 귀납적 결론이라고 할 수 있다. 그러나 무엇보다도 셋째 연은 첫째 연과 둘째 연을 조감적으로, 새의 관점으로, 바라보는 역할을 하게 하고 있다. "음모와 배반을 일삼"는 땅의 것들을 하늘의 관점에서 분명히, 그리고 확실하게 폭로시키고 있다. 그리고 음모와 배반을 일삼는 것을 기정사실화시키고 있다. "후회하지 말아라" 하는 표현이 그것이다.

셋째 연과 넷째 연의 관계는 변증법적 관계이다. 정확히 말하면 첫째 연과 둘째 연을 셋째 연이 포괄하고 있다는 점에서 넷째 연은 앞의 세 연에 대한 변증이다. 땅에 있는 것들이 음모와 배반을 일삼는 것들이고, 하늘 보고는 이를 후회하지 말라고 하였지만(여기까지가 '명제'이다), 땅 위에 음모와 배반을 일삼지 않는 존재가 또한 있으니 이는 "사랑으로 단숨에 죽을 듯" 사랑하고 "그 사랑으로 평생을 다시 고쳐 사는 사람들"인 것이다(이것이 '반명제'이다). 사랑은 단숨에 죽을 듯한 사랑이어야 하고 그 사랑은 사람으로 하여금 평생을 다시 고쳐 살게 한다? 어이쿠!

현실과 낭만
— 고명의 시세계

1

'낭만적'이라는 표현은 '지금 여기'에 충실한 것이 아닌 '다른 때, 다른 곳'을 동경하는 행위에 대한 명명이다. 이점에서 서양에서는 낭만주의 시대의 대표적 장르로 동화를 꼽는다. 낭만주의 시대의 동화는 당시의 홍기하는 시민계급의 가치관의 반영이 아니라, 즉 합리주의 및 자본주의 생산 양식의 반영이 아니라, 환상이 지배하는 비합리주의의 세계를 그리고 있기 때문이다.

2

고명에게 현실은 '고단한 현실'이다. 혹은 '다툼의 현실'이다. 이것은 시인의 첫 시집 『붉은 어깨 도요새』에서도 나타났던 것. 김재홍은

'해설'에서 이를 다음과 같이 요약하였다.

    노동자 아버지의 슬픔을 노래한 「모닥불」, 분단의 아픔을 노래한 「동해와 황해 사이」, 아프리카 기아 인민을 노래한 「르완다의 순이에게」, 그리고 가난하게 살아가는 동창생의 삶을 노래한 「고맙지뭐!」 등 여러 편이 이러한 소외된 삶에 대한 아픔과 안타까움을 지속적으로 드러내고 있다.

「시간의 그물」이라는 시에서 지하철 역 계단에 엎드려 구걸하는 노파를 통해 고단한 현실의 편린을 드러내고 있다(「시간의 그물」이라는 제목에서도 이미 반영되었지만 이 시의 주제는 사실 인생의 고달픔이 아니라 인생의 허망함이지만).

    지하철역 계단에
    누더기 뭉치 하나 엎드려
    빈 양재기만
    이력서처럼 내밀고 있다

    싸락눈 흩뿌리는 저녁답
    11월의 끝자락을 밟는 발자국 소리들이
    저마다 생각에 잠겨
    콘크리트 바닥을 무겁게 울리며 멀어져가는데

    누군가의 사랑스런 딸이었을, 연인이었을, 아내였을, 그리고 어머니였을
    어쩌면 지금 날카로운 싸이키 조명 아래서 꽝, 터뜨려버릴 듯이 몸을 흔들어대고 있는 어느 소녀의, 백화점을 눈 아래로 휘젓고 다니는 어느 사모님의, 또는 그 어느 누구의
      미래,

일지도 모를

　　　노파 하나
　　　미처 치우지 못한 폐품처럼
　　　바람의 세찬 발길에 채이고 있다
　　　　　　　　　　　　—「시간의 그물」 전문

　「춘투」에서는 "배운 것 없고 가진 것 없는" 자들과 "팔자 좋은" 자들이 양립하는 현실이 나타나 있다. "배운 것 없고 가진 것 없는" 자들과 "팔자 좋은" 자들은 서로 뺏고 뺏기지 않으려는 투쟁("자리다툼")을 한다고 보고 있다.

　　　풀들이 고개를 쳐든다 독사처럼
　　　붉은 대가리를 쳐들고
　　　눈알을 부릅뜨며 멋대를 올린다
　　　아직 얼음도 풀리지 않은 잔디밭
　　　풀들이 불같이 독기를 뿜어대고 있다
　　　배운 것 없고 가진 것 없는 놈이
　　　텃자리복 타고난 팔자 좋은 놈들과
　　　자리다툼을 하자면
　　　덜 자고 덜 먹고
　　　이를 악무는 수밖에 없다는 것인가
　　　국회의사당 앞
　　　금잔디들이 봄기지개도 켜기 전에
　　　머리띠 질끈 동여매고 와! 와!
　　　악다구니를 써대며
　　　풀들이 언 몸을 일으키고 있다
　　　　　　　　　　　　—「춘투」 전문

그렇지만 이 시가 '가지지 못한 자'의 편을 옹호하는 당파적인 시, 혹은 가진 자와 못 가진 자로 나뉘어 있는 사회 현실을 고발하는 정치시로 읽혀지지는 않는다. 노동자들의 춘투를 "악다구니"라고 표현한 것도 그렇고, 못 가진 자들이 가진 자들을 이기기 위해서는 "덜 자고 덜 먹고/이를 악무는" 것 이상의 어떤 것을 해야한다는 것을 전망적으로 제시하고 있지도 않기 때문이다.

시인의 눈에 봄의 풀들은 서로 다투며 일어나는 것으로 보인다. 이것은 인간세계의 '다툼의 현실'과 같다. 서로 좋은 자리를 차지하려는 인간의 '다툼의 현실'과 같다(이 다툼은 가진 자와 못 가진 자 사이에서만 있는 것은 아니다). 엘리어트는 "죽은 땅에서 라일락을 키워내"는, "잠든 뿌리를 봄비로 깨"우는 자연의 현실에서 그렇지 못한 인간의 어두운 현실을 상기하고 "사월은 가장 잔인한 달"이라고 읊었다(『황무지』, 황동규 역). 엘리어트에게 봄은, 혹은 봄의 나무들은 생명 그 자체로 인식되었다. 이에 반해 고명에게 봄풀들은 생명의 봄풀로서가 아니라, 서로 다투어 일어나는 봄풀이다. 고명은 봄풀에서 봄의 생명, 자연의 생명을 본 것이 아니라, '만인의 만인에 대한 투쟁'을 보았다. 인간세계의 다툼의 현실이 자연의 현실을 그렇게 보도록 한 것이다.

3

인생살이의 고달픔에 대조되는 자연의 생명성에 대한 찬가들이 있다. 마치 낭만주의자들이 흥기하는 시민계급의 현실 대신 환상이 지배하는 동화의 세계에 주목한 것처럼. 「여름산」이라는 시를 보자.

> 아침 나절 내린 비가 질척하게 고여 있는
> 숲길, 나무들의 젖은 몸에서
> 짙은 페로몬 냄새가 풍겨나고 있다
>
> 짐승의 거친 숨소리 안단테로 고르며
> 흐트러진 머리칼 푸르게 출렁이고 있다
> 한낮의 잠 속으로 노곤하게 빠져드는
> 알몸의 여자처럼
>
> ― 「여름산」 전문

관능은 생명이다. 에로스, 곧 삶에 대한 욕망과 관계 있다. 고명 시인의 시들에는 고단한 현실에 대비되는 이러한 원시적 관능, 원시적 생명을 읊은 시들이 많다. 「오랑캐꽃」 후반부를 보자.

> 누군가를 사랑하고 싶어라
> 한 마리 들짐승 되어
> 쑥부쟁이 지천으로 핀 들판을 달려 달려
> 뜨거운 숨덩어리
> 햇피를 꽃보다 붉게 쏟고 싶어라

원시적인 생명성이 꽉 들어찬 시가 아닌가. 다시 말하지만 관능은 생명이다. 가장 생명이다.

그런데 이들 시에서 주목되는 것은 남성성의 여성성으로의 전치이다. 그럼으로써 여성의 남성성의 전유이다. 나무는 본래 남성성을 상징하는 것이다(뿌리를 내리고 열매를 맺는 나무는 물론 여성성이다) 「여름산」에서의 "짐승의 거친 숨소리"는 남성의 거친 숨소리이다. 그래서 숲길은 여성성이다. "비가 질척하게 고여 있는/숲길"이기 때문이다. 시인은 그러나 두 연 전부에서 나무를 여성성으로 옮겨놓는 위반을 시도하고 있다. 나무들의 젖은 몸은 젖은 여성이기 때문이다. 여성이〔나무가〕페로몬 냄새를 풍기고 있기 때문이다(페로몬은 성정 性情을 자극하는 호르몬 물질로 알려져 있다). 두 번째 연의 "안단테"도 '여성적'이다. 그리고 나무를 "한낮의 잠 속으로 노곤하게 빠져드는/알몸의 여자"로 비유하고 있기 때문이다. (두번째 시집『지상이라는 이름의 정거장』에 실린「오색 딱따구리의 연가」에서도 나무는 여성성이었다. 나무를 쪼는 딱따구리를 남성성으로 볼 수 밖에 없기 때문이다. "딱따구리"는 "아들 낳고 딸 낳고 딱따굴딱따굴/솔솔솔솔 한 세상 재미있게 살아보자구나"라고 노래하고 있다.)

「오랑캐꽃」에서도 마찬가지다. "한 마리 들짐승"은 남성성이다. 그러나 '한 마리 들짐승'은 이 시에서도 여성성으로 전치된다. "햇피를 꽃보다 붉게 쏟"는 들짐승이기 때문이다. 햇피는 처녀의 피를 상징한다.

시인이 나무를 여성성으로 들짐승을 여성성으로 바꾸어놓은 것은 남성성의 여성성으로의 전치만을 의미하지 않는다. 남성성이 여성성으로 전치되었다는 점에서 여성성은 남성성을 내포한 여성성이 된다. "짐승의 거친 숨소리"라는 남성성이 여성에게도 발휘될 수 있음을 보여주는 것이다. "한 마리 들짐승"이라는 남성성이 여성에게도 잠재하고 있음을 보여주는 것이다. 인간과 인간을 둘러싼 생명을 아울러 고려하는 관점이 생태주의라면, 생명 전체를 고려하는 것이 생태주의의 관점이라면, 이 시는 남성성과 여성성을 구별하지 않고 있다는 점에서, 오히려 여성성이 남성성을 포괄하고 있는 관점을 보여주고 있다는 점에서, 넓은 의미에서의 여성생태주의의 범주에 속하는 시라고 할 수 있다.

남성성이 남성성으로 표현될 때보다 남성성이 여성성으로 전유되었을 때가 더 남성적으로 보인다. 더 남성적인 시로 보인다. 더 생명적으로 보이기 때문이다. 여성성과 남성성이라는 별개의 생명성이 하나로 합쳐져서 두 개의 생명성이 되었기 때문이다. 생명성의 덩치가 커졌기 때문이다.

　밤 기차 소리도 생명을 상징한다. 기차는 동서양의 많은 문학 작품에서 '새로운 괴물'로, 다시 말해 문명이 낳은 새로운 괴물로 상징되었지만 고명의 시에서는 생명성에 대한 상징으로 나타난다. 에로스에 대한 상징으로 나타난다. 더 구체적으로 말하면 남성성에 대한 상징으로 나타난다(이 시에서는 「여름산」과 「오랑캐꽃」에서와 달리 남성성이 여성성으로 전치되지 않고 남성성이 그대로 남성성으로 표현되었다).

　　　　짐승처럼 으르렁거린다
　　　　유리창을 할퀴어대며 우우우
　　　　울부짖다가 지친듯이 멀어져
　　　　간다
　　　　복숭아꽃 살구꽃 산마을 중학교의
　　　　어린 선생이었을 때
　　　　자취방에서 듣던 밤기차 소리를
　　　　누군가의 울음 소리를
　　　　몰려가는 바람소리 속에서 듣는다
　　　　창마다 낮은 불빛이
　　　　그리운 이름처럼 새어나오고 있을
　　　　빈 들판을 가로지르며 달려가는 기차
　　　　의 먼 길을 생각하며 몸을 뒤척거리다가
　　　　곤히 잠들어 있는 한 사람
　　　　을 들여다본다 이 사람은 누구이기에

이정표도 없는 먼 철길을
즐거이 나와 함께 걸어온 것일까
낡아가는 한 여자 옆에
낮의 수고를 다 잊어 버리고
가지런한 숨결로 누워 있는 걸까
까칠한 손끝으로 한 남자의 잠든 얼굴을
조심조심 쓸어본다 멀리 떠나는 사람처럼
유리창에 눈시울이 붉어지는 밤
바람소리 불어 그치지 않는다

― 「유리창」 전문

"짐승처럼 으르렁거"리는, "우우우 울부짖"는, 등의 표현으로 보아 기차는 여성성의 생명성이 아닌, 남성성의 생명성을 상징하고 있는 것으로 보인다. 아니나 다를까. 이 시의 후반부를 보면 기차는 다름 아닌 '시적 자아' 곁에 누워 있는 남자·남편이었다. 인용의 끝부분의 "한 남자의 잠든 얼굴을 조심조심 쓸어본다"라는 구절을 남성성을 상징하는 기차를 만지는 것으로 해석할 수 있다. 그렇게 되면 이어지는 "눈시울이 붉어"진다는 표현을 여성성을 상징한 것으로 볼 수도 있게 된다. "바람소리 불어 그치지 않는다"라는 표현을 에로티시즘의 표현으로 볼 수도 있게 된다. 시 중반부의 "빈 들판을 가로지르며 달려가는 기차/의 먼 길을 생각하며 몸을 뒤척거리다가"라는 표현을 에로티시즘을 갈망하는 표현으로도 볼 수 있게 된다.

4

그래서 '사랑의 시'이다. '생명의 시'를 쓰는 자는 사랑의 시를 쓰는 자이다.

> 가을에도 그리운 이름이 없다는 것은 쓸쓸한 일이다
> 가을에도 그리운 얼굴이 없다는 것은 행복한 일이다
> ─「마흔살의 팡세」 전문

그렇다. 그리워할 사람이 없다는 것은 쓸쓸한 일이다. 그런데 "가을에도 그리운 얼굴이 없다는 것은 행복한 일이다"라니? 사랑하는 사람이 옆에 있으니까? 그리워할 필요가 없으니까? 이것은 첫 번째 해석이다. 두 번째 해석은 '마흔 살의 팡세'라는 제목에 유의하는 것이다. 마흔 살은 혹은 사십대는 인생의 중심, 인생의 절반 쯤에 해당하는 부분. 그만큼 해야할 일, 신경 써야할 일이 많다. 그런데 '그리움'이라니? 그리움은, 사랑은, 삶을, 삶을 영위하는 것을, 힘들게 할지 모른다. 그래서 "가을에도 그리운 얼굴이 없다는 것은 행복한 일이다"라고 했다고 해석하는 것이다. 불혹의 나이에 '불혹'하고 있으니 행복하다고 했다고 해석하는 것이다.

세 번째 해석은 첫 번째 해석의 보완으로서 둘째 행의 "가을에도"의 '도'라는 조사를 '마흔살의 팡세'라는 제목과 연관시켜 해석하는 것이다. 마흔살이 되었어도, 그리고 가을이 되었어도, 곁에 있는 '그'를 사랑하고 있다는 것이다. 누구를 그리워할 여지가 없이 그를 사랑하고 있다는 것이다. 그래서 행복하다는 것이다. 다음은 「가는 봄」 전문.

> 꽃잎이 날린다
>
> 꽃이 죽어

꽃의 영혼들이 하얗게

하얗게 손수건을 흔들어댄다

나 죽으면 화장을 하리라

흰 뼛가루로

한번만 더 이 세상 뒤돌아보고

하늘길 가벼이

꽃가루 되어 떠가리라

 현실에 대한 미련이 없다. 훌훌 털고 일어나 미련없이 현실을 떠나려고 하는 자의 노래이다. 그만큼 삶에 자신 있었기 때문일까. 그래서 죽음에도 자신이 있는 걸까. 그만큼 열심히 살았기 때문일까. 열심히 살았던 사람은 떠날 때도 열심히 떠나지 않을까. "사랑하였으므로 나는 행복하였네라"(『붉은 어깨 도요새』)라고 말했던 사람은 떠날 때도 미련없이 떠나지 않았을까.
 아니면 삶은 그에게 짐이었을까. 삶을 사랑했으나 삶은 그를 배반했을까. 삶이 그를 배반했으므로 삶을 미련없이 떠나겠다고 한 걸까. 아니, 삶이 그를 배반했지만 삶에 한 때 기대를 걸었으므로, 삶을 한 때 사랑했었으므로, "한번만 더 이 세상 뒤돌아보고" 떠난다고 한 걸까. 꽃잎을 꽃의 영혼으로 은유한 것은 탁월한 은유이다. 서정적 자아는 "꽃잎이" 분분히 "날"리듯이, "꽃가루"처럼, 이 세상을 "가벼이" 떠나겠다고 하고 있다.

제4부

궁핍한 시대의 시

세상 속으로의 달관
― 임보의 『운주천불』

내용과 형식은 서로를 규정한다. 예를 들어 자연주의 문학에 나타나는 노동자계급의 생활 내용과 이것을 묘사하는 '시간확대경기술'(혹은 '순간문체')의 관계가 그러하며, 고전주의의 조화, 완성, 균형, 절제의 정신과 엄격한 운율의 관계가 또한 그러하다. 내용이 그 시대의 아들이라면 형식 또한 그 시대의 아들이다. 그러나 통시적인 형식도 존재한다. 통시적인 내용도 존재한다.

예를 들어 일본의 하이쿠, 독일의 엘프헨, 한국의 네마디 단형시(혹은 四短詩)들은 시대를 넘어 통시적으로 존재한다. 내용 또한 통시적이다. 17음절의 하이쿠는 자연(혹은 계절) 속의 인간을 노래한다. 11개의 단어로 구성된 엘프헨은 경구적 내용을 담을 때가 많다. 한국의 사단시四短詩는 "즉물적, 즉정적인 내용을 해학과 기지에 의해 인상적으로 표출해낸다."(임보) 물론 자연과 인간의 관계는 시대마다 다르다. 존재론적, 형이상학적 테마가 동어반복일 수 없다. 인간과 사회의 관계 또한 옛날과 지금이 같을 수가 없다. 하나의 하드웨어 속에 다양한 소프트웨어가 공존할 수도 있다. 내용은 그러므로 통시적이면서 공시적이다.

임보 시인의 사단시 모음집 『운주천불』에는 '주체의 세계'와 '주체를 부정하는 세계'가 통시적으로 공존한다. 근대와 탈근대의 세계가 공존한다는 말이다. 이것은 우리가 근대적 상황과 탈근대적 상황이 혼재하는 사회에 살고 있기 때문일 것이다.

1

데카르트는 방법적 회의를 통해 근대적 자아를 성립시켰다. 데카르트는 일체의 모든 것을 회의하였으나 회의하는 주체만은 회의할 수 없다고 하였다. '나는 생각한다'는 것은 다름 아닌 '나는 회의한다'는 것이었다. 회의하는 자아를 통해 이전의 세계와 이후의 세계는 확고하게 분할되었다. 이전의 세계에서는 신이(혹은 신학이) 모든 것을 설명하는 근거였으나 이제는 회의하는 자아가 모든 것을 대상화해서 정리하고 구획하는 근거였다. 신의 존재도 '회의하는 자아'의 회의의 대상이었다. 피히테는 한 걸음 더 나아가 절대적 자아das absolute Ich를 상정하고 현상세계는 외적 사물 자체에 근거하는 것이 아니라, 즉 그 자체로 존재하는 것이 아니라, 절대적 자아가 상상하고 정립하고 제한할 때 비로소 존재하는 것이라 하였다. 임보 시인의 여러 시편들에는 이런 생각하는 주체로서의 근대적 자아에 대한 성찰이 나타난다. 시인이 '몸'을 "우주를 담은 그릇/세상의 한 중심"(「몸」)이라고 단언했을 때 여기서의 몸이란 바로 우주의 모든 것을 대상화시키는 '생각하는 주체'로서의 몸이다. 인간을 세계의 중심에 두는 근대적 인간관이다. 「조각」이란 시에서 조각 작업을 가리켜 "돌 속에서 여자를 끌어내고/돌 속에서 연꽃을 빚어내"는 것이라고 했을 때 조각가는 예전에 신이 했던 창조자로서의 역할을 하는 것이다. 「물」이란 시에서 물을 "생명의 씨/생명의 밭"이라고 한 것은 생명이 물에서 시작하였다는 생물학적 진화론적 관점으로서 바로 근대적 자아가 탄생시킨 자연과학적 인식론을 옹호하는 관점이다. 생물은 어류, 양서류, 파충류, 조류, 포유류 등의 순서로 진화하였으며, 인간은 포유류에서도 가장 진화한 족속이라고 하지 않는가. 인간은 세계를 대상화해서 바라볼 수 있는 유일한 존재가 아닌가.

2

그러나 시인은 주체가 세상을 대상화시킨 이후의 결과에 대해서 알고 있었다. 주체는 세상을 휘저어놓았다. 「손」이라는 시를 보자.

> 네가 만지고 가리키는 것들은 모두
> 이내 병을 얻어 말라죽는구나
> 탐욕의 독은 화살보다 사납다
> 거두어라! 너 반역의 발이여

인간은 원래 네발 동물이었으나 앞의 두 발이 손이 되면서 직립보행을 하게 되었다. 시인은 이때부터 인간과 자연의 관계가 공존의 관계가 아닌, 주체와 객체, 지배와 피지배의 관계가 되었다고 인식한다. 근대적 자아의 싹을 원시인류에까지 소급시킨 것이다. 인간에게 자연은 이용의 대상, 착취의 대상이었다. 손이 "만지고 가리키는 것들은 모두/이내 병을 얻어 말라죽"었다. 급기야 시인은 "인간의 손이 하는 일은 늘 재앙을 불러온다"(68)는 인식을 하기까지에 이른다. '손'은 나중에 히로시마의 원자폭탄과 아우슈비츠의 독가스를 만들어내지 않는가. 이점에서 '손'은 호르크하이머가 『도구적 이성 비판』에서 지적한 근대적 자아의 '도구적 이성'과 관계가 있다. 호모 파버(도구적 동물), 호모 에코노미쿠스(경제적 동물)를 상징한다. 다음은 또 하나의 절창 「오동이 섰던 자리」를 보자.

> 뜰 앞이 너무 어둡다고
> 스무 해 오동을 베어냈더니
> 찬바람만 가득 몰려와
> 종일 북새통을 치고 있네

이당취수移堂取樹, 즉 집을 옮겨 나무를 살리는 것이 아니다. 집을 살리기 위해 나무를 죽였다. 자기 편의를 위해 자연을 파괴하고, 이데올로기가 다르다고 해서 다른 이데올로기를 죽이고, 자기 종족의 번영을 위해 다른 종족을 압살했다. 이러한 근대적 자아에 대한 하나의 탁월한 압축파일이 아닌가. 인간에게 보내는 무서운 경고가 아닌가.

근대적 자아의 부정성에 대한 반작용으로서 인간과 자연이 공존했고, 신이 인간을 보호해주던 낙원 시절에 대한 그리움은 필연적이다. 인간은 신성의 장막을 걷어내고 신으로부터의 자유를 얻었지만 그것은 동시에 행복으로부터의 도피였다. 인간은 돌아갈 수 없는 강을 건넜다. 「배꼽」이란 시를 보자.

> 폐쇄된 문

> 고향으로의 통로는 막혔다
> 탄생은 모체의 상실
> 그래서 삶은 외롭다

 탄생은 동시에 상실을 동반했던 것이다. 신에 의한 '후견'("Bevormundung", 칸트)으로부터 벗어나 주체가 탄생했지만, 그리고 모든 것을 주체에게 복속시켰지만, 대가는 모체와의 영영 이별이었다. 인간은 이후 '고향을 잃어버렸다는 느낌'("Heimatlosigkeit", 하이데거)과 동행하게 되었다. 주체는 외로운 주체인 것이다. 「배꼽」은 모체(신성의 세계)와 결별하고 새로운 자아(회의하는 자아)가 탄생한 것에 대한 알레고리이다. 다시는 고향으로 돌아갈 수 없는 인간, 그러므로 고향을 상실한 존재로서 고향을 그리워할 수밖에 없는 인간에 대한 알레고리이다.

3

 고향을 상실한 주체라는 인식은, 모든 것을 대상화함으로써 대상으로부터 소외된 주체라는 인식은, 시인으로 하여금 의도적으로 주체를 제외시키게 하였다. 시인은 저자를 죽였다. 객체를 '서술'하는 것도 아닌(서술에는 주체가 관여한다), 객체를 '묘사'하고 있을 뿐이다.

> 늦 정월 떼눈 속에
> 타는 동백꽃
> 꽃불에 입 녹이다

조는 동박새
—「꽃새」

일반적으로 시 속에는 퍼스나persona라고 하는 시적 자아가 들어 있기 마련이다. 가령 '조는 동박새'를 시적 자아로 상정하는 경우가 그러하다. 황동규 시인이 「풍장 70」에서 "조그만 물새 하나"가 "물에 비친 자신의 모습을 보는가/조으는가" 읊었을 때 퍼스나는 바로 물새이다. 주체(물새)와 객체(물에 비친 모습)의 구분을 지양한 것, 주체와 객체를 합일시킨 것이라는 해석은 그 다음이다. 그러나 「꽃새」에서의 동박새는 그대로의 동박새일 뿐 퍼스나가 아니다. 시인은 해설(시집 『운주천불』에 실린 모든 시들에는 시인의 짤막한 해설이 덧붙여져 있다)에서 "동박새조차 졸고 있는데 나만 깨어 있다"고 하였다. 「꽃새」에서 퍼스나는 객체를 묘사하는 관찰자 관점으로만 존재한다.

시인이 「강」에서 강을 "대지의 동맥/시간의 띠"라고 했을 때, 「산」이라는 시에서 산을 "대지의 등뼈 강들의 자궁"이라고 했을 때, 시적 자아는 시 바깥에만 존재한다. 그뿐만 아니다. 여기에서의 강과 산은 주체가 관여하지 않는, 따라서 훼손되지 않은, 원시 그대로의 강과 산을 의미한다. 강은 '대지의 동맥'이고 '시간의 띠', 산은 '대지의 등뼈'이고 '강들의 자궁'일 뿐이다. 그러나, '읽는 자'는 어쩐지 낯선 느낌이 든다. 정말 그런가. 댐으로 강은 막혀있지 않은가. 길을 내느라 산은 마구 파헤쳐지지 않았는가. 주체에 대한 불신을 역설적으로 드러내려고 한 것이라고 할 수 없을까.

자연을 객체로 보지 않고 주체와 대등한 존재, 혹은 주체와 구분되지 않는 존재로 보려는 관점 물론 존재한다. 『산색山色』이란 시를 보자.

> 강물에 낚시 드리운 채
> 한나절을 산그림자만 보고 있다
> 문득, 어인 일로 입질도 안 하지?
> 어허, 미끼도 채 잊었었네 그려

 미끼를 놓지 않았으니 입질도 없다. 주체와 객체가 낚시 줄로 연결되어 행복한 소통을 누리고 있다. 아니면, 주체도 없고 객체도 없다고 말하는 것인가.

4

 또 하나 지적하고 싶은 것은 '주체에 대한 성찰'과 '주체에 대한 의심'의 다른 꼭지점에 있는 것으로서 삶을 있는 그대로 받아들이는 자세이다. 교미한 후 암컷에게 잡아먹히는 숫버마재비를 시인은 "황홀"(「숫버마재비의 노래」)하게 바라본다. "문둥이 데리고 산다고 욕하들 말"(「문둥이」)라고 한다. 시인에게 인간은 모두 결함이 있는 문둥이일 뿐이다. 삶을 받아들이는 자세는 다름 아닌 삶의 모든 희노애락에 적극적인 반응을 보이는 자세이다. 희노애락 없는 삶이 있는가, 희노애락 없는 삶도 삶인가, 라고 묻는 자세이다. "그대 가슴속으로 파고들어/들어앉은 뭇사내놈들 다 몰아내고"(「염불念佛」) 싶다고 질투한다. 세상은 "좀 먹어 병든 세상"(「4·19묘지에서」)이다. 누가 백이고 누가 흑인지 모르겠는 청문회장의 인간들에게 "이 정상배 무리들아!"(「청문회聽聞會」)라고 욕한다. 대권을 잡으려는 자들을 자기 짐도

세상 속으로의 달관 | 233

버겁거늘 "천의 짐을 지고 가려는 자"(남면南面)들이라고 비방한다. 지천명의 나이를 넘겼는데도 "아귀다툼"의 한가운데 있는 자기를 본다(「노치老癡」). 절망을 재산으로 인식한다. "고뇌가 없는 인생 무슨 맛이리"(「불춤」)라고 영탄한다. "법주사 큰 불상은/몸집이 너무 커서/수만금數萬金 삼키고도/배가 차지 않나 보네"(「불상」)라며 종교에 간섭한다.

　삶이 중요하다, '오직' 삶이 중요할 뿐이다. 시인은 "극락이 따로 없"고 "오르다 쉬는 곳" 바로 "이곳이 극락"(「극락이 따로 없네」)이라고 말한다. 운주사雲住寺에 있는 천 개의 불상들에 대한 이름인 '운주천불'을 표제시로 삼은 것도 이 때문이 아닐까. 각양각색의 삶을 있는 그대로 받아들이자는 것 아닌가. 세상을 있는 그대로 긍정하자는 것 아닌가. 이것을 '세상 밖으로의 달관'이 아닌 '세상 속으로의 달관'이라고 명명할 수 있을까. 본질이 따로 없다는 생각, 눈앞에 펼쳐진 것이 바로 본질이라는 것은 이 시집의 백미인 「씨」에서 드러난다.

　　　껍질을 벗기면 다시 또 껍질
　　　껍질을 벗기면 다시 또 껍질
　　　양파의 씨가 어디 있느냐고?
　　　네가 벗기는 그것이 바로 씨다

　시인은 껍질이 바로 본체라는 인식에 도달하였다. 현실을 전면적·적극적으로 받아들이라는 것을 이보다 더 형상적으로 그려낼 수 있을까. 플라톤은 '동굴밖/동굴안 비유'를 들었다. 동굴 밖에는 진짜 불이 타고 있고, 동굴 안에 있는 인간은 동굴 벽에 어른거리는 불그림자를 볼 수 있을 뿐이라는 것. 그런가. 불타는 세상이 따로 있는가. 양파껍질이 곧 씨 아닌가. 눈에 보이는 것이 전부 아닌가. 플라톤의

'동굴밖/동굴안 비유' 대해 가히 임보의 '양파의 비유'라고 명명할 만하다. 눈앞에 있는 것이 본체라는 것은 「마곡사麻谷寺 골짝」이라는 시에서도 드러난다. "나무 위"의 "다람쥐", "개울 속"의 "피래미", "뱀딸기", "개망초", "댕댕이", "머루넝쿨"들은 "염주, 목탁 없이도"(여기서 '염주 목탁'은 이 현실을 유일한 본질로 인정하지 않는 이원론적/순환론적 태도의 종교 일반을 비유한 것이다) "잘도" 논다고 하지 않는가.

패러디와 현실 풍자
— 박이도의 『民譚詩集』

 박이도 시인으로 하여금 쓰지 않고는 배기지 못하게 한 것은 '현실'이다. 현실의 불의, 부정이다. 『민담시집』의 민담시 대부분은 현실의 불의, 부정에 자극 받아 쓰여진 것들이다. 서문에서 박이도 시인은 "사회비평적인 칼럼이 민담시로" 표현된 것이라고 하였다. 민담시들이 당대 사회에 대한 비판이라는 것을 분명히 한 것이다. 그러나 비판은 비판을 위한 비판이 아니라, 희망을 담보하는 비판이다. 시인은 서시「예레미야」에서 "지금,/이 나라에/이 백성의 영혼 속으로/희망을 선포하는 자/살아 있는 예언자는 없는가"라고 외치고 있다. 희망을 찾고 있다.

1. 상호텍스트성, 패러디

 박이도 시인의 민담시들은 바흐친에 의해 명명된 '대화성'의 맥락으로, 줄리아 크리스테바에 의해 처음으로 명명된 '상호텍스트성'의 맥락으로 고찰할 수 있다. 크리스테바는 모든 텍스트를 예외 없이 "인용의 모자이크"이거나 "다른 텍스트의 흡수, 다른 텍스트의 변형" 으로 파악하였다. 물론 상호텍스트성을 텍스트와 텍스트의 관계에 대한 그간의 다양한 전통적 수사법들인, 예를 들어 인용, 명유, 풍자, 번역, 각색, 패러디 등을 포괄하는 개념으로 이해할 수 있다.

박이도 시인의 민담시들을 상호텍스트의 맥락에서 파악하는 것은 '해 아래 새로운 것은 없다'는 솔로몬의 견해에 동의하는 것이다. '나'의 글쓰기는 타자의 글쓰기라는, 곧 '나는 타자다'라고 하는 라깡의 명제에 동의하는 것이다. '나'는 공간적 차이와 시간적 연기로서 존재한다는, 그러므로 흔적이라는, 데리다의 차연 사상에 동의하는 것이다. '저자의 죽음'을 얘기한 바르뜨의 견해에 동의하는 것이다. 후기구조주의, 혹은 후기모더니즘의 견해에 동의하는 것이다. 상호텍스트성은 후기모더니즘의 주요 기법 중의 하나이다.

상호텍스트성을 가장 잘 드러내주는 수사법은 패러디이다. 패러디는 원작(?)에 대한 모방이고 변용이기 때문이다. 여기서 모방은 형식의 모방이고 변용은 내용의 변용이다. 패러디의 또 하나의 주요 특징은 희극성이다. 형식과 내용의 어긋남이 희극적 느낌을 주기 때문이다. 모방, 변용, 희극성이 패러디를 구성하는 기본 개념들이라면 풍자는 패러디의 목적이다. 서시 「예레미야」 바로 다음에 놓인 「나의 소원은 통일」이라는 시를 보자.

   나의 소원은 통일
   우리의 소원은 통일
   김대중의 소원은 통일
   대한민국의 소원은 통일

>   김일성의 소원도 통일
>   김정일의 소원도 통일
>
>   김대중의 소원도 통일
>   김정일의 소원도 통일
>   통일 통일 만만세
>
>   어느날 아침 세상을 살펴보니
>   나는 反 통일분자가 되어 있구나
>   내가?
>   우리가?
>
>   ─ 「나의 소원은 통일」 전문

「우리의 소원은 통일」이라는 노래(원작)의 패러디이다. 형식이 모방되었고 내용은 변용되었다. 풍자한 것은, 지도자들의 통일에 대한 접근 방식에 이의를 제기하는 자를, 여기서는 "나"를, 그리고 '나'와 같은 생각을 가진 "우리"를, 반통일분자로 매도하는 저간의 현실이다. 저간의 현실을 비판하는 것이다. "내가?/우리가?"라고 한 것은, 끝에 의문부호를 붙인 것은, '나와 우리를' 반통일분자라고 하는 것에 동의하지 않는다는 것.

2. 풍자시들

박이도 시인도 『민담시집』의 서문에서 민담시의 요체를 다음과 같이 밝히고 있다.

민담 속의 이야기 형식을 빌어 그 속의 특유의 어법들을 살려 재현하는 일이다. 더러는 민담의 몇 군데를 인용하는 경우가 있고, 일부는 그대로 소개하고 그 이야기의 줄거리에 맞는 유형대로 오늘의 우리 사회에서 벌어지는 일들을 재구성해 풍자하는 예도 있다.

"민담의 몇 군데를 인용하는 경우가 있고, 일부는 그대로 소개하고 그 이야기의 줄거리에 맞는 유형대로 오늘의 우리 사회에서 벌어지는 일들을 재구성해 풍자"한다고 하는 것은 상호텍스트성을 명시한 것에 다름 아니다. 특히 이 시집의 민담시들에서 주목을 끄는 것은 민담을 "그대로 소개하고 그 이야기의 줄거리에 맞는 유형대로 오늘의 우리 사회에서 벌어지는 일들을 재구성해 **풍자**"한 경우이다. 「농부와 변호사」, 「I AM CRAZY」, 「구린내전錢 타령」, 「도둑이 제 발 저린 법이유」, 「똥싼 놈이나 잡아주세요」, 「뭐라고」, 「미테랑의 거짓말」, 「피양에선 돈 지고 오라네」, 「거짓말 法」, 「무엇이 무서워 못 오시나요」, 「입 닥쳐」 들이 여기에 속한다. '원전' 민담을 패러디하여 이 사회에서 일어난 일들을 풍자하고 있다. 대부분 '국민의 정부'에서 일어난 여러 사건들이 도마 위에 오른다. 각종 게이트(주로 뇌물 스캔들), 언론사 세무조사, 감청 도청 사건, 정치인의 거짓말, 햇볕정책(혹은 '북한 퍼주기' 정책) 등이다.[1] 「피양에선 돈 지고 오라네」를 예로 들어보자. 먼저 '원전' 민담은 다음과 같다.

우리 慕瑟浦으 배가 뜨고 들어오고 하는 디를 돈지라고 합니다

---

[1] 이점에서 『민담시집』은 패러디가 "현실 풍자 및 체제 저항의 수단으로 활용될 수"(이재복) 있음을 보여준 모범적 예라고 할 수 있다.

마치 제주목 안으 항구에 배가 뜨고 들어오고 하는 디를 산지라고 하듯이.

모슬포 앞바당에는 마라도 가파도라는 두 섬이 잇수다. 그래서 돈지 가파도 마라도으 地名을 가지고 제주 사람은 우스개 말을 합니다.

"당신 어디 가오?"
"나 돈지로 가오."

이 돈지로 가오 하는 말은 '돈을 지로 가오' 하는 말로 들립니다.

"돈은 어떤 돈?"
"가파도 돈, 마라도 돈?"

이 말은 갚아도 되는 돈, 안 갚아도 되는 돈이라는 말로 들립니다.

다음은 시인이 위의 '원전' 민담을 토대로 오늘의 우리 사회에서 일어난 일을 재구성해 풍자한 것이다. 전문이다.

어느날 산신령이 나타나
王회장의 꿈을 해몽하니
金剛山은 金鑛山이로구나
王회장 노다지 캐러 갔네
소떼 몰고 돈지러 갔네

피앙에선
올래문 오라우
돈지고 오라우
갚아도 되고 말아도 되는 돈이라면
돈지고 오라우

가디요, 암 가야디요
일가친척이 그립고
동포애가 넘쳐
돈 지고 갈랍니다

모슬포에선
돈지러 간다는데
피앙에선
돈지고 오라네

부잣집이 망해도 3년은 간다는데
王회장, 3년도 못 가 쪽박만 찼다네

金剛山은 금강시산金僵屍山이런가
햇볕으로도 녹일 수가 없구나

　먼저 '원전' 민담의 경우. "돈지"는 "배가 뜨고 들어오고 하는" 곳에 대한 이름이다. 그런데 "돈지로 가오"라고 했을 때 제주 사람들은 이 '돈지로 가오'라는 표현을 "돈을 지로 가오", 즉 '돈을 벌러 가오'라는 우스개 소리로 듣는다. 이 '돈을 벌러 가오'의 '돈'이 모슬포 앞바다에 있는 가파도, 마라도라는 섬과 결합하면 "가파도 돈", "마라도 돈"이 되는데, 다름 아닌 갚아도 되고 안 갚아도 되는 돈이라는 것이다.

　'원전' 민담을 읽고(혹은 듣고) 시인은 '오늘의 우리 사회에서 일어난 일'로 '북한 퍼주기'를 떠올린다. 시인은 우리 기업이나 정부가 북한에 일방적으로 '퍼주고' 있다고 생각한다. "갚아도 되고 말아도 되는 돈"이라고 한 것이 그것이다. 북한은 "돈을 지로 가"는 곳이 아니라, 즉 돈 벌러 가는 곳이 아니라, "돈 지고" 갖다 바쳐야 하는 곳이다, 라고 생각하고 있다. 전형적인 패러디의 시이다. 형식은 모방되었고 내용은 변용되었기 때문이다. '북한 퍼주기'라는 내용으로 변용되었기 때문이다. 현실을 풍자했기 때문이다. 이외 패러디 구조가 분명히 드러나는 예로 「무엇이 무서워 못 오시나요」가 있었다.

3. 어법의 재현

박이도 시인이 거론한 민담시집의 민담시들의 주요한 특징 중의 하나가 "민담 속의 이야기 형식을 빌어 그 속의 특유의 어법들을 살려 재현"해내는 일이었다. 이것도 상호텍스트성에서 멀리 떨어져 있는 것이 아니다. 역시 패러디로 볼 수 있다. 예를 하나 들어 보자. 「소리 없는 방울」이라는 시에서 마지막 연의 "우는 아이들이 뚝! 그치는/방울 소리는?/'방울방울 우유 한 방울'"은 첫째 연의 "호랑이 담배 피우던 시절/소리 없는 방울은?/'솔방-울-'"을 패러디한 것이다. "민담 속의 이야기 형식을 빌"리고 "그 속의 특유의 어법들을 살려" 패러디한 것이다. 다음 「누가 오나 누가 오나」의 시작始作도 그렇게 볼 수 있다.

> 미나리는 사철이요
> 장다리는 한철이네
>
> 민심은 사철이요
> 권세는 한철이네

시인은 첫째 연에 대한 주석에서 첫째 연은 숙종 시대의 "구전 민요"로 일명 "미나리요"라고도 하는데 "숙종이 정비 인현황후를 폐위하고 장희빈을 후궁으로 맞"았을 때 "백성들 사이에서 불"려졌던 것이라고 밝히고 있다.

"미나리"는 인현황후, "장다리"는 장희빈을 가리키고 있다. 둘째연은 첫째 연의 패러디로서 미나리 대신 "민심"이, 장다리 대신 "권세"가 들어갔다. 민요 속의 이야기 형식을 빌리고 그 속의 특유의 어법을, 여기서는 4·4 조의 2음보 어법을, 되살려내었다. 그리고 이 민요시에서 주목되는 것은 구전 민요인 첫째, 둘째 행의 미나리요와 셋째, 넷째 행의 패러디 민요가 합해져서 또 하나의 민요(시)가 만들어졌다는 것이다. 원래 우리 민요는 율격에 있어 2음보의 경우 4·4조, 혹은 3·3조이고, 시행은 2음보나 2음보의 배수가 되고, 전체 구조에 있어서는 반복과 병치가 주요 특징인데, 이러한 특징이 위의 「누가 오나 누가 오나」 앞부분에서 그대로 재현된 것이다. 한 행이 4·4조 이음보이고, 첫 2행에서 반복이 이루어졌으며(미나리/장다리, 사철/한철), 첫 2행과 나중 2행이 병치 관계에 놓여있다.

4. 기타 민담시들

이외 『민담시집』의 민담시들 중에는 시인의 말을 덧붙이지 않은 것들도 있다. 민담을 그대로 소개한 것들도 있다. 그렇다 하더라도 시로 재구성되지 않았다는 것은 아니다. 시인은 민담을 민담시로, 즉 운문으로, 각색하였고 제목을 붙였다(각색이라는 점에서 역시 상호텍스트성의 범주에 놓여있다). 여기에 속하는 대표적인 것들로 「꽁지

있나 봐」, 「비-비 쫑」, 「까투린 궁합도 안 보네」, 「바람둥이 굴뚝새」, 「의관衣冠을 썼디야, 지게를 졌디야?」들이 있다 (이들을 '각색 민담시'로 부르면?). 민담을 운문으로 각색한 다음, 끝에 짤막한(혹은 약간 긴) 토를 단 경우도 있었다. 「바아악 구욱, 바아악 구욱!」, 「오동나무의 人格」, 「샘물소리」들이 여기에 해당된다. '토'는 옛날과 지금의 차이에 대한 격세지감의 토로이거나 교훈적 훈계의 내용, 혹은 앞의 민담을 반박하는 내용을 담고 있었다. 기존의 '원전' 민담을 앞에 놓고 뒤에 시인의 창작 민담시를 추가한 경우도 있었다. 「꼴까닥! 타령」, 「가자, 가파도 마라도」가 여기에 속한다. 그리고 '원전' 민담이 없고 시인의 창작 민담으로만 구성된 민담시도 있다. 「종다리의 권농가」가 여기에 속한다.

5. 해학성

민담시집의 민담시들의 또 하나의 특징은 해학성이다. 이것은 앞에서도 거론하였지만 여기에 실린 시들의 많은 경우가 '원전' 민담의 패러디이고, 패러디의 주요 특징 중의 하나가 희극성이기 때문이다.[2] 그러나 사실 이러한 해학성은 민담을 패러디하지 않고 '원전' 민담만을 그대로 옮겨 놓은 경우, 혹은 '원전' 민담이 있고 여기에 이를 바탕으로 한 시인의 '창작' 민담(시)이 추가된 경우 더 두드러지게 나타나는 것으로 보인다. 이것은 민담, 혹은 민요 자체가 해학성을 주요 특징으로 하고 있기 때문이다. 하나만 예를 들어보자.

---

2) 해학Humor은 풍자Satire, 기지Witz, 반어Ironie와 함께 넓은 의미의 희극성 Komik(혹은 골계)의 하위 범주이기도 하다.

1
까부랑 노친네가 까부랑 나무에 올라가서
까부랑 띠를 싸넌데 까부랑 가이레 와서
까부랑 띠를 먹을래다 까부랑 디깽이루 때리니꺼니
까부랑 까부랑하멘 다라났다

2
까부랑 가이는 어디로 갔을까
까부랑 골목을 지나 까부랑 고개로 넘어갔디
십리도 못 가서 발병 날 까부랑 고개로
넘어 넘어 가다 꼴까닥!

―「꼴까닥! 타령」 전문

먼저 '원전' 민담의 해학성이다. "까부랑"은 꼬부랑이다. 그러므로 꼬브랑 "노친네", 꼬브랑 "나무", 꼬부랑 "띠"〔똥〕, 꼬브랑 "가이레"〔개〕, 꼬브랑 "디깽이"〔지팡이〕이다. '까부랑'이라는 말 하나만 해도 해학적으로 들리는데, 여기서는 반복되어 사용됨으로써, 리듬이 얹혀짐으로써, 해학적인 느낌이 강화되었다. 이러한 해학성은 시인의 '창작' 민담이 덧붙여짐으로써 훨씬 더 강화되고 있다. 시인은 '까부랑'이라는 말을 그대로 사용하면서 후속 이야기를 하나 더 지어내고 있기 때문이다. 그리고 까부랑이라는 말과 어감이 비슷한 "꼴까닥!"이라는 말로 끝내고 있기 때문이다.

궁핍한 시대의 시인
— 이가림의 『내 마음의 협궤열차』

횔더린이 그의 유명한 비가 「빵과 포도주」에서 "궁핍한 시대에 시인은 무엇을 위해 존재하는가"라고 썼을 때 여기서 궁핍한 시대라 함은 '총체성을 상실한 시대'(=분열의 시대), 혹은 신성을 상실한 시대를 의미했던 것. 그러므로 횔더린에게 시인의 사명은 총체성을 환기시키는 일, 신성을 환기시키는 일이었다. 파우스트가 "이 세상의 가장 안쪽을 붙들고 있는 것은 무엇인가"라고 질문했던 것처럼 '가장 안쪽'에 대해 사유하는 일이었다.

사유의 본령은 '셈의 사유'가 아니라 '의미의 사유'. 그럼으로써 사유의 지평을, 존재의 지평을 넓히는 일이었다. 보이는 것보다 보이지 않는 것에 관심을 둠으로써 삶의 영역을 넓히는 일이었다. 그러나 언제부터인가. 이 세계의 가장 안쪽을 붙들고 있는 것은 무엇인가, 라는 류의 질문을 그만하게 된 것은? 근대 이후 이성적 사유, 합리적 사유, 셈의 사유만을 적법하고 정당한 것으로 간주했기 때문이다. 모든 것을 "계산 가능한 것으로 만들고 반복 가능한 것으로 재구성하고 생산 가능한 것으로 체계화하여 언제나 필요에 따라 사용 가능한 것으로 만들어버리는" 셈의 사유가 지배적인 경향이 되어버렸기 때문이다.

이가림이 보는 것은 '보이지 않는' 과거다. 현재를 궁핍함으로 인식하고 있는 시인은 과거를 봄으로써, 과거를 드러냄으로써, 현재의 궁핍함에 맞서려고 한다. '다른 것'을 제시함으로써 '이것'을 고발하려는 것. '다른 것'으로 '이것'을 채우려고 하는 것. 시인이 고발하는 내용, 채우려는 내용은 「내 마음의 협궤열차·2」에 잘 나타나있다.

>조랑말이 끄는
>쬐그만 협궤열차
>여천을 지나,
>야목을 지나,
>사리를 지나,
>고잔을 지나,
>소래를 지나,
>푸른 달빛 도장 찍는
>월곶을 지나,
>수원에 이르러 되돌아오는
>사라져간 녹슨 추억의
>덜컹 달구지
>
>그 옛날 파말마보다 더디게 달리는
>황소에 부딪쳐 넘어지기도 하는
>흔들가마
>
>— 「내 마음의 협궤열차·2」 부분

시인은 "더디게 달리는" 협궤열차를 보고 있다. "황소에 부딪쳐 넘어지기도 하는" 협궤열차를 보고 있다. '느린' 협궤열차, '가벼운' 협궤열차를 제시함으로써 빠른 현대, 무거운 현대를 의식시키고 있는 것, 빠른 현대, 무거운 현대를 고발하고 있는 것. '느림'과 '가벼움'을 기억하라고 하는 것. 빠름과 무거움은 현대문명의 특징이 아닌가. '더 빨리 더 높이 더 강하게'가 현대문명의 슬로건 아닌가. 그리고 우리는 이러한 "문명의 화산 위에서 살아가"(울리히 벡)는 자들이 아닌가. 앞에 무엇이 도사리고 있는 줄도 모르고 너도나도 마법의 피리소리를 따라가는 자들이 아닌가.

그런데 시인들은 무엇을 하고 있는가. 다음은 「서울에 온 랭보」 전문.

> 무엇보다도 먼저
> 서푼짜리 시인들의 얼굴에다
> 침을 뱉을 일이다
> 쭈그러진 깡통 따위만 떠내려가는
> 한강에
> 오줌을 갈길 일이다
> 폭풍우와 이마받이할
> 취한 배 한 척
> 띄울 수 없다니

"서푼짜리 시인들"이란 현대의 궁핍함을 외면하는 시인들이다. 현대의 궁핍함에 궁핍함을 더하는 시만을 쓰는 시인들이다. 빠져죽을 줄 알면서도 "폭풍우와 이마받이할/취한 배 한 척"을 띄우지 않는 시인들이다. 아니 취한 배를 띄우다니? 폭풍우와 이마받이하다니? 이런 비합리적인 짓이 있는가, 이런 비이성적인 행동이 있는가, 라고 되묻는 시인들이다. 이성적 사유 합리적 사유 셈의 사유에 편승하고 있는 시인들. 이가림은 한강유람선에 앉아서 현대문명에 경배하는 그래서 "한강에" "쭈그러진 깡통 따위"나 "떠내려가"게 하는 시인들이 아닌, 한강에 "오줌을 갈"기는, 그럼으로써 현대의 이성적 사유 합리적 사유 셈의 사유를 야유 조롱하는 '서울의 랭보'를 기다리고 있다. 랭보는 "폭풍우와 이마받이할/취한 배 한 척"을 띄운 시인이다.

> 환하게 부서져내리는 하늘과 솟구치는 불기둥을,
> 해랑과 해류를, 내 알지: 저녁을,
> 무수한 비둘기 떼처럼 황홀한 새벽을 내 알지.
> 사람들이 보았다고 말한 것을 내가 때로 보았지!

랭보의 「취한 배」의 한 구절이다. "사람들이 보았다고 말한 것을" "보았"다고 한 것은 큰 바다에서나 상상할 수 있는 '큰 장면'들을 보았다고 한 것이다. 공포를 함께 동반하는 '어떤 장엄'을 보았다고 한 것이리라. 부르주아 사회의 '쩨쩨하고 얄팍한' 세계에서는 상상할 수 없는 것을. 이가림의 「서울에 온 랭보」와 랭보의 「취한 배」는 상호텍스트성의 관계, 더 정확히 말하면 인유의 관계에 있다. 「서울에 온 랭보」는 '랭보'와 랭보의 '취한 배'를 인유하였다.

횔더린의 궁핍한 세계가 신성을 잃어버린 세계에 대한 명명이었던 것처럼 이가림 시인도 현대의 궁핍함을 신성을 잃어버린 데에 그 원인이 있다고 생각한다. 서로 적대적인 것이 하나였던 세계를 꿈꾸고 있는 것이 바로 그것.

> 세상의 처음
> 그 처음의 처음엔
> 물이 불을 껴안고 뒹구는

> 불이 물을 껴안고 뒹구는
> 커다란 혼돈의 밤
> 온통 백열白熱한 사랑밖에 없었으리
> 아아 일억 일천만년 전
> 빗방울이 바위를 때려
> 물방울 무늬 꽃들이
> 천 송이 만 송이
> 바위 가슴팍에 피어나던 순간
> 그 시원始原의 노래소리
> 여기 생생히 꿈틀거려
> 태어남이여
>
> ―「물방울 무늬 돌의 기억 ― 우포 늪에서」전문

"물"과 "불"은 서로 적대적인 것이 아닌가. 그런데 "물이 불을 껴안고 뒹"굴다니? "불이 물을 껴안고 뒹"굴다니? 시인은 "시원始原"의 "온통 백열한 사랑밖에 없"던 신성의 세계를 꿈꾸고 있다(신성을 상실한 분열의 현대, 궁핍한 현대를 고발하고 있는 것). "빗방울"과 "바위"가 부딪혀, 연함과 강함이 부딪혀, "물방울 무늬 꽃들이/천 송이 만 송이/바위 가슴팍에 피어나던 순간"을 노래하고 있다. 화엄의 순간을 노래하고 있다. 분열이 없는 세계, 구별이 없는 세계, 대상이 없는 세계(대상화하는 정신이 없는 세계), 나와 너가 하나인 세계, 나와 세계가 하나인 세계를 꿈꾸고 있다. 그 세계는 헤겔이 말한 법과 도덕, 신과 인간, 이성과 감성, 우연과 필연, 자연과 정신 등의 구별이 없는(혹은 분열이 없는) 총체적인 세계, 그러므로 낙원의 세계일 것이다. 그 세계는 또한 '혼돈의 세계'였으므로 밤의 세계로 비유될 수 있다. 시인에 의해 밤은 무심코 가정되는 부정적 이미지를 가진 세계가 아니라, 새로운 생명을 터뜨리는 긍정적 이미지의 세계로 전환된다.

> 찢긴 연鳶 하나 매달린
> 까치밥마저 떨궈버린 겨울 감나무에
> 환한 별꽃들이 피어나
> 마당가에 시나브로 지는 것
> 황홀하여라
> 오오, 위대한 밤의 어머니
> 무궁한 자궁 깊숙이에서
> 빛의 알들을 품고 있다가
> 하나씩 깨뜨려 눈뜨게 하는가
> 금강초롱 터지는 듯
> 별들의 웃음소리
> 까르륵 까르륵 쏟아지네
>
> ―「밤의 힘」 전문

"위대한 밤의 어머니"에서 '위대한 밤'과 '어머니'의 관계는 '위대한 밤'이 '어머니'를 수식하는 수식어와 피수식어의 관계가 아니라, '위대한 밤은 어머니'(위대한 밤=어머니)라는 등식의 관계로 사용된 것. 어머니로부터 생명이 태어나듯 밤에서 "빛"이 태어났다는 것. 밤에서 "별"이 태어났다는 것. 별밤에 대해 읊은 이만한 시가 있었는가.

시인은 또 작은 것들의 이름을 불러달라고 말하는 시인이다. '동양에서 제일 큰', '세계에서 제일 높은'이라는 관계절이 따라붙어야 직성이 풀리는 이 땅의 사람들에게 작은 것을 보아달라고 요청하는 시인이다.

> 지금 세상의 모든 조약돌들은

목마르게 기다리고 있다
무거운 망각의 저쪽
어둠으로 사라지기 전
저마다 제 이름이 조약돌이라고
누군가
단 한 번 그렇게 나직이
불러주기를

―「세상의 모든 조약돌들은」 부분

 조약돌들은 또한 "사랑하는 이의/주머니 속에 들어가/정다운 손으로 만져질 수 있기를/아니/더 이상 숨쉴 수조차 없이/온통 감싸여 달아오르는/한 개 기쁨이 되기를" 원하는 조약돌들이다. '큰 것'이 아닌, '작은 것'에 '사소한 것'에 진정한 기쁨이 있다고 말하는 것. 시인은 19세기 유럽의 비더마이어 시대의 시인들이 그랬던 것처럼 "작은 것에 대한 경배"(슈티프터)를 요청하는 듯.
 시인이 이점에서 촛불을 "위로 위로 간절한 손을 내뻗으며/한사코/한사코 스스로의 키를 낮추는/연꽃 여인"(「촛불」)이라고 명명한 것도 이해가 간다. 높은 것을 경배하는 현대에게 낮은 것을 지향하는, 스스로 몸을 낮추는 촛불을 들고 시위하는 것. 촛불에 대한 이러한 인식은 또한 물과 달리 불은 높은 곳을 지향한다는 보편적 관념을 깨뜨린 것.
 낮은 것, 작은 것, 느린 것, 가벼운 것들에 경배함으로써, 그리고 잃어버린 신성을 일깨움으로써, 이가림 시인은 현대의 이성적 사유 합리적 사유 셈의 사유를 위반하였다. 이가림 시인은 궁핍한 현대를 고발하는 궁핍한 시대의 시인이다.

발로 쓴 글
― 이생진의 『그리운 섬 우도에 가면』

 이생진은 섬의 시인으로 알려져 있는 시인이다. 충남 서산의 바닷가에서 태어나 평생 섬을 떠돌며 시를 쓰고 있는 시인이다. 시집 『그리운 바다 성산포』가 유명하다. 시집 『그리운 섬 우도에 가면』은 발로 쓴 글들(시들)을 모아놓은 것이다.
 그런데 이 시집엔 정말 「발로 쓴 글」이란 시가 실려 있다.

> 우도 해안선 사십 리 길
> 손은 걷고
> 발은 글을 쓴다
> 발로 쓴 글
> 읽어보니
> 고린내 난다
>   ―「발로 쓴 글」 전문

 손으로 글을 쓰고 발로 걷는다. 그러나 시인은 "손은 걷고/발은 글을 쓴다"고 했다. 반어법이다. 반대로 이야기했기 때문이다. 그러나 손이 왜 걷지 못하는가. 손을 훠이훠이 저으며 가는 것도 걷는 것이다. 왜 발로 글을 쓰지 못하는가. 우리는 체험에서 우러나온 글을 보고 '발로 쓴 글'이라고 하지 않는가. "손은 걷고/발은 글을 쓴다"고 하는 것은 그러므로 역설이기도 하다. 역설 또한 반대되는 상황을 제시하지만, 그러므로 반어의 범주에 속하지만, 궁극적으로는 반대되는 상황을 해소시키는 것이기 때문이다. 반대되는 상황, 즉 어울릴 것 같지 않은 상황, 그럴 법하지 않은 상황을 어울릴 것 같은 상황, 그럴 법한 상황으로 반전시키기 때문이다. 『파우스트』에 나오는 유명한 말 "인간은 노력하는 한 방황한다" 역시 반어이면서 역설이다. 인간은 노력하면 할수록 방황하지 않을 것 같다. 그런데 방황한다고 했으니 반어이다. 반대로 표현한 것이다. 그런데 인간은 노력하면 할수록 방황하게 되지 않는가. 더 알면 알수록 모르는 것이 더 많다는 것을 알게 되지 않는가. 즉 반대되는 상황은 해소되었다. 그러므로 역설이기도 한 것이다. 반대되는 상황이 해소되지 않을 때는 반어의 범주로만 남아있지만 반대되는 상황(모순의 상황)이 해소되면 역설로 넘어가게 되는 것이다. 또 하나의 예를 들면, 반어법의 예로 자주 거론되는 것이지만, 뜨거운 것을 마시면서 시원하다, 라고 말하는 것은 반어이지 역설은 아니다. 시원한 느낌 정말 있더라도 사전적 의미의 시원함은 아닌 것이다.

이생진은 중세 사람인 것처럼 보인다. 중세의 시인인 것처럼 보인다. 중세의 세르반테스같은 사람처럼 보인다. 동키호테가 가는 길은 세르반테스가 간 길이기도 하였다. 즉 동키호테의 모험은 세르반테스의 모험이었다.

우리는 버스를 타고 간다. 지하철을 타고 간다. 기차를 타고 간다.

택시를 타고 간다. 비행기를 타고 간다. 우리는 갈 때 걸어가지 않고 타고 간다. 타고 가는 동안 볼 수 있고 들을 수 있고 만질 수 있고 느낄 수 있는 것은 '탈 것' 안의 것에 제한되어 있다. 탈 것 밖의 것도 볼 수 있고 들을 수 있고 만질 수 있고 느낄 수 있겠지만 제한되어 있다. 무엇보다? 걸어가는 것보다! 걸어갈 때보다! 택시를 '타고' 가면서 - 제일 나쁜 것이 총알 택시일 것이다 - 산적을 만날 수 있는가. 밤하늘에 빛나는 별을 볼 수 있는가. 샘물 한 모금 손바닥에 떠서 마실 수 있는가. 내려온 나뭇가지의 나뭇잎들을 짐짓 손으로 훑을 수 있는가.

이생진은 산적을 만나는 시인이다. 밤하늘에 빛나는 별을 보는 시인이다. 샘물 한 모금 손바닥에 떠서 마시는 시인이다. 내려온 나뭇가지의 나뭇잎들을 짐짓 손으로 훑어내는 시인이다. 걸어 다니는 시인이기 때문이다. 정말 '탈 것'이 별로 없던 중세 시대의 사람으로 보인다.

생각해 보라. 이생진을 섬의 시인이라고 하는데 섬에 잘 가기 때문에 섬의 시인이라고 하겠는가. 택시 타고 버스 타고 지하철 타고 배 타고 섬에 잘 가기 때문에 섬의 시인이겠는가. 아니다. 섬에서 '있기' 때문에 섬의 시인이라고 하는 것이다. 섬의 시인으로 부르는 것이다. 섬에서 시인이 '타고' 다니겠는가. 걸어다니지 않겠는가. 보도 못한 것이 얼마나 많은데. 얼마나 다른 것이 많을 텐데. 정말 신기하고 진기한 것이 얼마나 많겠는가. 이생진은 그것들을 보고 다니기 때문에 섬의 시인인 것이다. '이상한' 사람들을 만나기 때문에 섬의 시인인 것이다. 이상한 일을 겪기 때문에 섬의 시인인 것이다. 이생진은 모험의 시인, 중세의 모험의 시인, 걸어 다니는 시인이다.

그래서 발이 고맙다. "발가락"이 고맙다. 이생진은 발가락에 고마워 하는 시인이다.

> 가도가도 검은 돌밭길
> 길가에 앉아 신발을 벗어보니
> 아직도 발가락이 다섯
> 가도가도 닳지 않는 내 발가락
> 고맙단 말 절로 나온다
>
> ―「한하운 시인 생각」 전문

'비극의 시인', '문둥이 시인' 한하운의「전라도 길 ― 소록도 가는 길」(1949)의 패러디이다. 풍자 없는 패러디이다. "가도가도 검은 돌밭길"은 "가도 가도 붉은 황토길"의 변용이고 "신발을 벗어보니/아직도 발가락이 다섯"은 "신발을 벗으면/발가락이 또 한 개 없다"의 변용이다. 발가락에게 고마워하는 것은 "신발"에게 고마워하는 것이다. 신발이 시인으로 하여금 섬을 걷게 한 것이다.

이생진은 섬을 다니느라, 섬에서 걸어다니느라 얼마나 많은 신발을 바꾸었을까. "신발보다 더 자주 나라를 바꾸면서" 망명 생활을 한 브레히트의 경우는 약과인 것으로 보인다. 그렇다. 섬에 가는 것도 망명 가는 것이다. 섬은 떨어져 있으므로. 섬은 떨어져 있는 '영토'이므로.

> 오래 걸었다
> 살면서 많이 걸었다
> 그 증거로
> 헌 신을 모아둘 걸
> 시만 있는 곳을 찾아다닌 신발들
> 그들에게 나의 시론을 쓰라고 할 걸
> 어딜 가면 시가 있고

어딜 가면 시가 없다는 것을
솔직하게 쓰라고 할 걸
우도가 어떻더냐
신발에게 물어볼까

　　　　　　　—「시가 있는 곳」전문

시인이 섬을 다니는 것은, 시인이 신발을 신고 섬을 다니는 것은, '시를 쓰기 위해서'라고 한 것이다. 시인은 "신발"에게 "시론을 쓰라고" 하면 "어딜 가면 시가 있고/어딜 가면 시가 없다는 것을" 알 것이라고 하였다. 시가 써지는 곳이 있고 시가 안써지는 곳이 있다는 것이다. 우도는 시가 써지는 곳이다. 우도에서 『그리운 섬 우도에 가면』의 시편들이 쓰여졌기 때문이다.

『그리운 섬 우도에 가면』의 서시 「무명도」(무명도는 이생진이 우도에 붙인 별명이다)도 발로 쓴 시이다. 발로 쓴 아름다운 시이다.

저 섬에서
한 달만 살자
저 섬에서
한 달만
뜬눈으로 살자
저 섬에서
한 달만
그리운 것이
없어질 때까지
뜬눈으로 살자

　　　　　　　—「무명도」전문

그렇다. '구체적으로' 가본 자만이 쓸 수 있는 시다. 누가 '천박한 경험주의'라고 했는가. 나도 가보고 싶다. 나도 그리움이 없어질 때까지 우도에 가있고 싶다. "한 달만" '그와 함께' 우도에 있고 싶다.

'사랑의 시'라고 했을 때 이 시는 두 가지로 읽힌다. 첫째, 사랑하는 사람을 뭍에 두고 '우도'에 혼자 와 있는 경우다. 그는 '그리움이 없어질 때까지 그리운 사람을 그리워한다.' 둘째, 사랑하는 사람들이 우도에 함께 와 있는 경우다. 그들은 그리움이 없어질 때까지 "뜬눈으로 살"고 있다. 뜬눈으로 사랑하고 있다. 뜬눈으로 24시간을 보내는 연인들, 서로의 눈부처를 바라보며, 뚫어질 듯 바라보며, 잡아먹을 듯 바라보며, 앉아서 서서 누워서!

'생산적 오독' 혹은 '생산적 오류'라는 말이 있다. 창작미학상 사실이 아닐지라도 독서자가 다르게 해석하여 시 해석의 지평을 넓히는 것. 두 번째 해석이 아마 그런 경우에 해당되리라.

삶에 왜 죽음이 없겠는가. 삶에 왜 유언지대가 없겠는가. 우도에도 유언지대가 있다.

  나
  여기 앉아 있을 테니
  다들 돌아가라

  유언지대遺言地帶

  누구나 비상용으로 가지고 다니는 절벽

  나
  여기 앉아 있을 테니
  그만 돌아들 가라

         ―「절벽 앞에서」 전문

'우도'는 죽고 싶을 때, 죽고 싶을 정도로 삶이 힘들 때, 떠나는 곳이기도 하다. "유언지대"이기도 하다. "누구나 비상용으로 가지고 다니는 절벽"이라는 표현이 압권이다. 그렇다. 누구나 죽고 싶은 적이 있지 않았는가. '어디에서' 혹은 '무엇으로' 죽겠다는 생각을 해본 적이 있지 않았는가. '절벽' 앞에 서본 적이 있지 않았는가.

"누구나 비상용으로 가지고 다니는 절벽"은 삶에 대해서 죽음에 대해서 성찰하는 곳이기도 하다. 죽음에 대해 성찰하는 자, 삶에 대해 성찰하는 자의 그 이전과 이후는 다르다. 다른 삶이다. 죽음을 안고 사는 자는 다른 삶을 산다. 그래서 시인은 섬을 찾는지 모른다. 모든 섬이 시인에게는 "비상용으로 가지고 다니는 절벽"인 줄 모른다.

'절벽'을 품고 있는 자는 여유가 있다. 죽을 수 있는 곳이 있기 때문이다. 죽을 수 있는 곳에서 삶을, 죽음을, 성찰할 수 있는 곳이 있기 때문이다. 우도가 바로 그런 곳이기 때문이다.

'불'의 시인, '긍정'의 시인
— 이경희의 『아주 잠시인 것을』

1. 해석에 대하여

　니체는 "예술은 진리보다 더 가치 있다"라고 했다. 나는 이것을 다음과 같이 '해석'했다

　우선, 수용미학적으로 볼 때다. 첫째, 진리와 달리 예술(작품)은 해석 가능의 영역이기 때문이다. '자기식대로' 해석할 수 있는 영역이기 때문이다. 둘째, 독서자(예술작품을 읽는 자)의 해석은 독서자의 힘이 되기 때문이다. 독서자의 권력이 되기 때문이다. 해석은 창조이기 때문이다. 창조의 힘보다 더 큰 힘이 있을까. 나날이 해석하는 자는 나날이 창조하는 자이다. 나날이 힘을 갖는 자이다.

　다음, 창작미학적으로 볼 때다. 진리는 발견의 영역이고 예술은 발명의(혹은 창조의) 영역이기 때문이다. 여기서의 발명은 해석한다는 것이다. 해석이 발명이다. 해석한 것을 독서자가 다시 해석하는 것도 발명이다. 해석은 끝이 없다. 발명은 끝이 없다. 그리고 진리의 '발견'

이 힘을 주겠는가. 해석의 '발명'이 힘을 주겠는가. 어느 것이 생을 부수어 나갈 힘을 주겠는가. 예술은 진리보다 더 가치 있다. 다니엘 벨이 (정치는 평등을 지향하고 경제는 효율을 지향하지만) 문화 예술은 자기 실현을 지향한다고 말한 것도 같은 맥락이다.

나는 이경희의 세 번째 시집 『아주 잠시인 것을』을 읽고 힘을 얻었는가. 얻었다면 그 힘은 어떤 힘인가. 나에게 이경희의 시들은 어떻게 해석되었는가. 어떻게 발명되었는가.

2. 있는 것은 있는 것, 없는 것은 없는 것

이경희는 있는 것은 없는 것의 여집합이고 없는 것은 있는 것의 여집합이라고 생각하는 자이다. 삶은 죽음의 여집합이고 죽음은 삶의 여집합이라고 생각하는 자이다. 즉 삶과 죽음이 서로 별개의 영역이라고 생각하는 자이다. 삶과 죽음의 차이는 '있음'과 '없음'의 차이처럼 분명한 것이라고 인식한 자이다. 삶의 연장선에서 죽음을 이해하는('죽음은 삶의 일부이다'), 혹은 죽음의 연장선에서 삶을 이해하는('삶은 죽음의 일부이다') 통속적 달관의 시인이 아니라, 있음과 없음의 차이는 말 그대로 있음과 없음의 차이라고 생각하는 시인, 삶과 죽음의 차이를 말 그대로 삶과 죽음의 차이라고 인식하는 시인이다. 「화두話頭」의 앞부분과 뒷부분은 다음과 같다.

너는
거기 있고
나는
여기 있고

너 여기 없고
나 거기 없고 […]

소나무
오동나무
동백나무
개나리
진달래 […]
반딧불
귀뚜리
지렁이

거기 있고
여기 있고

아니
거기 없고
여기 없고.

"거기"와 "여기"의 차이는 있음과 없음의 차이다. 서로 별개의 영역이다. 서로 공존할 수 없다. '너'와 '나'를 포함시키면 더 명확해진다. 너는 거기 있고 나는 여기 있으니 서로 떨어져 있는 것이다. 만날 수 없다. 첫째 연과 둘째 연을 교차시켜 해석하면 더 명확해진다. 너는 '거기' 있을 때("너는/거기 있고") "나 거기 없"으니 너와 나는 서로 만날 수 없고 내가 '여기' 있을 때("나는/여기 있고") "너 여기 없"으니 나와 너는 서로 만날 수 없다. '거기'와 '여기'를 각각 죽음과 삶을 상징하는 것으로 보면 훨씬 명확해진다. 거기 있는 너는 죽은 자이고 여기 있는 나는 살아 있는 자라면, 너는 여기(삶의 세계)에 없는 자이고, 나는 거기(죽음의 세계)에 없는 자이기 때문이다.

이 시의 제목은 '화두'이다. 그렇다면, 이 시의 제목이 화두이므로, 화두란 불교에서 어떤 깨달음을 위해 용맹정진할 때 쓰는 말이므로, 시인은 이 시에서 '있는 것은 있는 것이고 없는 것은 없는 것이다'라는 확정적 인식을 보여주려 한 것은 아니라고 말할 수 있다. 그러한 인식에 도달하고 싶어하는 시인의 마음의 일단을 표출한 것이라고 할 수 있다.

화두가 '있는 것은 있는 것이고 없는 것은 없는 것'? 아니, 본래, 있는 것은 있는 것이고 없는 것은 없는 것이지 않는가. 그것이 왜 화두가 되는가. 화두까지 되는가. 과연 그럴까. 있는 것은 있는 것이고 없는 것은 없는 것이라고 담담하게 말할 수 있는가. 살아 있는 것은 살아 있는 것이고 죽은 것은 죽은 것이라고 담담하게 말할 수 있는가. 그래서 살아 있는 것에서 죽은 것으로 부드럽게 넘어갈 수 있는가.

이경희가 「화두」 후반부에서 다른 생물들의 예를 든 것은, 다시 말해 다른 생물들의 존재와 소멸을 예로 든 것은, 다른 생물들은 담담하게 소멸하기 때문이다. 존재에서 소멸로 부드럽게 넘어가기 때문이다. 그들은 '있는' 것과 '없는' 것을 의식하지 못하기 때문이다. 의식하지 않기 때문이다. 시인은 식물들보고, 그리고 "반딧불/귀뚜리/지렁이"들보고 "거기 있고/여기 있고//아니/거기 없고 여기 없"는 것들이라고 하지 않았는가. 그들에게는 거기 있는 것과 여기 있는 것은 마찬가지 아닌가. 거기 없는 것과 여기 없는 것은 마찬가지 아닌가. 시인이 식물들 동물들의 이름을 한 행씩 처리한 것도 이런 이유에서일 것. 그들은 홀로 존재해도 홀로 존재함을 의식하지 않는다. 그러므로 홀로 존재할 수 있는 자들이다.

그런데 여기에서 주목해야할 것은 시인이 이런 다른 생물들의 존재방식 혹은 소멸방식을 부러워하고 있는 것은 아니라는 사실이다. 다른 생물들의 존재방식 혹은 소멸방식이 화두가 되는 것은 아니라는 사실이다. 이경희가 식물의 세계, 반딧불, 귀뚜리, 지렁이의 세계를 예로 든 것은 그들의 세계와 인간의 세계는 확연히 다르다는 것을 강조하기 위해서이다. 인간은 - 다른 생물과 달리 - 외부 세계를 대상적으로gegenständlich 보는 존재이다. 아니, 자기 자신도 대상적으로 보는 존재이다. 인간은 있는 것은 있는 것이고 없는 것은 없는 것이다, 라고 느낄 줄 안다. 인간은 있는 것은 있는 것이고 없는 것은 없는 것이지 않는가, 라고 묻는다.

이경희의 화두는 다시 말하지만 있는 것과 없는 것은 하나라느니, 있는 것은 없는 것을 포함한다느니, 없는 것은 있는 것을 포함한다느니 하는 상투적 내용이 아니다. 있는 것은 있는 것이고 없는 것은 없는 것, 너는 거기 있고 나는 여기 있다면 영원히 만날 수 없는 것, 이것이 화두다. 화두가 된다. 물론 슬프기 때문이다. 영원히 만날 수 없는 것이 슬프기 때문이다. 그렇지만 영원히 만날 수 없는 것은 영원히 만날 수 없는 것, 영원히 만날 수 없다고 애써 다짐하고 싶기 때문이다.

달관한 선사들은, 혹은 달관한 시인들은, 얼마나 쉬운가. 달관했으므로. 삶과 죽음의 경계를 뛰어넘었으므로. 황동규의 『풍장』 시편들을 보라. 정현종의 생태시편들을 떠올려 보라. 그러나 삶과 죽음의 차이를 있는 그대로 인정하는 자는 괴로움을 자청하는 자이다. 괴로움에서 벗어나려는 자가 아니라 괴로움을 확장시키려는 자이다. 마음 편하게 살려는 자, 달관의 경지에 올라서려는 자가 있다면, 마음 아프게 살려는 자, 애당초 달관을 꿈꾸지 않는 자도 있는 것이다. 이경희는 후자의 경우이다. 그렇다면 무엇이 시인으로 하여금 이러한 도정을 밟게 하는가. 밟게 했는가.

3. 불의 시인

시인의 가슴속에 불이 있기 때문이다. 가슴속의 불을 꺼내지 않았기 때문이다. 불을 꺼내 휘두르지 않았기 때문이다. 가슴속에 불을 담고 있는 자, 그리고 그 불을 꺼내 휘두르지 않은 자가 어찌 달관을 얘기하겠는가. 달관을 얘기하는 자는 이미 불을 꺼냈던 자며 그 불을 휘둘렀던 자다. 불을 휘둘렀으므로 주위에 있는 자들을 데게 했고 자신도 데인 자이다. 화인火印을 찍은 자는 화인에 찍힌 자는 또 다시 화인을 찍으려고 하지 않는다. 화인에 찍히려고 하지 않는다. 화인을 찍는 것이 화인에 찍히는 것이 두렵다. 화인(고통)으로부터의 도피, 삶으로부터의 도피, 그러므로 달관으로의 도피를 소망한다.

아직까지도 불을 꺼내지 않은 자, 아직까지도 불을 휘두르지 않은 자는 불을 꺼내 불을 휘둘러야 한다. 그러기를 소망한다. 불을 꺼낸 적이 없으므로 저어 저어하겠지만. 망설이겠지만. 시인은 불의 칼을 꺼내 삶을 베고 자기 자신도 베이고 싶은 시인이다.

   젊은 날의
   도도한 힘줄 사그리고

   이제 홀가분히
   지방은 거세되고

허나
쉰에도 끓는 피

밑바닥에 갈앉는
가벼운 먼지가

폐를 맴돌아
재채기를 뿜어낸다.

— 「무제」 전문

  시인은 여전히 "끓는 피"를 가지고 있는 시인이다. 연소되지 않은 '끓는 피'를 가지고 있는 시인이다. '끓는 피'가 상징하는 것은 불이 상징하는 것과 같다. 열정을 상징한다. "재채기를 뿜어낸다"는 표현은 그러므로 내부에서 타고 있던 불이 입 밖으로 뿜어져 나오는 것에 대한 알레고리. 시인의 두 번째 시집 『그대의 수채화』에도 불의 시편들이 있었다.

이제는
철 좀 들어
조금은
점잖은 체 해야 할
때이언마는

창밖에
흩날리는 눈발 따라
너울너울
춤을 추는 가슴
궁궁 쿵쿵

북을 치는 가슴
　　　　　—「은발銀髮」부분

　시인의 가슴은 눈발에 같이 춤을 추는 가슴이고 둥둥 북소리가 울리는 가슴이다. 그래서 김광림은 시인을 두고 "잔잔하면서도 속으로 일렁이는" 자라고 했을까.「자화상」이라는 시를 보자. 전문이다.

　　　깨어지지 않으려
　　　조용조용
　　　뒤뚱뒤뚱하는 꼴
　　　못 봐주겠다

　　　깨어지지 않으려
　　　조심조심
　　　어물어물하는 꼴
　　　더 못 봐주겠다

　　　깨어지지 않으려
　　　엉거주춤
　　　안간힘 하는 꼴
　　　정말 더 못 봐주겠다

　깨어지지 않으려고 "조용조용/뒤뚱뒤뚱하는 꼴"을, "조심조심/어물어물하는 꼴"을, "엉거주춤/안간힘 하는 꼴"을 못 봐주겠다는 시인. 주목되는 것은 각 연의 넷째 행들이 순차적으로 그 도度가 강조되는 점층법으로 일관하고 있다는 것. "못 봐주겠다"는 "더 못 봐주겠다"로 점층되었고 "더 못 봐주겠다"는 "정말 더 못 봐주겠다"로 점층되었다. 점층법이 쓰여진 것은 시인의 의지가 점차 고조되고 있음을 나타내는 것. 시인은 정말 재채기를 할 것으로 보인다. 정말 불을 뿜을 것으로 보인다.

시인은 「바람」이란 시에서도 "늘상 맴을 돌"고 있다고 고백한다. 그래서 "늘상 미열을 앓고" 있다고 고백한다. '미열'은 내면에서 끓고 있는 피, 내면에서 타고 있는 불을 은근하게 표현한 것. 은근하니까 더 자극적이다.

그럴까. 시인은 불을 뿜을까. 불의 칼을 정말 뽑을까. 불의 혀를 정말 낼름댈까. 자기를 태우고 주변을 태울까.

4. 겨울나무의 시인

두 팔을 있는대로
치켜들고
가랑이를 있는대로
벌리고
부끄러움 있는대로
털어내고

구석구석
털들마저
털끝만치 남김없이
털어내고

저리
시침 떼고
마른 숨

고요히 깨끗이
토해내고 있으니

구석구석
간지럼 타
봄소리 들리는 듯.

　　　　　―「겨울나무」 전문

　셸리는 겨울이 오면 봄은 멀지 않으리, 라고 진부하게 노래했다. 진부하게 노래했다는 것은 기존의 문법을 깨뜨리지 않았다는 것이다. '낯설게 하기'가 시의 본령이라는 러시아 형식주의자들의 말을 수긍한다면 낯설게 하기에 실패했다는 말이다. 겨울이 가면 봄은 당연히 오지 않겠는가. 오히려 육사가 「절정」이란 시에서 "겨울은 강철로 된 무지개"라고 했다면, 그래서 겨울 속에서 봄을 보았다면, 그것은 덜 진부하다. 겨울은 왜 무지개인가. 그것도 강철로 된 무지개인가, 라고 독자들은 되묻게 되기 때문이다. 성찰하게 되기 때문이다.
　이경희는 「겨울나무」에서 "털들마저/털끝만치 남김없이/털어"낸 겨울나무의 "마른 숨" 소리에서 "봄소리"를 듣고 있다. '털'이라는 소리를 의도적으로 반복해 사용함으로써, 두운법을 사용함으로써, 시적 효과를 극대화시키고 있다. 시적 효과의 극대화라 함은 완전히 비워냈을 때(털 하나도 남기지 않고!) 비로소 희망을 떠올릴 수 있다는 의미에서다. 어찌 그렇지 않겠는가. "두 팔을 있는대로/치켜들고/가랑이를 있는대로/벌리고/부끄러움 있는대로/털어"냈을 때 다시 시작할 수 있지 않겠는가. 겁나는 것이 있겠는가. 봄을 기다릴만하지 않겠는가.
　시인은 둘째 연의 '털'의 경우도 그렇지만 첫째 연에서도 '있는대로' 라는 말을 의도적으로 반복해 사용함으로써 시적 효과를 극대화시키고 있는데 이것은 '좋은 형식이 좋은 시를 낳는다'는 말에 대한 적절한 본보기가 된다. 사실 시의 내용만 보고 좋은 시라는 평가를 내릴 수는 없다. 좋은 내용이란 없기 때문이다. 좋은 형식이 좋은 내용을 만들기 때문이다. 좋은 시를 만들기 때문이다.

5. 긍정의 시인

빈손으로 왔다가 빈손으로 간다. 이것은 진리이다. 빈손으로 오지 않는 자 없으므로. 빈손으로 가지 않는 자 없으므로. 과연 그럴까. 빈손으로 왔지만 빈손으로 가는 걸까. 다음은 「빛을 안고」라는 시의 앞부분과 뒷부분이다.

> 흔히들 말하길
> 빈손으로 왔다가
> 빈손으로 간다고 하지만
>
> 아니지
>
> 해와 달, 별
> 피고 지는 꽃들
> 동트는 새벽
> 노을지는 서쪽 하늘
> 땅거미 지는 어스름 저녁
> 얼마나 지순한 사랑
> 껴안겨 주었던가 […]
>
> 잔뜩 빛을 안고

간다고 해야지
갚을 길 아득한.

"해와 달, 별"을 보지 않았는가. "꽃들"이 "피고 지는" 것을 보지 않았는가. "동트는 새벽"을 보지 않았는가. 해지는 저녁을 보지 않았는가. "빈손으로 왔다가/빈손으로 간다"는 것은 진리계의 법칙이지 예술계의 법칙은 아니다. 해와 달과 별을 본 것과 안본 것이 같을 수 있는가. 동트는 새벽, 해지는 저녁을 본 것과 안본 것이 같을 수 있는가. '본 자'는 그만큼 더 무거워져 있을 것. 해와 달, 꽃, 동트는 새벽, 해지는 저녁만큼 무거워져 있을 것. 그만큼 무거워져 사라질 것. 그래서 시인은 말미에 "잔뜩 빚을 안고/간다고" 했는가. 무거움을 빚으로 표현했는가.

'빚을 졌다'는 것은 도움을 받았다는 것이다. 세상으로부터 도움을 받았다는 것이다. 세상은 '좋은' 세상인 것이다. 누구나 세상을 뜰 때 세상에 더 머무르고 싶어한다. 해와 달, 별, 꽃, 동트는 새벽, 노을지는 저녁을 더 오래 보고 싶어한다. 시인은 이것을 "지순한 사랑"에 "껴안"겼었다고 절묘하게 노래했다. 이경희의 이번 시집에서 볼 수 있는 또 하나의 화두는 그러므로 "삶에 대한 긍정"이다. 무한한 긍정이다. 「삶의 드라마」라는 시를 보자.

뉘라 없이
함께
얼싸 얼싸

주역, 조역, 단역인들
음지에서나
양지에서나

> 얼싸 얼싸
>
> 자기 배역 뽐내어
> 천파 만파에
> 띄워 타 봄이 어떠리.
>
> ―「삶의 드라마」부분

주역이면 어떤가. 조역이면 어떤가. 단역이면 어떤가. 음지에서면 어떤가. 양지에서면 어떤가. 마찬가지로 삶은 아름다운 것이다. 그러므로 삶은 긍정되어야한다는 것이다. 삶에 대한 긍정은 삶에 대한 부정 다음에 오는 것. 긍정은 부정을 통과한 것.

부정은 니힐리즘의 자식이다. 죽음의 자식이다. 죽음이 있으므로, 죽어야 하므로, 삶이 부정된다. 이런 생각을 소극적 니힐리즘이라 부른다. 소극적 니힐리즘은 「잠시, 아주 잠시인 것을」, 「그리움도」라는 시편들에서 나타난다. 다음은 「그리움도」 전문이다.

> 겨울, 봄, 여름, 가을
> 산 넘고 물 건너
> 바람 타고
> 어김없이 찾아와
> <u>흐르듯 흐르듯</u>
> 그리움도 저처럼
> <u>흐르리 흐르리</u>
>
> 손안에 넣어보려도
> 잠시 바람처럼
>
> 품안에 넣어보려도
> 잠시

봄볕처럼.

그리움이 무상하다는 것. 그러므로 삶이 무상하다는 것. 그리움도 삶도 "바람처럼" 불다 사라지는 것. "봄볕처럼" 있는 듯하다가 사라지는 것.

이에 반해 죽음이 있으므로, 죽어야 하므로, 삶은 긍정되어야한다는 관점이 있다. 적극적 니힐리즘이다. 오라, 죽음이여, 기꺼이 죽어주마, 라고 말하는 태도이다(사실 죽음이라는 '현실' 앞에서 '기꺼이 죽어주겠다'라는 식의 '깡' 말고 다른 태도가 있을 수 있겠는가). 죽음에 대해 거리낌이 없으므로 삶에 대해서도 거리낌이 없다. 삶은 활력 있는 삶이다. 「삶의 드라마」는 이러한 인식을 통과한 뒤의 시이다.

6. '대범함'의 시인

니체는 "너는 다시 이것을 희망하는가", "이것이 영원히 반복되기를 원하는가", 하는 물음에 "그렇다!"라고 말할 수 있는 사람에게 구원이 있다고 말했다. 그렇다! 고통이, 통증이, 절망이 다시 오기를 희망하는 자에게, 영원히 반복되기를 원하는 자에게!

고통, 통증, 절망보고 다시 오라고 하다니 얼마나 깡이 센 자인가, 그는. 얼마나 무한히 긍정하는 자인가, 그는. 그는 현재에 취해버리려고 하는 자. 아니, 취한 자. 그것이 고통이든 열락이든 문제가 되지 않는다.

과거도 그에게는 재해석된다. 그는 '깡'이 센 자이므로. 과거도 영원불변 고정의 것이 아니다. 현재의 관점에서 재해석된다. 깡이 넘쳐

나는 - 그는 고통, 통증, 절망보고 다시 오라고 하는 자이므로 - 현재의 관점에 의해 과거도 긍정된다. 무한히 긍정된다. 고통이여, 있었느냐, 잘 있었구나, 그 고통이여 다시 한번! 열락이여, 있었느냐, 잘 있었구나, 그 열락이여 다시 한번! 상처의 과거가 어디 있는가. 상처의 힘이 있다. 상처는 새롭게 해석되어 힘이 된다.

    고갯마루
    내리막길
    저저끔의 모양새로
    줄 서 있는 플라타너스

    양팔
    번쩍 올려
    무성한 겨드랑
    내로라 뻐기는 양
    괜찮구나

    스치는 미풍에
    곁눈질 상큼, 어떠랴
    애태우는 매무새
    그도
    괜찮구나
          ―「괜찮구나」부분

괜찮다! 사실 괜찮지 않은 것이 어디 있는가. 허용되지 않는 것이 어디 있는가. 대범한 자는 그렇다. 대범한 자는 선에서뿐만 아니라 악에서도 대범하다. 누가 견딜 수 있는가. 불안을 견딜 수 있는가. 기쁨을 견딜 수 있는가. 그가 견딜 수 있기 때문이다. 이경희 시인은 모든 것이 괜찮다는 것을 알고 있는 시인이다. 모든 것이 허용된다는 것을 알고 있는 시인이다. 괜찮음의 노래를 더 힘차게 부르시기를. 하여 괜찮음의 노래가 온 세상에 울려 퍼지기를. 괜찮음의 숨소리가 온 세상에 진동하기를.

현실로부터의 도피?
— 이성선의 『산시』

 관점을 위치에 따라 개구리 관점Froschperspektive과 새 관점 Vogelperspektive으로 나누기도 한다. 새의 관점은 높은 곳에서 세상을 내려다보는 관점이다. 넓게 두루 볼 수 있는 것이 장점이다. 그러나 내려다본다는 점에서, 다시 말해 체험의(혹은 세상과의) 동질성이 결여되어 있다는 점에서, 진정성Authentizität의 문제가 제기된다. 새의 관점으로 세상을 보는 자는 과연 역사를 겪는 자인가. 삶에 부대끼는 자라고 할 수 있는가. 우리와 동시대인이라고 할 수 있는가.
 개구리 관점은 이와 달리 아래에서 아래를 보는 관점이다. 세상 속에서 세상을 보는 관점이다. 세상 곁에서 세상을 직접 체험한다는 점에서 역사를 겪는 자의 관점이며 삶을 살아가는 자, 삶에 부대끼는 자의 관점이다. 개구리 관점은 동질성의 문제, 진정성의 시비를 벗어난다.
 삶의 한가운데서 삶을 노래하는 자들이 바로 시인들이다. 그래서 시인들은 개구리와 같다. 세상을 개구리처럼 본다. '아래'에서 아래를 본다. 그러나 노래하는 방식은 각기 다르다. 예를 들어 산 속의 풍경을 읊는 것은 현대의 도시적 삶에 대한 거부가 전제된 것이다. 현재에서 등을 돌려 과거에 기대는 것도 마찬가지다. '좋았던 과거'는 '나쁜 현대'에 대한 반어이다.

이성선의 『산시』를 보는 관점은 두 가지로 요약할 수 있을 듯하다. 우선, 사회적 삶을 외면하고 사회에서 떨어져 있는 산을 노래의 대상으로 삼은 것은 바로 그 '외면'으로 해서 사회적 삶에 대한 비판이 아니냐는 것이다. 기술적, 계산적, 논리적 사유들에 대한 위반이므로 도시 산업사회의 삶의 양식에 대한 비판이 아니냐는 것이다. 『산시』에 대한 이러한 관점은 '산시' 자체보다 '산시'가 만들어진 연유에 더 의미를 부여하는 입장이다. 문학이 '탈이해관계의 영역'(칸트)이긴 하지만 바로 탈이해관계의 영역으로 해서 역사에 관여할 수 있다는 입장이다. '산시'는 현실로부터의 도피한 것이 아니다. 역사로부터의 도피한 것이 아니다. 우리의 삶을 뒤돌아보게 만든다.

 산山을 지배하는 메카니즘(?)과 도시적 삶을 지배하는 메카니즘은 정면으로 배치된다. 도시가 효율주의, 능률주의, 이윤 극대화의 원칙을 최우선시하는 곳이라면 산은 이런 것들과는 거리가 멀다.

  구름 낀 산을 비질한다

  몸을 씻고 저녁에
  저 산에 들어가 문을 닫는다
      ― 「문을 닫다 ― 山詩·10」 전문

여기서 나타나는 정조情調는 무익함의 정조다. 구름 낀 산을 비질하는 것은 비록 상상 속이긴 하지만 노동의 범주에 속한다. 시인은 곧 이어 몸을 씻는다고 말하지 않는가. 그러나 이것은 돈을 벌어다 주는 노동이 아니다. 무익한 노동일 뿐이다. 기술적, 계산적 사유가 지배하는 현대 사회의 '유익한' 노동에 대한 반대이다. '유익'의 이데올로기가 지배하는 현대 세계에 대한 반대이다. 산에 들어가 문을 닫겠다는 것은 이런 세상에 대한 선전 포고로 들린다.

『산시』에 대한 또 하나의 관점은 일원론적 관점으로서 이 세상은 본시 무無라는 관점이다. 이성선은 이 세상이 어떤 모습을 띠더라도, 이 세상과 상관없이, '달빛 길로만' 가려고 한다는 것이다. 이성선은 서문에서 다음과 같이 선언하고 있기 때문이다.

> 산은 결국 무無다. 나는 무無에 몸을 기대고 그것으로 나를 쏟아내고자 한다. 이 시편들은 바로 그런 노래다

무는 있는 것과 반대인가. 그렇지 않다. 무가 없는 것이라면 '있는 것'有이 있을 수 없기 때문이다. 마찬가지로 유가 있는 것이라면 '없는 것'無이 있을 수 없다. 무는 홀로서 무이다. 무는 절대적이다.

> 서창西窓에 드리운 산도
> 이제
> 빛과 어둠의 세계다
>
> 한 방울 잿빛 눈물
>
> 산과 오래 앉은 그 사람
> 이미
> 자리에 없다

산을 바라보다 산이 사라지고
산을 바라보다 몸도 집도 사라지고

산도 자기도 없는
거기
그가 앉아 있다

―「눈물 ― 山詩·7」 부분

 이런 것을 보고 무아의 경지라고 하지 않는가. 객체와 주체가 사라진 곳, 빛과 어둠의 경계가 사라진 곳(때는 빛과 어둠이 공존하는 일몰의 시간으로 보인다), 곧 무의 세계가 아닌가. 끝의 "그가 앉아 있다"의 '그'는 아마 산에 오래 앉았던, 그러나 지금은 없는 셋째 연의 '그 사람'을 가리킨다. 무의 세계에서는 삶과 죽음의 경계가 없으므로, 죽음은 자체로서의 의미가 없다. 죽음은 오히려 '존재'에 더 가깝다. 무의 세계에서는 오히려 삶은 존재하지 않는 것에 가깝고 죽음은 존재하는 것에 가깝다. 시인은 그래서 '있는 것'인 "산"과 "몸"과 "집"들은 사라지고 '죽은 것'인 그는 존재한다는 절묘한 인식에 도달한 것이다. "잿빛 눈물"의 '잿빛'은 중간, 공존 등에 대한 은유로서 무를 가시적으로 표현한 것이다.

'색즉시공 공즉시색'의 시인
— 한광구의 『산으로 가는 문』

　현실은 저속하므로 시에서 제쳐놓자, 라고 말한 사람은 말라르메였다. 시인과 예술가는 하늘에서 떨어져 내리는 눈이 아니다, 구름 위에서 소요하고 있는 자들도 아니다, 라고 말한 사람은 메링이었다. 어쩔거나. 굳이 말하자면, 한광구는 후자의 편을 들고 있는 것으로 보인다. 그렇다. 한광구는 구름 위가 아닌 구름 밑에서 활보하는 자로 보인다. 구름 밑의 세계를 보고 있는 자로 보인다. 먼 곳을 바라보는 '수직적인 시'가 아니라 지금 여기를 바라보는 '수평적인 시'을 쓰는 자로 보인다.
　다음은 시인의 「신선대神仙臺」 전문이다.

　　　　허위허위 땀에 젖어 오르는 길
　　　　한 구비에 다다르니
　　　　욕계欲界의 힘찬 뿌리 우뚝 서 있다가
　　　　짐짓, 오른쪽으로 길을 내어주더구려.
　　　　그 길 따라 다시 숨가쁘게 올라가니

늘 가슴 속에 붉은 안개를 품고 사는
자운紫雲이 빙긋이 맞아주시더구려.
잠시 땀을 닦고 앉아 있었더니
슬며시 보여주시는 옆길
소나무 몇 그루 서 있고
간밤에 별들이 내려와 놀고 갔다는 자리에
흰 눈썹을 흩날리고 그 분이 앉아 계시더군.
길을 열어 주십시오.
묵묵부답默不答인 그 분
아래로
엎드린 능선들이 아득히 뻗쳐 있구려.

  길은 어디에 있는가. 아래에 있었다. 시인이 "길을 열어주십시오"라고 하였을 때 "그 분"은 묵묵부답이었지만 시인은 이미 대답을 듣고 있었다. 바로 다음에 "아래로/엎드린 능선들이 아득히 뻗쳐 있구려"라고 한 것이 바로 그것. '아래에' 길이 있다는 뜻 아닌가. '아래로'라는 직접적인 표현도 그렇지만, '엎드린 능선'이라는 말도 '아래'를 강조하고 있는 것. 엎드려 있을 때 보이는 것은 아래쪽이지 위쪽이 아니기 때문이다. "흰 눈썹을 흩날리고" 있는 "그 분" 역시 하늘에 있는 것이 아니다. "간밤에 별들이 내려와 놀고 갔다는 자리"라면 '아래'에 있는 자리가 아닌가. '그 분'도 아래에 사시는 것이다.
  시인은 계속 '아래'에 대해 말하고 있다. "살아있음을 경험하는 것이 중요하다"(조셉 캠벨)고 말하고 있다. 바로 다음의 시 「사기막 가는 길」을 보자.

    정상頂上이 가까이 보입니다. 숨이 가빠 주저앉으면 하늘을 이고 앉은 색즉시공色卽是空, 공즉시색空卽是色의 물상物象들이 자욱히

내려다보이지만 우리는 목이 말라 머물지 못하고 다시 내려와서
샘물로 목을 축이고 만나는 사람마다 사기四機의 인연으로 서로
인사를 나누며 유정有情한 주막酒幕에서 한 잔 술에 취한답니다.

—「사기막 가는 길」부분

"색즉시공色卽是空, 공즉시색空卽是色의 물상物象들"이란 무엇인가. '색'은 현상을 일컫는 말. '공'은 본질을 일컫는 말. 그러니까 색즉시공은 색(현상)은 공(본질)에 귀속된다는 말. 그러나 이것은 그 다음 뒤집혀진다. '공즉시색'은 공(본질)이 색(현상)에 귀속된다는 것을 의미하므로. 시인이 공즉시색 색즉시공의 순서로 쓰지 않고 색즉시공 공즉시색의 순서로 쓴 것은 공즉시색을, 즉 본질은 현상에 귀속된다는 것을 강조하려 한 것으로 보인다. 삼라만상의 현실이 '진짜'라는 것이다. 본질이 딴 데 있지 않다는 것이다. 시인은 '공즉시색의 물상들'이라고 하지 않았는가. 시인이 이어서 "물상物象들이" "내려다보이"는 "정상"의 세계('공의 세계')에서 오래 머물지 못하고("목이 말라 머물지 못하고"!) "다시 내려와서 샘물로 목을 축이고 만나는 사람마다 사기四機의 인연으로 서로 인사를 나누며 유정有情한 주막酒幕에서 한 잔 술에 취한"다고 쓴 것도 이런 까닭에서다. '색'의 세계를 강조하고 있다. 물론 반야바라밀다심경般若波羅密多心經에도 색즉시공色卽是空, 공즉시색空卽是色의 순서로 씌어있다. 그러나 여기에서는 이 두 성어의 앞뒤가 바뀌어도 상관이 없다. '색은 공이고 공은 색'이라면, '공은 색이고 색은 공'도 되는 것이다. 그러나 「사기막 가는 길」에서는 시인이 의도적으로 색즉시공을 앞에, 공즉시색을 뒤에 두었다고 말하고 싶은 것이다. 공즉시색을 강조했다고 말하고 싶은 것이다. 다음은 「몸살」이란 시.

이 나이쯤 되면 길이 훤히 보일 법한데 그게 아니로구나. 비탈길 한 굽이 돌아 능선으로 올라설 때는 불어오는 바람 향긋하고, 탁 트인 전망 좋더니, 어느새 땀이 식고, 으스스 바람이 불어와, 길을 살펴보니 아차, 잘못 왔구나. 속을 감췄던 길이 갑자기 칼날을 세운 바위로 돌아앉는구나. 조금 전까지 햇살 아래 웃던 꽃들도 어느새 싸늘히 얼어붙어 서슬 푸른 가시 숲이구나. **다시 길을 찾아 위태롭게 웃으면서 연신 주모경主母經을 왼다. '저희에게 잘못한 이를 저희가 용서하오니… 저희 죄를 용서하시고…'** 자꾸 걸려 넘어진다. 다시 일어서니 무릎이 휘청거리고, 어깨 허리가 결리고 쑤셔온다.

— 「몸살」 부분 (강조는 필자)

연약한 인간의 마음이 드러난 시다. '신은 죽었다'고 광야에서 외쳤던 자는 무한히 생을 긍정하자고 했다. 죽음이여 오라, 기꺼이 몰락해주리라, 라고 말하자고 했다. 정말 그럴 수 있을까. 죽어야만 하는 '현실' 앞에서 기꺼이 죽어주마, 라고 외칠 수 있을까. 죽을 수 있을까. 기댈 언덕이 있을 때가 좋지 않았는가. 아니, 기댈 언덕이 있으면 좋지 않은가. 신이여, 우리를 불쌍히 여기소서, 우리를 불안에서 절망에서 구해주소서, 우리를 죽음에서 구해주소서, 라고 기도할 수 있으면 좋지 않은가. 신과 함께 하고 있으면 좋지 않은가.

아니, 신의 존재를 인정하면 얼마나 겸손한 자인가. "저희에게 잘못한 이를 저희가 용서하오니… 저희 죄를 용서하시고…" 라고 읊는 자는 얼마나 겸손한 자인가. 겸손한 자는 세상에 얼마나 이로운 자인가. 아니, 겸손하기 위해 얼마나 많은 우회로를 걸어야 했는가.

겸손한 자는 또 겸손을 포교하는 자이다. 겸손의 행복을 같이 느끼자고, 같이 겸손해지자는 자이다. 혼자 겸손하여 혼자 행복한 사람, 혼자 득도하여 혼자 행복한 '도사'가 아니라, 같이 겸손하여 같이 행복해지자고 하는 사람이다. 한광구 시인이 그런 사람으로 보인다. 얼마나 많은 고승이 있었는가. 얼마나 많이 득도하였는가. 그러나 그것은 그들만의 행복(?)이 아니었는가. 그들은 무엇을 두고 갔는가. "커다란 무당 거미집 한 채"만을 두고 가지 않았는가.

> 어디로 가는 길이냐고 물었더니 그대를 찾아가는 길이라고 하더군. 마침 잘됐다 싶어 길을 함께 걷게 되었네. 그대가 사는 바위 앞에 이르니 그가 나를 밀치며 이 길은 자기 혼자만이 오는 길이라는 거야. 할 수 없이 돌아서 왔다가 훗날 다시 찾아갔더니 그대는 간 곳 없고 커다란 무당 거미집 한 채가 거기 있더군
>
> ―「거미집」 전문

"그대를 찾아 가는 길"은 '신을 찾아가는 길' 혹은 '득도하러 가는 길'에 대한 은유이다. 시인은 그러나 혼자 '그대'를 찾아가는 자에 대해 불만이다. 그리하여 그들이 "커다란 무당 거미집 한 채" 만을 두고 떠나는 것에 대해 불만이다. 시인은 같이 득도하자고 한다. 널리 이롭게 득도하자고 한다. 시인이 생각하는 '득도의 길'은 「초승달」에도 잘 나타나 있다. 전문.

> 비 그치고 개인 하늘
> 초승달이
> 참나무 가지에 걸터앉았다
>
> 몸과 마음을
> 씻으러
> 우물가로 나가니
> 초승달도 내려와
> 슬며시

능소화 꽃봉오리
속살을 열어 보여 주며
괜찮다고
발가벗겨
머리부터 가슴, 배, 다리
마지막은 발바닥까지 정성껏 씻어주며
바로 이런 게 세족례洗足禮라고 넌지시 일러준다.

   시인은 내려가자고 말하는 것으로 보인다. 산에서, 산사에서, 내려가자고 하는 것으로 보인다(앞에 인용한 「신선대」와 「사기막 가는 길」에서처럼!). 하늘에 걸려있는 초승달도 내려온다고 보고 있다. 내려와서 중생들의 머리부터 발바닥까지 씻겨주고 있는 것으로 보고 있다. 아니, 초승달을 끌어내리고 있다. 초승달을 끌어내려 중생들의 머리부터 발까지 씻어주게 하고 있다. 중생들 속에서 중생들의 발을 씻어주는 것이 득도라고 하고 있다.

시인의 기괴한 세상
— 최승호의 『그로테스크』

1

　시집 서평을 쓸 때마다 느끼는 것은 감명 깊게 읽은 시, 내면 깊이 울리는 시들이 오히려 분석의 대상이 되지 못한다는 것이다. 최승호의 이번 시집 『그로테스크』에서 나는 「마개」라는 시를 읽고 갑자기 앞이 훤히 밝아오는 느낌을 받았다. 그러나 나는 이 시를 논하지 못했다. 이 시에서 논의의 기본 줄기에 합류시킬 재료를 찾지 못했기 때문이다.

2

　　　지하철역 개찰구를 빠져나오면
　　　가짜나무 세 그루
　　　큰 화분에 담겨 솟아 있다.

나무의 모습으로
나뭇잎 빛깔을 띠고 말이다.
꼬물거리는 애벌레는 보이지 않는다.

가짜나무 세 그루에서 인조낙엽이 지면
박제된 황새들이
인왕산 위를 너울너울 날아갈까.
죽은 장수하늘소들이
광화문光化門으로 날아올까.

— 「가짜나무 세 그루」 부분

　박제된 황새가 날아가는 인왕산, 죽은 장수하늘소가 날아오는 광화문을 머리 속에 떠올려 보라. 전혀 이질적인 요소의 결합, 나아가 상관 불가능한 요소들의 결합이 매우 기괴하지 않은가. 이상한 세계, 이 세계와 전혀 다른 세계에 들어온 듯한 느낌이 들지 않는가. 불길한 예감 같은 것이 느껴지지 않는가. 사람들이 고대 로마의 한 동굴 grotta에서 "식물과 동물, 사람의 신체 일부들이 유희하듯 서로 뭉쳐 있는"[1] 벽화를 처음 보았을 때 이런 기괴하고grotesk 불길한 느낌에 사로 잡혔을까.
　기괴한 느낌은 내용과 진술방식의 부조화에서 더욱 강화된다. 시의 화자는 인조낙엽이 지는 일, 박제된 황새가 날아가는 것, 죽은 장수하늘소가 날아오는 것이 실제로는 있을 수 없는 일임에도 마치 일어날 수 있는 일, 아니 실제 있었던 일인 것처럼 담담하게 기술하고 있기 때문이다. 박제된 황새들은 정말 인왕산 위를 "너울너울" 날아가고 있는 것으로 보인다. (시인은 박제된 황새가 인왕산 위를 날아

---

[1] Metzler-Literatur-Lexikon, Stuttgart 1984, 178쪽.

가는 것이 뭐 어떻다는 말인가. 죽은 장수하늘소가 광화문으로 날아 온들 뭐가 어쨌다는 말인가, 라고 말하고 있는 듯하다.) 시인은 정말 인왕산 위에 박제된 황새가 날아가는 모습을 보았으며 광화문에 죽은 장수하늘소가 날아온 것을 보았던 것으로 보인다. 바로 다음의 "사시사철 전경들이 부동자세로 서 있는/경복궁역 에스컬레이트는 고장이 잦다"라고 이어지는 – 서술 방식의 교체로 이어지는 – 매우 사실주의적 표현들로 해서 이러한 사실감은 더욱 증폭된다. 매우 기괴한 일이 아닐 수 없다.

이 기괴한 느낌의 시가 우리에게 전하려는 것은 우선, 인왕산 위에 황새가 날아가는 시절이 있었으므로, 광화문 자리에 장수하늘소가 날아들던 시절이 있었으므로, '좋았던 옛날'을 그리워하고 있는 것이다, '나쁜 현대'를 탓하고 있는 것이다, 라고 말할 수 있을 것이다. 시인은 인왕산 위에 황새가 날아가는 모습을 보고 싶었던 것이다. 광화문에서 장수하늘소를 잡고 싶었던 것이다. 그러나 이러한 해석은 '박제된 황새'가 아니라 그냥 '황새'로 표현했어도, '죽은 장수하늘소'가 아니라 그냥 '장수하늘소'로 표기했어도 무방했다는 점에서 설득력이 덜하다.

알다시피 황새는 우리 나라에서는 사라진 동물이다. 표본실의 박제로만 볼 수 있다. 장수하늘소 또한 마찬가지로 멸종 중에 있다. 그렇다면? 그렇다! – 황새는 박제로만 존재하고 장수하늘소는 죽었으므로 – 시인은 그 **사라진** 황새, 그 **죽은** 장수하늘소를 본 것이다. 그것이 인왕산 위에, 그리고 광화문에 **있는** 것을 본 것이다. 마치 그레고르 잠자[2]가 어느 날 아침 **정말** 갑충으로 변한 것처럼. 이 시는 그러므로 좋았던 옛날을 그리워하고 나쁜 현대를 탓하고 있는 것 이

---

2) 카프카의 『변신』의 주인공.

상이다. 박제된 황새, 죽은 장수하늘소가 **있는** 섬뜩한 현실을 있는 그대로 보여주고 있는 것이다. 기괴한 리얼리즘!

  사실 문학작품에 나타나는 기괴함das Groteske은 기괴한 현실을 전제로 한 것이다. 기괴한 현실이 있기에 기괴한 문학이 있는 것이다. 기괴함은 예술의 범주이기 이전에 현실의 범주이다. 따라서 기괴함, 혹은 기괴함의 예술은 "현실의 특정한 상태에 대해 진술하는 인식의 개념"3)이며 당연히 현실 심판적 기능을 갖는다. 최승호의 이 시는 '죽은' 생명체(황새, 장수하늘소)와 '살아 있는' 사물(인왕산, 광화문)만 남게된 묵시론적 세계를 의도적으로 보여주려고 했다.

  이러한 기괴함은 다른 여러 시들에서도 나타난다.

    마더 테레사 수녀님이 죽었습니다.
    마더의 길,
    고개를 숙이고
    머리 위 발들을 두 손으로 씻어주던······

    우리는 황혼의 시든 창녀들,
    낡은 매음굴의
    정충들이 말라붙은 문가에 서서
    멀리서나마 마더를 향해
    냉이꽃 몇 송이를 바칩니다.

    마더 테레사 수녀님이 죽었습니다.

                             — 「황혼의 시든 창녀」 전문

---

3) Arnold Heidsieck, Das Groteske und das Absurde im modernen Drama, Stuttgart 1969, 17쪽.

속인들의 발을 씻어주는 테레사 수녀와 정충들이 말라붙은 문가에 있는 창녀들과의 직접적 대비(이질적인 것의 결합)가 기괴하며, 이 기괴한 것을 갓 구워낸 빵처럼 따뜻하게 사실주의적으로 서술하는 태도가 기괴하다. 더 기괴한 것은 냉이꽃이 환기시키는 희극성이다. 혹은 냉이꽃을 진지하게 바치게 하는 시적 화자의 유머러스한 태도이다. 매음굴에서 "멀리서나마" 죽은 테레사 수녀에게 냉이꽃을 바치고 있는 창녀들의 모습을 떠올려 보라. 작아서 잘 보이지도 않는 냉이꽃을 바치는!

희극성은 그러나 이질적 것의 결합에서 오는 기괴함에 이미 나타난 것이다. 기괴한 것을 담담하게 서술하는 기괴함에, 즉 내용과 형식의 부조화가 초래하는 기괴함에도 이미 나타난 것이다. 창녀와 테레사 수녀의 대비가 우스우며, 우스운 내용을 진지하게 서술하는 경어체의 문장이 우스우며, 그리고 냉이꽃을 바치는 것이 우스운 것이다. 희극성 역시 기괴함의 한 속성을 이룬다. 기괴한 것은 동시에 희극적인 것이다. 희극적인 것이 꼭 기괴한 것은 아니지만.

이 시에서 또 이야기할 수 있는 것은 '추의 미학'이다. 추의 미학은 추를 찬양하는 것이 아니라 추 또한 미학적인 대상이 되었다는 것을 말하는 것이다. 미와 마찬가지로 추도 실재하기 때문이다. 정충이 묻은 문간에 사는 창녀들은 실재하며 시인은 이들에게 테레사 수녀와 동등한 미학적 가치를 부여한 것이다

최승호 시에서 또 기괴스러운 것은 식물(성)과 동물(성), 사물(성) 그리고 인간(성)들이 혼재하는 것이다. 최승호는 그의 「황사」에서 황사반죽을 두개골의 뒤죽박죽으로 비유한 후 다음과 같은 탁월한 황사반죽 목록을 작성했다.

지린내 풍기는 낙타털, 야크의 속눈썹과 내 눈썹에서 떨어져나
간 눈썹들, 서울 상공의 스모그, 황하강변에서 부러진 개미 더듬
이, 쪼개진 나비의 겹눈, 이제는 똥이라고도 할 수 없는 오래된 낙
타상인의 똥, 늑대의 늑골 가루, 검은 곰팡이의 포자, 말라죽은 호
수에서 말라죽은 짚신벌레, 풀씨, 구리거울의 녹, 별똥별의 재, 미
라가 된 어린 공주의 손톱 조각

—「황사」부분

여기에는 낙타, 야크, 나비, 개미, 늑대 등의 동물성, 곰팡이의 포자, 풀씨 등의 식물성, 스모그, 구리거울, 모래 등의 사물성, 시인 자신과 낙타 상인, 어린 공주 등의 인간성이 함께 존재한다. 예를 들어 미라가 된 어린 공주의 손톱조각과 지린내 풍기는 낙타털이 함께 황사반죽 목록의 질료를 차지하여 시인이 사는 나라에 날아와 시인의 머리를 뒤죽박죽으로 만든다. 목록의 내용들이 기괴하고, 이것들이 시인의 머리를 뒤죽박죽으로 만드는 것이 기괴하다.

그러나 이것들(동물성, 식물성 사물성, 인간성) 또한 실제로 존재하며, 또한 뒤섞여서 존재하지 않는가. 동물성의 나라와 식물성의 나라가 서로 별개로 존재하는가? 사물과 사람이 서로 다른 방을 차지하고 있는가? 앞에서도 이야기했지만 기괴한 것은 예술 양식으로만 존재하는 것이 아니라 실제로 존재하는 것이다. 현실이 이미 기괴한 것이다. 그러나 기괴한 현실을 포착하기란 쉬운 것이 아니다. 동물성, 식물성 사물성, 인간성들에 대한 동시적 포착은 이것들을 평등화시킬 때 가능하다. 식물과 동물, 사물, 인간은 존재자das Seiende라는 점에서 같으며 세계 안에서 같이 존재하는 것이다, 라는 인식이 선행할 때 가능한 것이다. 닫힌 차창 안에서 "비둘기의 절규"를 들을 수 없는 것처럼 닫힌 차창 밖에 있는 비둘기들도 마찬가지로 우리의 절규

를 들을 수 없는 것이다.(「질주」 참조) 그래서 한 편으로 우리는 최승호에 대해서 범신론적 세계관을 가졌다고 말할 수 있다. 범신론이 기괴한 것이다.

마치 자연주의 문학이 하층민들의 세계를 숭고한 장르인 비극에서처럼 진지하게 다루면서 그들에게도 사랑이 있고, 절망이 있고, 걱정이 있고, 죽음이 있다는 것을 보여주었던 것처럼, 그래서 그들에게 가치와 존엄을 부여한 것처럼[4] 최승호는 식물, 동물, 사물의 세계를 사람의 세계로 끌어올려 그들에게 가치와 존엄성을 부여하고 있는 것으로 보인다.

> 오른쪽 뺨에 눈이 없구나.
> 넙치,
> 한쪽 뺨은 영원한 밤이다.
>
> 왼쪽 오른쪽으로 나누어졌던 눈을 한 곳에 모으느라
> 넙치는 얼마나 고통스러웠을 것인가.
> ─「넙치」부분

> 농구공
> 안에 갇혀
> 길 더듬는 개미가 있다면
>
> 얼마나 캄캄할까.
> 허공으로 튀어오르는

---

[4] 자연주의 문학의 기괴함은 바로 이런 양식혼합Stilmischung을 두고 이야기하는 것이다. Vgl. D. Borchmeyer, Der Naturalismus und seine Auslaeufer, in: Viktor Zmegac(Hg.), Geschichte der deutschen Literatur vom 18. Jahrhundert bis zur Gegenwart, Bd. 2/1(1848-1918), Koenigstein/Ts. 1980, 155쪽.

> 농구공,
> 떨어지는 농구공,
> 통 통 통 튀며 굴러가는 농구공,
> 그 농구공 안에 갇혀
> 더듬이만 자꾸 자꾸 자라나며
> 늙는 개미가 있다면······
>
> ―「터널」부분

　시인은 넙치에게 고통을 부여함으로써 넙치에게 인간과 같은 존엄성을 부여하였다. '농구공에 갇힌 개미'는 비록 장님 소녀에 대한 은유에서 비롯되었을지라도 그것보다 먼저 독자는 농구공이 튈 때마다 개미가 질러대는 단말마의 비명을 듣게 된다. 독자는 시간 공간에 처해 있는 인간의 운명을 떠올리기에 앞서 머리를 설레설레 내저을 수밖에 없다. 캄캄한 농구공 속에 영원히 처해서 더듬이만 자꾸자꾸 자라나고 있을 개미야, 개미의 고통아. 아, 시간을 되돌릴 수 있다면! 이 시를 읽지 않은 것으로 할 수만 있다면! 개미를 인간의 차원으로 끌어올린 시인아!

3

　기괴함으로까지 느껴지는 이러한 범신론적 세계관은 최승호의 다른 시편들에서는 식물, 동물, 사물의 세계를 사람의 세계로 끌어올리는 것이 아니라 사람을 식물, 동물, 사물의 세계에 근접시키려는 시도로도 나타난다.
　인간은 유일하게 대상을 의식할 수 있는 존재이므로 유일하게 고립된 존재일 수밖에 없다. 고립된 존재는 고립되지 않으려고 한다.

   핸드폰이 울린다.
   여기저기 주머니에서
   가방에서
   핸드폰들이 나타난다.
   기다리던 마이크를 잡은 듯
   내 옆사람이 말한다.
   여기 지하철인데
   지금 막 양재역을 지났어.
               — 「메시지」 부분

 지하철 속에서의 핸드폰 통화, 혹은 "기다리던 마이크를 잡은 듯"이라는 표현은 고립된 존재에 대한 대항 알레고리이다. "여기 지하철인데/지금 막 양재역을 지났어"라는 표현은 대상 의식적 존재, 고립된 존재를 희화한 것이다. 마치 나는 너와 가까운 데에 있어. 나는 너에게 늘 가까이 가고 있어, 라고 외치는 것 같다.
 최승호는 그러나 더 근본적인 소망을 피력한다. 고립된 세계 이전의 세계, 대상을 의식하지 않는 세계. 그러므로 메시지가 없는 세계, 동물의 세계, 그러므로 자연과 하나가 된 세계를 상상한다.

   아무런 메시지도 없이
   파발마들이 말죽거리로 달려와서
   누런 말이빨로 타일벽을 뜯어먹는다.
               — 「메시지」 부분

 파발마는 타일벽에 있는 말죽을 먹는다. 파발마에게 말죽은 말죽이지 말죽의 그림일 리가 없다. 그러므로 이 구절은 또한 벽에 말죽을 그려놓고 말죽거리를 감상하는 대상 의식적 인간 세계에 비탄(혹은 조롱)이기도 하다.

 대상을 의식할 수 없는 존재들인 식물, 동물, 사물 세계에 대한 부러움, 곧 자연과 하나가 되고 싶어하는 소망은 다음의 시에서 더욱 노골적으로 피력된다. 이것이 또 기괴한 느낌을 준다.

>오히려 물컹한 것은
>나의 내부였는지 모른다.
>오래된 찐득함이 내 ᠊에 있었다.
>그것을 나는 내면의 뻘이라고 부르겠다.
>갯바위덩어리를
>그것으로 감쌀 수도 있을 것이다.
>질척한 그것을
>갯바위에 널어 말릴 수도 있을 것이다.
>그렇지만
>그래도 여전히
>육체는 바위의 혹처럼 여겨지지 않을까.
>　　　　　　　　　　　　　—「갯바위」 부분

 시인은 내면의 뻘 – 이것은 내장이 아닌가 – 을 갯바위에 널고 싶다고 말한다. 자연을 대상화하는 존재가 아니라 자연의 일부로서 사물로서 존재하고 싶다는 것이다. 그렇지만 시인은 자신의 육체가 자연의 일부가 아니라 자연의 혹이 될까봐 두렵다.

 이 시가 기괴한 것은 필립 톰슨이 기괴함의 또 하나의 속성으로 지적한 "육체적 실제성"[5]이 모범적으로 제기되고 있다는 점이다. 갯

---

5) Phillip Thomson, 『그로테스크』, 김영무 역, 서울대학교 출판부, 1986, 11쪽.

바위와 사람의 육체라는 서로 이질적인 것이 연관되었으므로 기괴하고, 이러한 이질적인 것을 서술하는 서술자의 덤덤한 태도가 기괴하고, 여기에 내장이라는 육체적인 실제성이 있기 때문에 또 기괴한 것이다.

인간은 또한 자기 자신 마저 대상화시키는 존재이기도 하다. 자기 자신을 대상화하여 자서전을 쓴다. 그러나

> 부러진 갈대 끝이 물에 닿아서
> 떨며 오직 한 획만을 물 위에 긋는 것을
> 무슨 뜻인지도 모르고 바라본다.
> 물 맑은 가을 수로水路
> 갈대 그림자 물 아래 서걱거리고
> 흐르는 물은 무엇보다도
> 자서전 따위에는 관심이 없는 듯하다.
> 물은 딱딱한 겉장 없이 흘러왔고
> 마지막 페이지도 없이 흘러갈 것이다.
> 보석으로 보석을 씻듯이
> 물무늬로 물무늬를 지우듯이
> 흘러가는 물을
> 무슨 뜻인지도 모르고 바라본다.
> 　　　　　　　　　　　—「물의 자서전」 전문

물은 자기 자신을 대상화시키지 않으므로 "자서전 따위에는 관심이 없"다. 그냥 흘러가는 존재, "물무늬로 물무늬를 지우듯이/흘러가는" 존재이다. 이 시의 탁월함은 그러나 대상화하는 존재로서의 인간을 초극하고, 자연과 일체를 이룬 시적 자아가 마치 '흐르는 물처럼

등장하여' 흐르는 물과 함께 흘러가고 있다는 점이다. "갈대"가 "물 위에 긋는" "획"을, " 흘러가는 물을, "무슨 뜻인지도 모르고 바라"보는 자아는 이미 대상화하는 자아가 아니다. '낙화를 두려워하지 않고 만발하는 꽃'(『눈사람』의 「봄밤」 참조)처럼 무슨 뜻인지도 모르고 살아가는 자아, 행복한 자아이다.

4

현실은 현실만이 현실이 아니다. 눈에 보이지 않는 현실도 현실이다. 다가오는 현실도 현실이다. 죽음도 현실이지만 죽음에 대한 두려움도 현실이다. 초월 의식도 현실이다.

문학이 현실을 초월한다면 초월하고 있는 현실을 보는 것이다. 문학은 시대를 뛰어넘는 것이 아니라 뛰어넘는 시대를 보는 것이다.

시가 기괴하게 느껴졌다면 그것은 시인의 세상 속에서 이 세상이 기괴하게 존재하기 때문이다.

과거의 별, 미래의 별
— 박주택의 『사막의 별 아래에서』

창문을 닫지 마라
피가 흐른다, 창문을 닫 때마다
꽃잎이 떨어지고 바람이 분다
어느 먼곳에 더운 눈물 떨어진다

누가 죽고 누가 사는가

사람들은 저녁해를 받으며
정류장의 느린 어깨로 가고
그 중 누구는
비가 내리는 편지를 쓰며
하루의 잠을 걱정한다

사연 없이 죽는 사람이여
꾹꾹 다져온 진물을 바닥에 흘리며
꽃을 꺾어 강에 던진다
살을 베인, 그 꽃

> **핏방울을 흘리며 검은 별로 간다**
> ―「별」 전문 (강조는 필자)

　수용미학에 '생산적 오독'이라는 말이 있다. 오독이 생산적일 경우도 있다는 것이다. 나는 위의 시에서 "창문을 달지 마라"고 한 것을 '창문을 닫지 마라'는 것으로 읽었다('달지'와 '닫지'는 비슷하다). 즉 창문을 달지 말라고 하는 것을 별과의 소통을 방해하지 말라는 요구로 읽었다. 창문을 달지 말라고 하는 것은 소통을 거부한다는 것이고 (창문은 안과 밖의 '통함', 즉 소통을 상징하므로), 창문을 닫지 말라고 하는 것은 소통을 거부하지 말라고 하는 것이므로 반대로 해석한 것이다.
　창문을 달을〔닫을〕 때마다 창문 안쪽에 있는 자가 "피"를 흘리고, 창밖에는 "꽃잎이 떨어지고 바람이 분다". "먼곳에"는 창문 안쪽에 있는 자가 흘린 "더운 눈물"이 "떨어진다". 창문을 달으니까〔닫으니까〕 현실이 상처를 입고 요동친다. 창문 안쪽에 있는 자의 마음이 고통스럽다.
　창문을 달지〔닫지〕 않으면, 창문을 열어놓으면, 고통은 사라지는가. 그렇지도 않다. 열린 공간을 통해 "눈물"과 "진물"과 "핏방울"이 섞인 "강"이 이쪽에서 저쪽으로 흘러간다. 절망과 고통의 강이 두 지점을 연결시킨다. "별"은 '창문을 달지〔닫지〕 마라'라고 말하는 자, 혹은 창문 안쪽에 있는 자의 무엇인가, 누구인가.
　별의 의미에 대해 짐작하게 해주는 것이 별을 "검은 별"이라고 한 것과, 둘째 연의 "누가 죽고 누가 사는가"라는 표현이다. 그리고 다시 넷째 연의 "사연 없이 죽는 사람이여"라는 표현이다. 별은 죽은 자이고 창문 안쪽에 있는 자는 살아있는 자인 것이다. 죽은 사람은 별이 되었고, 그리고 산 자는 이 죽은 자를 그리워한다. 그러나 이 시는 그 이상이다.

우선, "사연 없이 죽는 사람"에 대해서이다. 물론 사연 없이 죽은 사람이 있었다. 시인은 그러나 '사연 없이 죽은 사람'을 '사연 없이 죽는 사람'(강조는 필자)이라고 바꾸어 표현함으로써 사연 없는 죽음을 보편화시켰다. 〔그런데 사연 없는 죽음이라니? 사연 없이 죽는 사람은 없으나('핑계 없는 무덤은 없다') 죽음의 보편성 및 일회성이 사연 있는 죽음을 별 의미 없게 만들기 때문이다. 사연 있는 죽음은 죽음 앞에서 별 소용이 없다. 사연 있는 죽음은 죽음 앞에서 사연이 없다.〕 시인은 개별적 죽음을 보편적 죽음으로 일반화시킴으로써 시 해석의 지평을 그만큼 넓게 만들었다. 박주택은 그의 시 대부분을 이러한 보편성의 그물로 걸러낸다. 혹은 '시대'의 그물을 통과하게 한다.

다음, "살을 베인, 그 꽃/핏방울을 흘리며 검은 별로 간다"에 대해서이다. "살을 베인" 다음에 쉼표가 있는 것은 살을 베인 것이 꽃이 아니라, 꽃을 본 자, 꽃에 손 댄 자들이라는 것을 나타내는 것이다. 그리고 완료형이다. 이미 베인 것이다. 그러므로 꽃은 그 아름다움으로 사람들을 유혹해서 손을 베게 만든 '것'을 상징한다. 혹은 열망의 대상을 상징하는 것이다. 젊은 날에 누구나 손을 대서 상처를 입은 바로 그 꽃 말이다.

'어떤 현실'이 몰락하였다. 현실은 "꽃을 꺾어 강에 던"졌다. 꺾어진 꽃은 '꺾어진 현실'이었다. "꽃"은 "핏방울을 흘리며" "별"까지 흘러갔다. 별은 "검"게 물들여졌다. 꽃이 죽어서 (검은) 별이 된 것이다. 이제 우리는 앞에서 시인이 창문을 달지(닫지) 말라고 한 까닭을, 그리고 창문을 닫으면 왜 고통스러운 지를 이해하게 된다. 시인은 젊었을 때 열망을 바쳤던 그 꽃을 아직 생각하고 있다. 그리고 그 꽃과 여전히 소통하고 싶어한다. 그럴 수 있다면!

하나 덧붙이면, 창문을 달지[닫지] 마라, 라고 한 것은 자기 자신에게 하는 요구일 수 있다. 잊지 말라는 자기 자신에게 하는 요구일 수 있다. 이럴 경우 창문을 달지[닫지] 말라고 하는 자, 창문을 달지[닫지] 말라는 말을 듣는 자(시적 자아), 그리고 창문 안에 있는 자는 전부 동일인이다.

또 하나의 노래 「얼음꽃」을 보자(다시 꽃이다!).

> 허약한 대낮, 칭얼대는 투정소리가
> 거리에 더부룩하고, 뱃살이 간살거리는
> 毒도 순절도 없는 시대, 저기 저 저, 그리운 뿌리
> 찬 계곡의 틈에서 적요를 삼키며
> 자신의 피로 자신에게 경고하며 진흙 세상 한가운데 추연히
> 피던 雪蓮, 그 노란 꽃
>
> ― 「얼음새꽃」 부분

시인은 "진흙 세상 한가운데 추연히/피던 雪蓮, 그 노란 꽃"을 추억한다. 여기서 추억이라고 한 것은 '피던'이라고 과거형의 진술이 이루어졌기 때문이다. 그렇다면 지금은 어떤가. 시인의 말에 따르면 지금은 "허약한 대낮"이다. "칭얼대는 투정소리가/거리에 더부룩하고, 뱃살이 간살거리는" 시대, "毒도 순절도 없는 시대", "하루의 잠을 걱정하는"(「별」) 소시민적 삶이 지배하는 시대이다. 시인은 그래서 자신을 괴롭혔던 것이다. "자신의 피로 자신에게 경고"했던 것이다. 과거의 '검은 별'을 찾아갔던 것이다. "별이 빛나는 창공을 보고, 갈 수가 있고 또 가야만 하는 길의 지도를 읽을 수 있던 시대는 얼마나 행복했던가?"(루카치)

「별」을 '오독'했다는 것은 「사막의 별 아래에서 자라」를 보면 분명

해진다. 「사막의 별 아래에서 자라」는 "창문을 열지 마라"라는 구절로 끝나고 있다. 「별」에서 "창문을 달지 마라"고 한 것은 '창문을 닫지 마라'가 아닌 '창문을 열지 마라'라고 해석해야 했던 것이다.

> 눈을 크게 떠라
> 긴 생애가 보인다 폐렴을 앓는 옷은
> 꽃 덤불 위에 피를 묻히고 귀는 떠 갈 곳 없어
> 제 마음 깊은 곳으로 쓰린 배를 부빈다
> 입술을 보라! 끊임없이 헛된 이름을 부르고
> 사라진 것들이 남긴 가려움으로 겁먹은 벽을 기어 내려간다
>
> 꽃은 악몽처럼 가혹하다
>
> 푸른 강가를 걸으며 서툰 노래에 몸을 맡긴 뒤
> 정적 속에서 피어나는 억새들에 살을 베이지 마라
> 우리가 이제까지 만들었던 것은 육체의
> 너무 많은 창이었다 바다는 제 몸의 푸르름으로
> 날개를 달지 않고 별은 숨 없는 곳에서도
> 스스럼없이 빛난다
>
> 길들이 사라진 것들을 다시 불러 꽃을 피운다
>
> 창문을 열지 마라!
>
> ―「사막의 별 아래에서 자라」 전문

주목되는 것은 셋째 연의 "육체의/너무 많은 창"이라는 표현이다. 육체의 창은 과거에 대한 기억이다. 짐작케 해주는 것은 첫째 연에서 "제 마음 깊은 곳"을 듣는 "귀"라고 한 것. "끊임없이 헛된 이름을 부르"는 "입술"이라고 한 것. "사라진 것들이 남긴 가려움"이라고 한

것. 즉 귀가 기억하는 것, 입술이 기억하는 것, 살갗이 기억하는 것이 '육체의 창'이다. 너무 많은 육체의 창이라고 한 것은 너무 많은 창을 갖지 말라는 뜻이 내포되어 있다. 너무 많은 기억을 갖지 말라는 뜻이 내포되어 있다. '너무'라는 부사의 용례는 영어의 too의 용례와 같다. 부정否定을 수반한다. 너무 많은 '기억'(본문에서는 "억새"라고 표현되었지만 사실은 기억이다 "정적 속에서 피어나는" 것은 기억이다)은 "살을" 벤다. 현재에 충실하라는 것이다. 시간에 맡기라는 것이다. "길들이 사라진 것들을 다시 불러 꽃을 피운다"라는 구절이 그것이다. '꽃'은 사라진 그 꽃이 아니다. 떨어진 그 꽃이 아니다. 상처의 기억이 아니다. 새로운 꽃이다. 길은 늘 새로운 꽃을 피운다. 요컨대 "창문을 열지 마라"라고 한 것은 '과거의 창문을 열지 말라'는 것이었다. 과거의 기억을 들추어내지 말라는 것이었다. 첫 행의 "눈을 크게 떠라/긴 생애가 보인다"고 한 것은 반어였다. 눈을 크게 뜨지 말라는 것이었다. 긴 생애를 보지 말라는 것이었다.

　이점에서 제목 「사막의 별 아래에서 자라」에서의 '자라'라는 말은 두 가지 의미가 가능하다. 하나는 사막의 별 아래에서 성장했다는 것이다. 별밖에 보이지 않는 황무지에서 성장했다는 것이다. 지난한 삶, 고통의 삶이었다는 것이다. "악몽"의 삶이었다는 것이다. 이제 그 지난한 삶, 고통의 삶을 잊겠다는 것이다. "육체의" 기억을 잊겠다는 것이다. 과거로 난 "창문을 열지" 않겠다는 것이다. 또 하나는 '잠 자라'라는 명령으로 읽는 것이다. '사막에서 잠 자라'라고 하는 것은 '사막에서 살아라'라고 하는 것과 같으므로 '사막에서 살아라'는 명령으로 읽는 것이다. 아무 것도 없는 곳에서, 모든 것을 다 잊고, "긴 생애"의 기억을 다 잊고, '사막에서 다시 시작하라'는 명령으로 읽는 것이다. 여기서의 별은 '인도하는 별'이다. 루카치의 '창공에 떠있는 별'이다. '자라'의 자구적 의미는 다르지만 '구체화'된 해석은 두 가지 경우가 같다. 다만 전자의 경우의 별은 과거의 별이고 후자의 경우의 별은 현재의 별, 특히 미래의 별이라는 것이 다르다. 「별」이라는 시에서의 '별'은 물론 과거의 별이었고. 이희중이 『사막의 별 아래에서』의 시편들을 두고 "이 별의 삶에 적응하지 못한 채, 저 별을 그리워하고 꿈꾸는 국외자의 태도"라고 한 것은 이점에서 매우 설득력이 있다.

박주택은 '육체의 창'이 불러오는 과거에 더 이상 얽매이지 않으려고 한다. 육체의 창을 통해 미래를 보려고 한다. 그럴 수 있다면.

처음으로 돌아가서: 「별」을 오독하지 않았다면, 즉 "창문을 달지 마라"라고 한 것을 말 그대로의 '소통의 거부'로 읽었다면, '별'은 '창문을 달지 마라'라고 말하는 자, 혹은 창문 안쪽에 있는 자의 무엇인가. 물론 '기억하고 싶지 않은 별'이다. 과거의 별이다. 기억하고 싶지 않은 과거의 별이니까 창문을 달지 말라고 한 것이다. 오독했을 때의 '별'은 기억하고 싶은 별이었으니까 큰 차이가 난 셈이다. 죽은 자가, 혹은 죽은 것이, 별이 되었고, 살을 베게한 것이 별이 되었다는 점에서는 오독하지 않은 경우와 오독한 경우가 같다. 생산적 오독이었을까. 해석의 지평이 넓어졌다면!

고통의 최후, 환희의 시작?
― 차옥혜의 『아름다운 독』

　누구나 단 한 번뿐인 경우로 살다가 단 한 번뿐인 경우로 죽는다. 그러나 그 중에서도 ― 여러 단 한 번뿐인 경우들 중에서도 ― 단 한 번뿐인 경우가 있는 것이다. 단 한 번뿐인 경우 중의 단 한 번뿐인 경우가 있는 것이다. 예를 들어 한 번 불행을 겪은 자가 그 불행을 겪은 죄로 계속 불행이 반복되는 벌을 받는다면, '불행의 영겁회귀'라면.
　불행의 영겁회귀를 겪는 자가 불행의 영겁회귀를 빠져나가려면 다시 태어나는 수밖에 없다. 재생만이 통로다. 재생만이 불행의 영겁회귀를 끝장낼 수 있다. 이 불행의 영겁회귀를 '깜쪽같이' 지울 수 있다. 다시 불행의 영겁회귀가 시작된다 해도 그것은 다른 질료의 영겁회귀. 다른 불행의 영겁회귀는 괜찮다. 이 불행의 영겁회귀만은 참을 수 없다.
　차옥혜 시인이 그렇다. 차옥혜는 재생을 희망한다. 재생을 요구한다. 그는 단 하나 뿐인 경우의 불행 중에서도 단 한 번뿐인 불행을 겪은 자 같으므로 재생을 요구한다. 희망한다. 그럴 자격이 있다. "캄캄하기 전에는/우리가 무엇을 안다고 말할 수 있으랴"(「달맞이꽃」)라는 말은 캄캄함을 겪은(혹은 겪는) 사람의 말. 다음의 시는 '고통의 최후 환희의 시작!'이라며, 고승들이 깨우치고 나서 부르짖는 '할'로 들린다.

> 그러나 나는 미로 같은 터널을 빠져나가
> 기필코 다시 태어나리라
> 다시 흙 깊숙이 뿌리 박고
> 내 몸 구석구석에
> 반짝이는 물방울 불러오리라
> 내 몸에 싱싱한 푸른 잎 다시 솟아
> 하늘에 입 맞추며 꿈꾸며
> 살리라
>
> ― 「무말랭이의 노래」 부분

"무말랭이"에게 "다시" "푸른 잎"이 돋게 한 시인! 무말랭이에게 재생을 수여한 시인! 이러한 재생의 요구는 아무나 할 수 있는 게 아니다. 아무나 말할 수 있는 게 아니다. 고통의 극단에 오랫동안 처해 있었던 사람만이 할 수 있다. 그는 거칠 것이 없다. 그는 자연스럽다.

잃어버린 좋은 일이 다시 반복되기를 바라는 것도 고통의 극단을 경험한 자의 자연스러운 수순이다. 고통의 극단을 경험한 자만이 '행복함'이 무엇인지를 안다. 행복했던 때가 언제였는 지를 안다. 고통을 겪지 않은 자들이 어찌 알랴. 행복함이 무엇인지를. 행복했던 때가 언제였는지를. 사형수가 사형장까지의 길을 걸을 때 사형수에게는 가장 행복했던 장면이 떠오를 것이다(저절로!). 혹은 정말 사랑했던 사람의 얼굴이 떠오를 것이다(저절로!). 사형장까지의 길을 걸을 때, 최후의 최고의 고통을 겪을 때 비로소 가장 행복했던 순간이 언제였는지를 안다. 가장 사랑했던 사람이 누구인지를 안다.
 시인은 고통의 절정을 경험한 자 같으므로 행복한 순간을 떠올린다. 행복이 다시 재현되기를 희망한다.

> 그러나 누구인들 떠난 연인이 똑같은 모습으로
> 다시 돌아오기를 바라지 않으랴
> ─「부활」부분

 생명이 다시 태어나기를 갈망하는 것도 같은 맥락이다. 생명이 태어나는 것만큼 기쁜 일이 있을까. 생명이 다시 이어지는 것만큼 기쁜 일이 있을까. 황홀한 일이 있을까.

> 어릴 때 빵소니차에 머리를 다치고
> 치료를 못 받은 영호가 [⋯]
> 아지랑이 아른대는 개나리 꽃길 따라
> 나비가 되어 훨훨 날아가버렸다.
> 영호네 어머니는 [⋯]
> 옆집 강아지를 보고
> 아들 왔다고 껴안고 울다
> 새가 날아가자
> 영호가 간다고 이름 부르며
> 나비가 되어 훨훨 따라간다.
> ─「나비가 된 아들과 어머니」부분

> 늙고 병든 부모님도 다시 철쭉꽃 얼굴로
> 하늘빛 받을 수 있을까
> 처녀 같은 어머니가 다시 와

다홍치마 펄럭이며
아장거리는 나를 걸음마 시킬 수 있을까
청년 아버지가 돌아와 어린 나에게
단단한 세상의 문 열어줄 수 있을까
　　　　　—「11월 철쭉밭에 철쭉꽃이 피어」 부분

시인의 시편들에는 고통을 겪은 자만이 도달할 수 있는 달관의 세계 또한 나타난다.

나 쓸쓸하고 텅 비어
비로소 자유 가운데 있으니
이제는 나 여기 있다고
말하지 않으리
　　　　　—「고목이 내게로 왔을 때」 부분

고통을 받아들이는 자세를 넘어 죽음까지 받아들이는 자세이다. 기꺼이 몰락해주려는 자의 자세이다. 죽음을 자유로 파악하는 경지이다.

그래서 시인의 시편들을 관통하는 또 하나의 키워드는 '형체 없는 것'에 대한 '염두'이다. 서시 「햇빛의 몸을 보았다」의 한가운데 시행은 "올 사람들의 영혼이 그러할까"이다. 문맥상 이것은 '올 사람들의 영혼이 형체가 없지 않을까' 라고 읽힌다. 미래의 인간은 지금의 인간과 다르지 않을까, 라고 시인은 생각하는 것. "떠난 사람들의 넋" 처럼 형체가 없는 것이 아닐까, 라고 생각하는 것. 시인은 뒤이어 다음과 같이 쓰고 있다.

떠난 사람들의 넋이 그러할까

무엇에게도 구속되지 않고
모든 것과 함께 하면서
모든 것을 자유롭게 하는
햇빛을 닮으면
내 몸도 무지개가 될까
영원히 썩지 않는 생명이 될까
내 노트 안에서 쉬고 있는 햇빛의 맨몸이
손가락 하나 안 대고
나를 사로잡는다

바로 다음의 절편 「눈사람」에서도 이러한 정조는 유지된다. 시인은 "마음도 없"고 "손도 발도 없"는 눈사람 같은 것을 그리워한다. 심지어

나는 무엇을 보며 위로받고 사는가.
나는 누구의 눈사람인가.
눈부신 하얀 허물을 벗으면
시커먼 산성 물인 것 알면서도
눈사람 없이는
겨울 길을 걸어갈 수 없구나.

라고 읊는다. "겨울 길"이라는 것은 고통의 길에 대한 은유이다. 차옥혜 시인에게 삶은 고통의 길이다. 고통의 길에 눈사람과 동행할 수 없다면 그 고통의 길마저 걸어갈 수 없다고 말하는 것이다. 고통의 길에 '실체가 없는(혹은 형체가 없는) 것'에 대한 '염두'가 없다면 그 고통의 길마저 걸어갈 수 없다고 말하는 것이다. 그러기에 눈사람이 없다면 "무엇을 보며 위로받고 사는가"라고 한 것 아닌가. 그 고통의 길이 대체 어떤 고통의 길이기에!? 살아있으면서 '실체 없는 삶'과 동

행해야 하는가. 그럴 수도 있는가.

　'연필의 자유'가 있다. 만년필과 볼펜은 "지워도 흔적이 남아 족쇄가 되"(「연필」)지만 연필은 "열 번이고 백 번이고/다시 시작"할 수 있으니까. 연필은 "끊임없이 키를 낮"춤으로써 소멸에서도 당당하다. "당당하게 소멸"한다. 낮추는 자는 당당하게 소멸한다? 다시 시작할 줄 아는 자만이, 자유할 수 있는 자만이 당당하게 소멸한다?

비자본주의적 삶
— 유하의 『세운상가 키드의 사랑』

유하의 시집 『세운상가 키드의 사랑』을 통해 우리는 하나의 '시절'을 만나게 된다. 우리의 한 편에 실체로 존재하는, 영화, 비디오, 재즈, 유행가, 포르노, 편의점, 세운상가, 그리고 그것을 경험한 시적 자아와 그의 세계관을 만나게 된다. 1990년대의 징후, 혹은 1990년대에서 돌아다본 한 시절의 징후를 만나게 된다.

몽타주

유하의 재즈 연작시들과 세운상가 키드의 사랑 연작시들을 읽다 보면 영화나 초현실주의 소설들에서 흔히 볼 수 있는 '몽타주' 속에 들어가 있는 느낌이 든다. 이 연작시들은 '젊은 날의 초상'에 대한 몽타주들이 아닌가라는 것이다. 시인이 복잡한 현실 속에 산다면, 그리고 시인이 그 복잡한 현실을 인지하고 있다면, 시인은 그 복잡한 현실을 드러내기 위해, 혹은 그 복잡함을 '종합'하기 위해 몽타주를 이용할 수 있다. 애초에 몽타주라는 것은, 모든 것은 분업화, 세분화되었으며, 따라서 이 세상을 한 눈으로 조망하기 힘들어졌다는 인식에서 시도된 것이기 때문이다. 자연과 정신, 신과 인간, 우연과 필연, 법과 도덕, 세계와 자아가 분열된 이후(헤겔), 문학예술은 그 분열을 극복하고 총체적인 삶을 되찾고자 하였다. 이것이 19세기에는 리얼리즘으로 19세기 말 이후에는 모더니즘으로 각각 나타났다. 몽타주는 모더니즘이 가장 선호하는 도구였다. 이것저것을 '구성'하면 전체에 가까이 갈 수 있지 않을까, 라고 생각하였다. 모더니즘은 리얼리즘의 지근에 있었다.

유하의 몽타주들을 총체성의 회복이라는 거창한 시도로 볼 수는 없다. 다만 유하는 젊음을 소모시킨 여러 '것'들을 통해 한정된 시공간 속에서의 젊은 시절을 복원해내고자 한 것으로 보인다. 즉, 유하의 몽타주들은 젊은 날의 눈, 코, 입, 귀들을 보여줌으로써 하나의 초상화를 만든다. 그러나 이 초상화는 현실의 단순한 스케치는 아니다. 개별적 부분에는 각각의 의미망이 존재하며, 나아가 어떤 인식에 도달하는 과정이 나타나 있다. 개별적 시 모두에서 '유머'를 통한 지적 변주가 나타나며, 그리고 그 변주에는 공통분모가 존재한다. 그럼으로써 독특한 색깔을 지닌 젊은 날의 초상화를 완성한 것이다. 틀림없이 우리 곁에 살고 있는 동시대인의 또 다른 얼굴이었다. 유하는 리얼리즘에 기여하였다.

재즈, 유행가, 만화영화

「재즈 0」의 "소니 롤린스"는 "색소폰" 연주자이다. 그는 색소폰 연주로 "삶에" 몰두하는 자이다. 시적 자아도 자신의 삶에 전면적으로 몰두하고 싶어한다. "객석도 청중도 없"을지라도 자기 자신의 "영혼"과 "육체"를 격렬하게 탄주하고 싶어한다. 물론 시로서 하는 것이다. 그러나 객석은 차고 청중은 들어줄 것으로 기대하고 있다. "저 강물이 수만의 귀를 일으켜 세울 때까지"라는 표현이 그것이다. 「재즈 4」에서도 "재즈 아티스트 쳇 베이커"의 삶과 노래가 모티브가 된다. 유하에 의하면 그는 "산 자보다 더 간절하게 삶을 노래하"였다. 주목되는 것은 "난 마음의 질병과 함께 살아갈 거야/그가 마침내 나를 지겨워할 때까지"라는 표현이다. '질병'을, '악덕'을 긍정하는 태도를 취하고 있다. 「재즈 3」에서 유하는 "이제 그리운 것은 그리운 대로 내 마음에 둘거야"라는 유행가 가사를 인용한다. 그러면서 "때론 그렇게, 시보다 시적인 노래가 있지"라고 탄복한다. 유행가도 문학예술 못지 않게 세상을 비유할 수 있다는 것이다. "세상은 왜 그만큼만 비유가 허용되는 걸까"라고 한 것은 마치 '그 시대는 그 시대 크기만한 시인을 갖는다'라는 점잖은(?) 말의 패러디로 보인다. 그 시대는 그 시대 크기만한 유행가를 갖는다? "턴테이블의 거듭 튀는 음반처럼" 유행가 노래 속에서 "생의 한가운데를" 걸어갔던 청춘의 한 시절! 사랑하는 이들에게 유행가 가사는 얼마나 "절, 실, 하, 게 느"껴졌던가. 「재즈 7」에서는 키취 세대의 70년대가 "동남 샤프 흑백 티브이의 철인 28호/우주의 왕자 빠삐"만으로 기억되는 것은, 90년대의 "두 살인마 친구"가 이후 그들의 "우정"에 대해서만 기억되는 것과 같다며, '철인 28호'의 시절에도 진실이 있었고, 절망이 있었다는 점을 강조한다. 키취세대에게서 가벼움만을 보지 말라는 얘기다. 「보리쌀로 세운 시네마 천국」에선 "이탈리아 영화에 나오는 소년 토토"를 통해, "신성일 엄앵란의 맨발의 청춘"을 "보리쌀 한 되"를 내고 보던 어린 시절을 애상조로 회상한다.

세운상가 시편

유하의 시편들에서 '젊은 날의 초상'이 가장 적나라하게 나타나는 곳은 「재즈 1」, 「세운상가 키드의 사랑 1」, 「세운상가 키드의 사랑 2」, 「세운상가 키드의 사랑 3」, 「새들은 말죽거리에 가서 잠들다」 등 소위 '세운상가 시편'들이다. 독자들은 "사춘기의 스승은 세운상가였"(「재즈 1」)다고 고백하는 유하를 따라 세운상가의 세계를 추체험하게 된다. 세운상가는 "소니 티브이 화면의 그 금발 포르노 여배우"가 있었고, "말린 지네와 해구신, 그리고 펜트하우스의 거리"(「재즈 1」)였다. 특히 이들 시에서는 제도권에서 벗어나 금지된 곳을 열망하던 때의 모습이 금지된 곳들의 구체적 실체와 함께 파노라마처럼 펼쳐진다. 몽타주의 파노라마였다.

한 편의 시도 몽타주였다. 특히 「재즈」의 각각의 시편들은 잘 짜여진 한 편의 시라기보다 몇 개의 몽타주들로 구성된 것이다. 하나의 연이 하나의 몽타주를 형성한다. 재즈의 특성이 원래 이런 것일까. 다음과 같은 구절은 마치 이를 – 재즈 시편 하나하나가 몽타주들로 구성된 것을 – 해명하는 것으로 보인다.

나이를 먹을수록

욕망은 역한 하수구 냄새를 풍긴다
그러므로 나는 시를 더 잘 쓸 수 있으리라

난 모든 종류의 학교를 경멸해
한데 왜 아직도 모범답안의 미소 안에
갇혀 있는 걸까
두서 없는 재즈의 육체가 부러웠어

너를 사랑한다, 말한 순간
너는 늘 거기에 없었지
헛세상, 헛마음, 헛기침
운명은 그저, 우주가 들려주는 소박한 선율이야

죽음은 좌절과 차원이 다른 것 같아
언제나 죽음은 살아 남은 자의 몫이지
그러나 나는 결코,
삶이 죽음의 아류가 되는 것을 원치 않는다네

저녁의 막막함을 통과한 자만이
아침 햇살에 눈멀리라 믿어

가장 더러운 암흑은 자기 몸 안에 있지요
난 영원히 거기에 충실할 거야
─「재즈 2」 전문 (강조는 필자)

재즈에는 "두서가 없"다? 잘은 모르지만, 분명한 것은, 유하에게 재즈는 두서가 없으며 유하가 그것을 부러워하고 있다는 점이다. 그리고 이것을 실행에 옮기고 있다는 점이다. 두서없는 시행들이, 혹은 밑도끝도 없는 소리들이, 연을 단 위로 해서 계속 이어진다. 하나하나의 말들이 무슨 에피그램처럼 들린다. 에피그램들을 몽타주한 것으로 보인다. 같은 시에서도, 삶에 대한 강한 긍정을 보이는가하면 ("저녁의 막막함을 통과한 자만이 아침 햇살에 눈멀리라 믿어"), 악에서도 대범한 자의 모습을 보이는가 하면("가장 더러운 암흑은 자기 몸 안에 있지요/난 영원히 거기에 충실할 거야"), 삶에 대해 무덤덤한 태도, 혹은 초월적 자세를 취하기도 한다("운명은 그저, 우주가 들려주는 소박한 선율이야"). 「재즈 7」에서는 이를 더욱 적극적으로 해명한다.

> 내 마음의 스피커는 재즈 전용인가봐
> 추억의 건반, 희망의 소프라노 색소폰
> 사랑의 베이스와 증오의 드럼이 뒤죽박죽 터져나오는
> ―「재즈 7」부분

마치 자신의 시가 추억, 희망, 사랑, 증오의 뒤범벅이라고 말하는 것으로 보인다. 과연 그럴까. 그렇다면, 유하의 여기 시편들에서 일관된 의미망을 찾아낸다는 것은 부질없는 짓일까. 그렇지 않다. 몽타주를 시도할 때 전체와의 상관 관계가 고려되는 것처럼, 유하의 몽타주 시편들에서도 비록 전부는 아닐지라도 부분적으로나마 공통된 테마가 존재하는 것으로 보인다.

삶에 대한 긍정

재즈시편들에서의 일정한 삶에 대한 태도는 소멸, 혹은 죽음과의 대면 및 삶에 대한 전면적인 긍정이다. 「재즈 0」에서의 자아에의 몰두도 "상처의 끝까지"가보기 위해서였다. "외설의 대폭발을 겪은 자만이 명상할 자격 있어라?"(「재즈 1」)라며, 삶으로부터의 일탈을 경험해본 자들만이 삶과 본격적으로 대면할 수 있다고 했다. 「재즈 4」에서 시인은 "마약중독자"로서 "빌딩 위에서 투신 자살"한 재즈 가수의 노래를 들으며 "산 자 보다 더 간절하게 삶을 노래하고 있는 것"이라고 느끼며, 자신은 "삶의 중독자"로서 "땅에 뿌리박은 풀잎의 기쁨을 연주하고 싶"다고 노래한다. 자살한 재즈 가수의 노래를 들으며 오히려 삶에 대한 강력한 긍정을 토로하는 것이다. "난 마음의 질병과 함께 살아갈거야 그가 마침내 나를 지겨워할 때까지"(「재즈 4」)라는 구절에서, 그리고 "소멸과 정답게 악수하"고, 살아있을 때 "부디 서로 서로를 愛唱해주길 바"(「재즈 5」)란다는 구절에서는, 형이상학을 죽이고 신을 주인 후 대지 위에 홀로 서서 그 허무의 빈 공간을 있는 그대로 받아들인 니체 철학을 떠올리게 된다. 니체 또한 몰락까지 자기 것으로 하지 않았는가. 그러므로 이 시편들에서의 삶에 대한 전면적 수용은 이 세상의 산술적 법칙, 자본주의적 유용성의 법칙에서 한참 벗어난 것이다. 이것은 세운상가 시편들에서 더욱 분명히 드러난다.

비자본주의적 삶

유하는 한 시절을 세운상가, 혹은 세운상가가 상징하는 곳들에서 보냈다. 세운상가는 전자상가들이 몰려있는 곳이다. 현대 문명의 기술이 집약된 곳, 또한 자본주의 냉엄한 논리가 지배하는 곳이다. 물론 여기서 유하가 자본주의의 논리를 따르며 산 것은 아니다. 장사를 한 것이 아니었다. 청춘을 소모하며 보냈다.

> 나는 미국판 마분지 소설 휴먼 다이제스트로 영어를 공부했고 해적판 레코드에서조차 지워진 금지곡만을 애창했다 나의 영토였던 동시 상영관의 지린내와, 부루라이또 요코하마 양아치, 학교의 개구멍과 세운상가의 하꼬방, 난 모든 종류의 위반을 사랑했고 버려진 욕설과 은어만을 사랑했다. 나는 세운상가 키드, 종로 3가와 청계천의 아황산가스가 팔할의 나를 키웠다
> ―「세운상가 키드의 사랑 3」 부분

포르노, 비틀즈 해적판, 금지곡, 이방의 여배우, 펜트하우스 등 "모든 종류의 위반"을 사랑한 세운상가에서의 삶은 그러므로 역설적으로 유하 개인에게는 가장 비자본주의적 삶이었다. 비록 욕망이었으나 위반의 욕망이었을 뿐 자본주의적 욕망은 아니었다. 여기에서 젊음을 보냈다고 해서 무슨 경력이 붙는 것도 아니요, 무슨 업적을 이루는 것도 아니기 때문이다. 시인도 이것을 알고 있었다. 서시「재즈처럼 나비처럼」을 보자. 전문이다.

> 서른 셋, 갈수록 멀리 쓸려가는 삶
> 재즈처럼, 예정된 멜로디의 행로 바깥에서
> 한참을 놀다, 아예 길을 잃었네
> 잠파노처럼 모래알을 부여안고 울기엔
> 너무도 이른 나이, 나만의 이름 모를 샛길에
> 토마토를 심고 아무도 찾지 않는 열매를 위해
> 하모니커를 불었지 바람의 입술을 빌려,
> 멜로디의 길을 잃은 연주자에게, 알 수 없는
> 그리움만이 나침반이 돼주었어

당신…… 독약의 감미로운 향기
사랑이 나를 즉흥적으로 변주할 뿐이었네
마음은 그냥 샛길의 연못에 남아 놀고 있는데
육신이 뒤꿈치의 끈으로 북을 두드리며
세월을 떠밀고, 차가운 심장의 하모니카여
나 상처 없이, 내일도 없이 흘러가리
무덤도 잡을 수 없는 저 나비의 발길로

여기 "예정된 멜로디의 행로 바깥"이라는 것은 앞의 "재즈처럼"이라는 구절에서 알 수 있듯이 재즈의 세계이며, 또 세운상가가 상징하는 세계이기도 하다. 그 "샛길"에서 유하는 "토마토를 심고 아무도 찾지 않는 열매를 위해/하모니카를 불었"으며, "알 수 없는/그리움만이 나침반이 되어주었"다. 아무도 찾지 않는 열매를 위해 하모니카를 불었다는 것은 자본주의의 논리에서 벗어난 삶을 살았다는 것을 의미한다. 즉 그 시대의 가장 중심 지대에서 살았으나 그것이 요구하는 업적 위주의 삶과는 전혀 무관하였다는 것이다. 유하는 그러나 지금 "길을 잃었"다고 고백한다. 지금은 "서른 셋, 갈수록 삶은 멀리 쓸려가"고 있으며, "육신이" 자꾸 "세월을" 의식하게 만들고 있다는 것이다. 맨 첫 행에 쓰인대로 이것은 인생의 "예정된 멜로디의 행로"인 것이다. 그러면 유하는 이제 세운상가의 비자본주의적 삶에서 벗어나 인생의 예정된 행로를 따를 것인가. 그런 것 같지는 않다. 이 시의 맨 끝 두 행 "나 상처 없이, 내일도 없이 흘러가리/무덤도 잡을 수 없는 저 나비의 발길로"에서 확인된다. 상처를 받지 않고, 내일을 걱정하지 않겠다고 한 것은 세운상가에서의 비자본주의적 삶을 계속 살겠다는 말에 다름 아니다. "무덤도 잡을 수 없는 저 나비의 발길로"라는 구절도 마찬가지 의미이다. 나비의 발길은 재즈의 발길이다. 느림의 발길이다. 「느림」이란 시를 보자.

> 나 빠른 시간의 물살 바깥에서 따스한 알로 정지하네
> 그토록 느린 저녁의 산책이여, 송진 내음의 사랑은
> 가슴에 환한 명상의 불을 밝히고, 나 그대의
> 이름들과 함께 이 저녁의 넓이를 한없이 키워가네
> ― 「느림」 부분

자본주의적 삶의 특징인 '빠름'이 아닌, '좋았던 옛날'의 '느림'의 세계로 돌아가자고 한 밀란 쿤데라의 동명의 소설 『느림』에서처럼, 유하 역시 바쁘게 돌아가는 도시적 삶 대신, "가슴에 환한 명상의 불을 밝히"는 느림의 세계('나비의 세계')로 돌아가자고 권유하고 있다. 유용성의 세계가 아닌 무용성의 세계, 의미론적 세계가 아닌 무의미론적 세계에 대한 예찬의 절정은 「달의 몰락」이다.

> 난 그런 나의 쓸모 없음을 사랑한다
> 그 쓸모 없음에 대한 사랑이 나를 시 쓰게 한다
> 그러므로 난, 나를 완벽하게 이해하는 호의보다는
> 날 전혀 읽어내지 못하는 냉랭한 매혹에게 운명을 걸었다
> 나를 악착같이 포용해내려는 집 밖에는 보름달이 떠있다
> 온 우주의 문밖에서 난 유일하게 달과 마주한다
> 유목민인 달의 얼굴에 난 내 운명에 대한 동의를 구하지만
> 달은 그저 냉랭한 매혹만을 보여줄 뿐이다
> 난 일탈의 고독으로, 달의 표정을 읽어내려 애쓴다
> 그렇게 내 일생의 대부분은 달을 노래하는 데 바쳐질 것이다
> ― 「달의 몰락」 부분

더 설명할 필요가 있을까. "쓸모 없음을 사랑"하는 자, 사람들이

자기 자신을 "이해하"지 못하기를 바라는 자, "일생의 대부분"을 "달을 노래하는데 바"치려는 자, 그가 바로 유하인 것이다. 「참치죽이 있는 LG 25시의 풍경 1」에서는 시적 자아를 "24시간을 위하여 아무것도 기여하지 않는 손", 곧 일상을 초월한 "25시"의 "손"으로 표현하였다. 그러나 이러한 비자본주의적 삶이 과연 가능한 것인가. 유하는 이러한 삶이 불가능하다는 것을 알고 있었다. 「재즈처럼 나비처럼」 바로 다음에 놓인 「자갈밭을 걸으며」에서 유하는 살아간다는 것이 서로에게 상처 주고 상처 받는 일이라고 고백한다.

> 무수한 사람들이 나를 밟고 지나갔다
> 무수하게 야비한 내가 그들을 밟고 지나갔다
> 증오만큼의 참회, 그리고
> 새가 아니기에 터럭터럭 가벼워지지 않는 상처
>
> 자갈밭을 걸어간다 발바닥이 부르트도록
> 우리는 서로에게 자갈이 되어주길 원했다
> 나는 지금, 자갈처럼 단련되려면 아직 멀었다
> 라는 말을 하고 싶은 게 아니다
> 난 알고 있다, 저 단단한 자갈밭을 지나고 또 지나도
> 자갈의 속마음엔 끝내 당도하지 못하리라는 것을
>
> 상처는 어쩔 수 없이, 해가 지는 쪽으로 기울어감으로
> 정작 나의 두려움은
> 사랑의 틈새에서 서서히 돋아날 굳은살,
> 바로 그것인지 모른다
>
> ─「자갈밭을 걸으며」부분

자본주의적 삶의 양식에 어차피 편입되어야만 하는 것이다. 상처

는 감수되어야만 하는 것이다. "상처는 어쩔 수 없이, 해가 지는 쪽으로 기울어감으로"라는 표현이 그것이다.

아웃사이더

그런데, 여기에서 주목되는 것은 바로 다음에 유하는 "정작 나의 두려움은/사랑의 틈새에서 서서히 돋아날 굳는 살,/바로 그것인지 모른다"라고 말한 것이다. 상처는 어쩔 수 없다 하더라도 사랑만은 불가항력적인 것은 아니라는 것이다. 사랑에 굳은 살이 배긴다는 것은 기성의 논리에 빠져든다는 것을 의미한다. 유하는 이것을 거부한다. 항상 의식의 촉각을 세우고 기성의 논리의 함정을 파악하는 아웃사이더로 살겠다는 것이다. 아웃사이더로서의 삶을 살겠다고 유하는 분명히 밝히고 있다.

> 세상이 나를 원하지 않을 것이기에,
> 태양의 언어 밖에서
> 난 노래한다, 박쥐의 눈으로 어둠의 광휘를
> 난 무능력한 자이므로, 풍자한다
> 호화 양장본 세상의 기막힌 마분지성에 대하여
> ─「세운상가 키드의 사랑 3」부분

"박쥐의 눈으로 어둠"에서 "광휘를" 보고, "호화 양장본 세상"에서 "마분지"의 세계를 보는 것은 바로 아웃사이더의 삶 그것이다. 물론 아웃사이더적 삶의 실천은 시인에게는 '시의 언어'이다. 시인은 「나는 뻐꾸기로서이다」에서 "이 세계는 나의 둥지, 숲을 떠밀고 바다를 떠밀어낸/그곳에 내 언어를 풀어놓으리, 난 절름발이 작곡가/내 이름은 뻐꾸기로소이다, 지상의 모든 울대를 빌려/내 노래의 영토는 끝이 없다네"라고 읊는다. 뻐꾸기는 다른 새의 둥지에 자기의 알을 몰래 낳는다. 그러면 거기의 어미새가 그 알을 품고 부화시킨다. 부화된 새끼새는 원래 있던 알들을 밀어내고, 날 수 있을 때까지 새로운 어미의 보호하에 있다가, 날 수 있을 때가 되면, 그 근처에서 지켜보고 있던 원래의 어미새와 함께 다른 곳으로 날아가 버린다. 이러한 뻐꾸기의 생태를 유하는 「나는 뻐꾸기로서이다」에서 자신의 언어로 변주하였다. 뻐꾸기처럼 자기 밖의 세계를 침범하여, 언어로 이 세계를 인식하겠다고, 정복하겠다고, 하였다. 기존의 논리를 밀어내고 거기에 비자본주의적인 시의 언어를 메꾸겠다고 하였다.

아이러니

대상에 자기 자신의 느낌이나 생각들을 이입시키는 이러한 '유머'는 「재즈 6」에서는 극단화된 아이러니의 형태로 나타난다. 유하는 다섯째 연에서 "삶은 모래사장 위에 글씨쓰기/지우개처럼 몰려오는 파도를 바라보며,/고작, 글씨체가 불만스러웠다"고 말한다. 인간의 욕망은 모래사장 위에 글씨 쓰는 것처럼 헛된 것이라는 성찰에 도달하면서, 곧 이어 이것을 조롱하듯이, 심지어 무화시키기까지 하는, "고작, 글씨체가 불만스러웠다"라고 표현하는 것은 전형적 아이러니의 수법이 아닌가. 물론 이러한 조롱이 인간 삶의 허망함을 더욱 강화시키는 것이라고 볼 수 있다. 같은 시 맨 끝에서 유하는 "인생이라는 뻔한 내러티브의 드라마/나는 한 치 앞만을 내다보며, 웃는다"라며 정말 웃고 있지 않은가. 울면서 웃고 있지 않은가. 「멋쩍은, 시인」에서는 독자의 환상을 의도적으로 깨뜨리는 시인이 등장한다. 대숲 너머에서 밤새 "솟쩍다 솟쩍다" 울고 있는 소쩍새의 울음소리에 취해있던 독자들에게 갑자기 "그러나, 그 울음이 없었다면/이 밤의 침묵과 평온은 얼마나 멋쩍었을 것인가"라고 말하는 것이다. 대숲, 소쩍새, 어둠, 울음, 소쩍새의 운명들을 좇던 독자는 이 대상들을 좇는 것이 자기만이 아니었다는 것을 깨닫는다. 이 시를 만든 저자와 조우하면서 '화들짝' 깨어나는 것이다. 마치 환상을 좇고 있는 관객이 연출자의 등장으로 환상에서 깨어나는 것과 같다. 서사극의 소외효과이다. 시인 또한 이것이 민망하고 멋쩍어서 '멋쩍은, 시인'이라는 제목을 붙인 것은 아닌지.

'1990' 이후의 암울한 모색
— 곽재구의 『참 맑은 물살』

　문학예술은 그 시대를 반영한다. 그 시대의 양분을 먹고 자란 자기 자신을 반영한다. '상상'도 '지금 여기'를 발판으로 한다. 형이상학적 문제도 예외가 아니다. 초시대적으로 보이는, 그래서 초월적 고뇌라고 하는, 죽음에 대한 고뇌도 그 시대를 발판으로 한다. 예를 들어 고대 사회에서의 죽음에 대한 고뇌와 현대 사회에서의 죽음에 대한 고뇌가 같을 수는 없다. 고대 사회에도 죽음은 공포의 대상이었겠지만 공포의 강도나 그 공포를 대하는 태도가 현대와 같을 수는 없다. 고대에는 아마도 삶과 죽음의 사이가 지금보다 더 가까웠으리라. 공간적으로 볼 때도 동양과 서양의 죽음에 대한 생각은 근본부터가 다르다. 동양 사회가, 특히 유교적 사회가, 무게 중심을 죽음이 아닌 현실적 삶에 두는 사회였다면 — 예를 들어 조선시대는 충효 사상이 사회를 지탱하는 가장 중요한 이데올로기였다 —, 서양 사회의 무게 중심은 현실이 아니라, 죽음 이후에 있었다. 죽음 이후의 삶이 진짜였다. 기독교의 내세주의가 이것을 설명해준다. 요컨대, '문학은 그 시대를 반영한다. 초월도 시간과 공간을 초월하지는 못한다'는 것. 죽음도 너무 리얼한 문제라는 것.

그래서 문학예술은 그 시대를 기록할 수 있게 된다. 문학예술을 통해 독자들은 기록물들이나 역사서들보다 더 생생하게 감동적으로 당대의 현실을 접하게 되고, 또 이해할 수 있게 되는 것이다. 여기서의 독자란 당대의 독자들은 물론 이후의 독자들까지 포함하는 것이다. 에밀 졸라의 루공 마까르 총서들, 예를 들어 『목로주점』이나 『나나』 등을 통해 독자들은 일용노동자, 알콜중독자, 창녀, 혹은 정신병자들을 알게 되고 그들이 어떻게 살아가는지를 알게 된다. 그들은 하루를 어떻게 보내는가. 그들은 어떤 옷을 입고 어떤 음식을 먹고 어떤 술을 마시는가. 어떤 노래를 부르는가. 어떻게 사랑하는가. 어떻게 질투하며, 어떻게 싸우는가. 어떻게 죽는가. 그리고 이들은 저자에게 어떤 영향을 끼쳤으며, 이들을 저자는 어떻게 생각했는가.

곽재구의 『참 맑은 물살』을 통해 우리는 80년의 '광주'를 경험하고, 새로운 세상을 꿈꾸어온 시적 자아가 90년 이후 현실사회주의의 몰락이라는 세계사적 대변환에 조우해서 어떤 생각을 갖고 있으며, 어떠한 사고의 변화 과정을 겪는 지를 확인하게 된다.

> 라일락꽃 향기처럼
> 아름다운 추억이 늘 내 가슴속에
> 숨쉴 수 있기를
> 라일락꽃 향기처럼
> 아름다운 고통이 늘 내 가슴속에
> 빛날 수 있기를
>
> 해 저무는 날
> 새 한 마리

내 삶의 여울목에
뜨거운 노래 한 섬 부리고 갑니다.

「새」 전문이다. "라일락꽃 향기처럼/아름다운 추억"을 "늘" 떠올리며, 또 그 추억을 통해 "아름다운 고통"을 "늘" 간직하고 싶다는 구절에서 우리는 빼어난 서정시인 곽재구를 본다. 그러나 시집 전편과 관련시켜 이 시를 읽었을 때, 이 시는 단순히 개인적 서정만을 노래한 시가 아니게 된다. 문제가 되는 것은 "라일락꽃 향기"가 "아름다운 추억"이기도 하고 "아름다운 고통"이기도 하다는 것이다. '라일락꽃 향기'는 1980년 '5·18 광주'를 상징하는 것이다. 봄에 짙은 향기를 내뿜는 라일락꽃이, 역시 봄에 있었던 광주의 '독한 냄새'를 시인으로 하여금 맡게 한 것이다.

곽재구에게 광주항쟁과 이후의 80년대는 아름다운 추억이었다. 아름다운 고통이었다. 불의가 있었으나 그 불의에 맞서는 정의의 세력이 엄연히 존재했기 때문이었다. 적이 있었으나 그 적과 대항하는 구체적 실체가 있었기 때문이었다. 창작미학상으로 볼 때 이것은 '오늘'의 현실에 대한 인식을 전제로 한다. 오늘은 '아름다운 추억'을 만들 수 없고, 따라서 '아름다운 고통'도 남길 수 없는 '그렇지 않은 현실'이기 때문이다. 시인은 광주를 이야기하면서 오늘을 이야기하고 있다.

1990년 이후, 동독의 서독 편입, 동구권에서의 공산당 정부 붕괴, 소비에트연방 해체 등으로 이어지는 현실사회주의의 몰락은 당연히 한국의 변혁운동에도 커다란 영향을 끼쳤다. 당시의 현실인식을 둘러싼 논의들인 사회구성체논쟁이나 식민지반봉건사회론, 국가독점자본주의론들은 실체에 대한 담보를 잃게 되었다. 사회주의를 전제로 했던 변혁운동 세력은 현실적 구심점을 잃었으며, 몰락하였다. 민중

세력과 반민중세력, 혹은 노동자들과 부르주아계급 사이에 있었던 전선은 와해되었다. 있던 것이 갑자기 사라졌다. 적은 사라진 것처럼 보였다.

물론 시인 곽재구에게 전선은 사라진 것이 아니라 교착 상태에 빠진 것으로 간주된다. 지금은 언젠가는 깨어나야 할 "바위잠"(「분홍산」) 시대였다. '광주 이후'는 아직 끝나지 않았다. 적도 엄연히 존재했다. 이것은 그의 여러 시편들에서 언급되는 불평등구조, 혹은 '현재의 정권'이나 '일제 잔재'일 수 있었다.

이 시는 오늘의 보이지 않는 적에 대해 이야기하고 있다. 보이지 않은 적을 찾아내고 계속 싸워야한다는 것이다. 아름다운 추억과 아름다운 고통을 계속 만들어내야 한다는 것이다. 그래서 시인은 "아름다운 추억"과 "아름다운 고통이 늘 내 가슴속에" "있기를" 노래한 것이다.

「새」에서 또 주목되는 것은 이 시를 노래하는 것은 분명 시인이지만 둘째 연에서 확인되듯이 실제로 이 노래를 부르는 것은 새이며, 또 이 시 제목도 '새'라는 사실이다. "해 저무는 날"(이것은 쓸쓸함을 상징하는 동시에 무력한 현실을 상징한다) 기력을 잃은 시인에게 새 한 마리가 날아와서 위의 "뜨거운 노래"를 불러준 것이다. 아름다운 추억과 아름다운 고통을 상기시켜준 것이다. 그러기에 여기서의 새는 광주의 영령이나 군부 독재에 맞서 분신한 자들의 영령이 화신化身한 것으로 보인다. 새가 광주의 영령이나 분신자들의 영령일 수 있다는 것은 조금 뒤의 "승희를 생각하며" 라는 부제가 붙은 「찔레꽃」이라는 시에서 확인된다. 시인은 80년대 후반 광주에서 분신한 승희를 보고 "온몸에/불꽃의 무지개를 걸고/하늘길 밟아간 누이야"라고 불렀다. 몸을 불사르고 하늘로 올라간 승희가 한 마리 새가 되어 시인의 무력한 현실을 일깨운 것이다. 혹은, 시인의 힘으로 이 저물어 가는 무력한 현실을 더 이상 어떻게 할 수 없었을까. 그래서 이러한 고통과 거기에서 발아한 염원이 하늘로부터 새 한 마리를 불러들이게 한 것이 아닐까. 즉, 새는 희망을 상징하며, 또한 하늘에서 불러들인 것이기에 초월자를 상징했을 수도 있다. 초월자에 기대서까지 훗날을 위한 아름다운 추억거리를 만들고 아름다운 고통을 만들고 싶은, 현실에 대한 시인의 좌절감! 그리고 거기서 벗어나고 싶은 절실한 희망! 그러기에 새는 또 시인 자신일 수 있는 것이다.

이점에서 또한 주목되는 시가 "서태지에게"라는 부제가 붙은 「동해」라는 시이다. 시인 곽재구는 "보리순 파랗게 돋은/갓 스무살"의 서태지를 통해 "반역"하는 청춘을 본다. 시적 자아는 반역하는 청춘을 통해 지난날의 청춘의 반역을 회고한다.

꿈을 위해선
사랑을 버려도 좋지 […]
반역을 위해선
이 세상 제일 치밀한 함정도
두려워하지 않지 […]
꿈을 위해선
청춘을 불태워도 좋지

그래
꿈을 위해서
청춘을 불태웠던 시절이
우리에게 있었지 […]
우리에겐 반역의 꿈이 있지
우리에겐 불타는 청춘의 칼날이 있지.

역시 지금은 그렇지 못하다는 현실 인식의 역설적 표현이다. 지금의 곽재구에게는 반역하며 '자기 몸을 불사르는' 청춘이 보이지 않는다. 시 후반부에서 시인은 "그래/꿈을 위해서/청춘을 불태웠던 시절이/우리에게 있었지"라고 적고 있지 않은가. 분명 과거형이다. 회상조의 탄식이다. 꿈을 위해서 청춘을 불태우지 않아도 좋은 시절이 왔기 때문에 이런 말을 한 것은 분명 아닐 것이다. '좋은' 시절이 지나가버렸기 때문이다. "꿈을 위해"서는 "사랑을 버려도 좋"고 "청춘을 불태워도 좋"은 '시절'이 지나가버렸기 때문이다. 다시 말하지만, 그때가 곽재구에겐 행복한 때였다. 이 시 역시 완전히 과거형으로 끝나는 것은 아니다. 시인은 "우리에겐 반역의 꿈이 있지/우리에겐 불타는 청춘의 칼날이 있지"라며 현실에 대한 반역의 칼날을 어딘가로 여전히 겨누고 있기 때문이다.

시인에게 지금의 시대는 "워커와 방패에 기름을 먹이며/자신이 끌려갔단 닭장차와/오랫동안 증오했던/최루탄 발사기를 흐뭇하게 바라보며/아 참 단맛이구나/아 참 꿀맛이구나/적어도 5년은 그렇게/입맛을 쩝쩝일"(「권력」) 정권이 지배하는 시대이며, 성수대교를 무너뜨린 "코리아 브리지팍큐"의 시대이며, 삼풍백화점을 무너뜨린 "코리아 백화점 팍큐"(「Fuck you 小傳」)의 시대이다. 그럼에도 "까닭 모를 똥심"(「똥심」)을 쓰는 정권의 시대이다. 또, 만주에서 일제와 맞서 싸우던 독립운동가들의 아들들은 "도시 빈민이 되어 가랑잎처럼 떠돌고", 고등계 형사 끄나불이었던 작자들의 2세는 "장차관도 되고 국개의원도 되고/대학총장도 되고 그"(「해란강 이야기」)런 시대였다. 군부독재의 시대와 크게 달라진 것도 없고, 일제 식민지의 잔재들도 여전히 청산되지 못한 시대였다. 그러나 곽재구의 이러한 현실관련적 시편들을 보면서 떨쳐버릴 수 없는 생각은 현실에 대한 정확한 규정과 그 대안이 부족하다는 점이다. 정확한 현실 진단과 그 대안은 동전의 양면 관계같은 것이다. 삼풍백화점과 성수대교가 무너진 것에 대해 단순히 "코리아 팍큐"만 외칠 일이 아니다. 삼풍백화점과 성수대교를 무너뜨린 것은 물론 부실공사 때문이다. 그러나 부르주아들과 파쇼정권들의 상호 물고 물리는 먹이사슬 관계가 더 큰 이유를 차지한다. '문민정부'가 가짜라면 왜 가짜인가, 가짜라면 그 대안은 무엇인가, 함께 만들어나가야 할 세상은 어떤 것인가를 시는 짐작케 해줄 수 있어야 하는데 단순한 비탄, 단순한 비난에 그치고 말은 느낌이다. "화염병 꽃불"과 "다연발 최루탄발사기의 콩볶는/소리"(「해란강 이야기」)가 여전히 들린다고 해서, 현재의 정권을 이전의 정권들과 동일시하는 것이 과연 설득력 있는 것인지, 지금 일제 잔재의 청산에 대한 목소리 높임이 여전히 의미가 있는 것인지, 의미가 있다면 그것은 어떻게 이루어져야 하는지, 누구에 의해서 이루어져야 하는지. 궁금할 따름이다.

물론 고발의 리얼리즘도 있다. 광주의 5월 이후를 자꾸 되새김질하는 것만으로도 리얼리즘에 기여하는 것이 된다. 아픈 상처를 자꾸 건드리게 되면 결국은 곪게될 것이고 근본적인 처방을 할 수 있게 되는 것이다. 지나간 희망을 자꾸 떠올리게 되면 이렇게 주저앉을 수는 없다고 다짐하게 되는 것이다. 「씀바귀꽃 필 무렵」에서 시인은 노래한다.

> 그애의 이름은 잊어버렸다
> 남도 석성 오르는 뒷산길에서
> 서툰 보리피리를 뚜우뚜우 불고 있던 애
> 귀밑머리에 노란 꽃 한 송이
> 불어오는 바람에 꽂아두고는

소처럼 큰 눈망울을 껌벅거리던
그애의 **슬픔은 잊어 버렸다**
바다로 내려가는 길은
구렁이처럼 황토언덕을 휘감아들고
바람은 사정없이 유채꽃 대궁을 부러뜨리는데
십년도 넘은 봄날
그애의 큰 슬픔은 잊어버렸다.

— 「씀바귀꽃 필 무렵」 부분 (강조는 필자)

"슬픔은 잊어 버렸다"는 것은 역설이다. 결코 잊지 않겠다는 다짐으로 읽힌다. 왜 잊지 않으려고 하는가. 간단하다. 그때의 슬픔이 너무 크기 때문이다. 때문에 지금도 그 슬픔을 어질러놓고 싶기 때문이다. 또 지금은 "구렁이"같은 위선의 시대이며, 강한 "바람"이 "꽃 대궁"을 부러뜨리는 시대이기 때문이다. "봄날"(오월)의 슬픔과 희망을 되살려놓을 때 위선을 벗기고 꽃대궁을 지킬 수 있을까.

곽재구의 시편들에서 또한 확인되는 것은 작은 것들, 가난한 자들, 소외된 자들, 박해받는 자들에 대한 관심과, 그리고 이들이 꾸는 꿈에 대한 동참이다. 그러므로 이 땅의 불평등에 대한 고발이다. 곽재구는 "뒹구는/돌눈썹 하나에도/입맞춤하"(「스무살」)려고 하며, "한 해 동안 낡은 신발들 속에 감추어진/언 발가락들의 꿈을 헤아려보"(「첫눈」)려고 한다. 그들은 구체적으로 "0.75평의 독방"에서 "43년 10개월"간 살았던 "세계 최고 장기수 김선명 옹"이며(「Fuck you 小傳」), 잔업을 끝마치고 수인선 협궤열차를 함께 타고 가는 "한 청춘의 여자노동자"와 "한 청춘의 남자노동자"(「수인선」)이며, "죽은 강물 한모금" "으으윽" 마시는 "갈매기"(「인도교 지나며」)이며, "바다갈매기"로 "섬비둘기"로 "팔"려다닐 "금다방" "노란 스타킹의 이금순"(「금다방」)

이며, 또 "살기 위해서" "으드득 바다 밑을 긁"으며 "저인망 어로를" 하는 "꽃섬 사람들"(「꽃섬 사람들」)이다. 그러면서 이들과 고통을 나누자고 주장하기보다는 이들과 고통을 나누는 것은 아름다운 일이라고 설득하려고 한다. "스스로 선택한 고통을 위해/먼 길 떠날 수 있음은 아름다운 일/퀭한 눈빛으로 이웃의 슬픔 곁에/스스로의 육신을 눕힐 수 있음은 더더욱 아름다운 일"(「봉선화」)이라고 읊고 있다.

  작은 것들, 소외된 자들에 대한 애정은 당연하게도 우리의 고향, 우리의 자연, 우리의 농촌에 대한 따뜻한 애정으로도 변주된다. 이 시의 제1부가 주로 이러한 시편들로 구성되어 있다. 고향, 자연, 농촌에 대한 동경은 곧 도시적 삶에 대한 거부이다. 그러나 산업혁명 이후의 부르주아 통속문학에서 흔히 나타나듯, 곽재구 시인의 자연이나 농촌 삶에 대한 동경을 번잡한 도시생활이나, 문명세계에 대한 단순한 염증이나, 거기로부터의 도피로 이해해서는 곤란할 것이다. 18세기의 '베르터'가 공직사회에서 시골 생활로 다시 귀환한 것은 도시의 번잡함이나 문명세계로부터의 도피의 성격도 있지만, 무엇보다도, 그 당시의 엄격한 봉건적 위계질서 및 업적 위주의 사회에 대한 항의였다. 마찬가지로 곽재구의 농촌적 삶에 대한 그리움과 거기에서 사는 사람들에 대한 예찬은 자본주의의 폐해와 모순이 가장 집합적으로 나타나는 도시적 업적 위주의 삶에 대한 항의로 이해되어야 한다. 시인은 시골 농촌에서 자연 그대로의 순수함을 보존하며 살아가는 사람들을 만난다. 불평등, 착취, 피곤함이 없는 곳이 바로 곽재구에게는 그의 고향, 곧 농촌 삶이요, 자연이었다. 그러므로 곽재구의 도시로부터 시골로의 귀환은 루소적 의미에서의, 즉 전복적 의미에서의, 문명비판 및 자연예찬이라 할 수 있다. 그의 「마령국민학교」라는 시는 다음과 같이 끝난다.

누이야 바람 부는 오월이면
마령국민학교에 가자
열여덟 푸른 가슴
더럽게 박히던 미싱 소리도 잊고
눈부시게 흰 너의 젖가슴
함부로 구겨넣은 지폐 몇 장
낯선 술이름도 잊고

누이야 바람 부는 오월이면
이팝나무 아득한 꽃그늘에
몸을 눕히자.

도시적 삶(혹은 자본주의적 삶)에 대한 증오와 자연에 대한, 혹은 어린 시절에 대한, 동경이 여기에서 보다 더 명료하게 대비될 수 있을까. 도시적 삶에 반해, 농촌은 안식과 평화가 있는 곳, 지친 "몸을 눕"힐 수 있는 곳으로 나타난다.

모순을 향유하는 시인
— 이산하의 『천둥같은 그리움으로』

　이산하는 두 개의 서로 별도로 존재하는 세계가 있다고 생각한다. 우선, 세계와 자아가 서로 대치한다. 세계와 자아는 별도로 존재하며 이 둘 사이에는 도전과 응전이 있을 뿐이다. 다음은 서시 「사랑」의 앞부분이다.

  망치가 못을 친다
  못도 똑같은 힘으로
  망치를 친다

　망치와 못은 서로 대립하고 있다. 망치의 세계와 못의 세계는 별도로 존재하며 서로 밀쳐낸다.
　그리고 알 속의 세계와 알 밖의 세계, 그리고 생명의 세계와 죽음의 세계가 있다.

  알 속에서는

새끼가,
껍질을 쪼고
알 밖에서는
어미새가,
껍질을 쫀다

생명은
그렇게
안팎으로 쪼아야
죽음도
외롭지 않다

— 「부화」 전문

알 속의 세계는 알 속의 세계를 파괴함으로써 알 밖의 세계로 나간다. 이것은 '안팎'의 세계이다. 이 두 세계는 잠시 양립할 수 있을 뿐 영원히 공존할 수는 없다. 알 밖으로 나가면 '생명'의 세계와 '죽음'의 세계로 나누어진다. 생명의 세계가 끝나면 죽음의 세계가 기다린다.

그렇다고 이산하의 두 개의 세계가 서로 평행선을 긋는 것은 아니다. 이 두 개의 세계는 서로 만나는 지점을 갖는다. '알 속'의 세계와 '알 밖'의 세계는 새끼와 어미 새의 매개로 서로 조응한다. 새끼는 새끼대로 껍질을 깨려고 하고 밖에서는 어미새가 이것을 돕는다(줄탁동시!). 생명도 인간의 노력(안에서의 노력)과 신의 영역에서의 노력(밖에서의 노력)이 병행될 때, 즉 '안팎으로 쪼아야' 외롭지 않게 다음 단계인 죽음의 세계로 넘어갈 수 있다. 망치와 못이 서로 만날 때 비로소 의미가 생겨나며 더 큰 범주가 형성된다. 예를 들어 집이 만들어진다.

이러한 모순의 미학, 즉 두 개의 서로 다른 세계가 서로 부딪치면서 새로운 범주를 낳고 새로운 범주는 또 새로운 모순을 가져야한다는 것이 이산하의 창작미학의 특징적 양상으로 보인다.

>늘 그렇듯
>생生의 깊은 곳은
>움직임이
>없어 보인다
>
>어린아이처럼
>그 안을
>들여다보다
>너무 환해
>그만
>눈이 먼다
>
>가끔,
>그 중심을
>헝클어놓고 싶다
>
>　　　　　　　　―「태풍의 눈」전문

　그런데 여기에서 강조해야할 것은 이산하는 새로운 범주의 생성보다 모순 자체에 더 관심을 갖고 있다는 점이다. 이산하에게 모순 없는 삶은 삶이 아니다. '움직임' 없는 생은 생이 아니다. 모순이 없으면 시인은 그 모순까지 만들어낸다. "헝클어 놓고 싶"어 한다. "움직임이/없"는 "태풍의 눈"을 헝클어 놓고 싶어한다.

>어느 생이든

내 마음은
늘 먼저 베인다

베인 자리
아물면,
내가 다시 벤다
　　　　—「생生은 아물지 않는다」 부분

　삶은 계속 상처를(혹은 모순을) 만들어내는 곳, 그러나 시인은 상처가 아물면 스스로 상처를 낸다. 마치 시인은 상처가 치유된 삶을 목표로 하는 것이 아니라, 상처 난 삶을 목표로 하고 있은 것으로 보인다. "악몽이" 없는 자는 죽은 자라고 생각한다(「악몽」). "떨어지지 않은 동백꽃보다" "떨어진" "동백꽃"이 "더 붉"다고 인식한다(「선운사 동백꽃」). 본체에서 분리되지 않은 동백꽃 보다, 그래서 모순이 없는 동백꽃 보다, 본체에서 분리된 동백꽃이, 그래서 모순이 생긴 동백꽃이 더 생명에 가깝다는 것이다. 역설이 아닐 수 없다.
　이산하는 생의 난 바다에서 헤엄치는 자이다. 희망은 절망과 함께 있고, 낙관 또한 비관과 함께 있는 것을 알고 있는 자이다. 그는 대지를 긍정하는 자이다.

쑥대밭과 쑥밭의 세계
— 이화은의 『나 없는 내 방에 전화를 건다』

이화은은 과거에 기대어 있다. 시집 1부의 시들이 특히 그러하다. 「옛날에 관하여」, 「추억의 쑥밭」, 「껍데기에 관하여」, 「이발소 가는 길」 등등. 다음은 「추억의 쑥밭」 전문이다.

— 옛날엔 이뻤겠어요.

내 얼굴을 빤히 쳐다보면서 사람들은 앉은 자리에서 나를 추억으로 만든다

요즘 내 주식이 추억인 줄, 추억만 뜯어 먹고 사는 줄을, 눈에 보이지 않는 것도 귀신같이 찍어낸다는 적외선 필름처럼 사람들이 다 보고 있을까 들키고 말걸까 나는

콩 심은 데 콩나고 팥 심은 데 팥난다는 우리나라 속담과 너희는 심지 않고도 거두리라는 바이블의 말씀 가운데서 언제나 나는! 황당하다

심지 않은 데서 봄마다 쑥을 뜯어 먹었다 뱃속에 퍼렁물이 들
도록, 춘궁기 걸신 들린 나이 이 고픈 계절에 심지 않고 뜯어 먹
기만한 내 추억!의 쑥밭은 이 봄 내내 쑥밭 쑥대밭이다

    물론 이화은에게 과거가 다가온 것이라고 할 수 있다. 생각나는
'아름다운 시절', '좋았던 옛날'은 누구에게나 있는 법이다. 그러나
이화은의 시에서 과거란 단순히 현재로 밀고 들어오는 의미에서의
'좋았던 과거'가 아니라, 현재가 과거로 밀고 들어가는 의미에서의,
그래서 '현재의 의미'를 성찰하게 하는 의미에서의 과거이다. 현재로
부터의 과거라는 말이다.
    위의 시에서 시인은 "콩 심은 데 콩나고 팥 심은 데 팥난다는" 법
칙이 적용되지 않는, 과거의 "심지 않고 뜯어 먹기만한 내 추억!의
쑥밭"과 이 봄의 "쑥대밭"을 의도적으로 대조시켰다. '쑥대밭'은 부
정적인 의미로 사용되는 말이다. '폐허'라는 말과 뜻이 같다. 시인은
그러나 쑥대밭에 대해 더 이상 설명하고 있지는 않다. 시는 쑥대밭이
라는 말과 함께 끝나버린다. 쑥대밭을 이해하는 단초는 앞에 있다.
    추억의 쑥밭에서는 "콩 심은 데 콩나고 팥 심은 데 팥난다는" 법
칙이 적용되지 않는, 심지도 않고 뜯어먹을 수 있는 곳이었다. 그런
데 "추억!의 쑥밭"과 현재의 쑥대밭은 서로 대조되었다. 그렇다면? 그
렇다! 시인에게 현대의 쑥대밭은 "콩 심은 데 콩나고 팥 심은 데 팥
난다는" 법칙이 적용되는 곳이었다.
    시인은 '콩 심은 데 콩나고 팥 심은 데 팥난다'는 속담을 근대의
합리주의가 잉태한 효율주의, 업적만능주의, 최대이윤의 법칙들에 대
한 알레고리로 사용한 것으로 보인다. 그리고 팥을 심어야 팥을 먹을
수 있고 콩을 심어야 콩을 먹을 수 있는 탈마법화된 entzaubert(베버)

세계와 심지도 않고 뜯어먹을 수 있었던 과거의 춘궁기(마법의 세계)를 대비시킨 것으로 보인다. 물론 '쑥대밭'이 이미 의미하는 것처럼 시인은 탈마법화된 현대에 대해 부정적 인식을 갖고 있다. 이화은은 현대에 대한 부정을 이성선처럼 공간 이동(산으로의 이동)을 통해 수행한 것이 아니라, 시간 이동을 통해 수행하였다. 그렇지만 둘 다 '지금 여기'를 부정하고 있다는 점에서는 같다.

  옛날 동네 이발소를 추억하는 「이발소 가는 길」에서 이발사의 가위질을 "헛가위질"로 기억하는 것도 같은 맥락에서다. 비록 실제는 '헛가위질'이 아니었겠지만 '헛가위질'로 기억한 것은(혹은 기억하고 싶은 것은) 목적합리적zweckrational으로 정돈된 현대의 일상생활, 현대의 '가위질'에 대한 반발이다.